THE PHILIPPINES

PILIPINAS

太田和宏
Ota Kazuhiro

貧困の
社会構造分析

なぜフィリピンは貧困を
克服できないのか

法律文化社

目　次

序　章　フィリピン貧困の現状と問題 …………………………………1

第**1**章　貧困の構造的把握──グローバル接合レジーム …………12

　　1　はじめに　12

　　2　福祉レジーム論の視点　13

　　3　接合理論　24

第**2**章　民主化後の貧困政策──体系化と制度化…………………32

　　1　はじめに　32

　　2　政治的民主化と社会変革──コラソン・アキノ政権期　33

　　3　貧困政策の制度化──ラモス政権期　41

第**3**章　貧困政策の展開──自由化の中での変容 …………………56

　　1　はじめに　56

　　2　伝統手法への回帰──エストラーダ政権期　57

　　3　経済政策の優先とコミュニティ指向──アロヨ政権期　67

　　4　国際政策への合流と新機軸──ベニグノ・アキノ3世政権期　75

第**4**章　国家と貧困政策──民主化とガヴァナンス ………………84

　　1　はじめに　84

　　2　貧困政策の特徴　85

　　3　政策の政治力学　93

　　4　権力構造と貧困政策　105

5　国家的課題としての貧困政策　114

6　む す び　121

第5章　貧困と市民社会──参加と政治文化 ……………………123

1　はじめに　123

2　市民社会組織の隆盛　124

3　貧困問題と市民社会組織　127

4　市民社会組織の変容と体制内化　134

5　市民社会組織とフィリピン政治　143

6　国家と市民社会組織　148

7　む す び　150

第6章　貧困と市場──グローバル化と国内条件 …………………152

1　はじめに　152

2　労働構造　155

3　労働権保護と放縦　161

4　インフォーマル経済　165

5　グローバル労働市場　171

6　農業と市場　174

7　む す び　178

第7章　家族・親族の生存戦略──貧困者の主体性 ………………180

1　はじめに　180

2　家族・親族のリスク分散機能　182

3　分かち合い文化と相互扶助　188

4　フィリピン的価値観　196

5　生存戦略と社会運動・社会政策　200

6　む す び　203

終 章 結 論 ……………………………………………………… 205

- あとがき　211
- 参考文献　217
- 注　236
- 索 引　243

目　次　iii

序 章

フィリピン貧困の現状と問題

　近年、フィリピンでは経済が活況を呈しているにも拘らず、依然として貧困率が高い。貧困が社会問題、政治課題として語られないときはない。首都マニラのスモーキー・マウンテン "パヤタス" Payatas に到着する塵芥車に殺到してひとつでも多くの再生資源を奪い合う人々の姿や、歓楽街の路上で裸同然の幼子と添い寝をする母親の姿は、いまだにフィリピンの貧困を象徴するイメージとして健在である。そうした貧困に対して政府のみならず多くの内外NGOや市民団体が改善に取り組んできた。それでも貧困問題が長らく克服されないのはなぜなのか。この単純な課題を検討することが本書のテーマである。個々の貧困諸政策に着目するだけではなく、貧困が再生産される状況、貧困対策がうまく機能しない社会構造の検討を通じてこの課題を考えてみたい。

　フィリピンの貧困の実態について概観しておこう。政府統計による貧困状況を示したものが表0-1である。貧困基準は家族がひと月に必要とする収入で示され2006年 5,566ペソ、2009年 7,030ペソ、2012年 7,890ペソ、2015年 9,064ペソと設定されている。貧困率はそれぞれ、26.6％、26.3％、25.2％、21.6％である。4～5人に1人が最低限の社会生活を送る条件を満たしていないことを示している。一方「生存貧困率」subsistence incidence では食料以外の費目は除外され、生存に必要な最低限の食料を購買しうる所得で算出される。2006年 12.0％、2009年 10.9％、2012年 10.4％、2015年 8.1％と推移している。ほぼ10人に1人が十分な食料を確保できず生存の危ぶまれる状態にあることを意味している。

　他の国々と比較して見ておこう。世界銀行が2015年10月に新しく設定した「極度の貧困」基準、1日1人当たり1.9ドルで比較したものが表0-2である。フィリピンの貧困率は2012年時点で13.11％である。これはインド（21.23％）

1

表 0-1 フィリピン政府貧困統計

	2006年	2009年	2012年	2015年
貧困基準 家族ひと月（ペソ）	5,566	7,030	7,890	9,064
貧困率（％）	26.6	26.3	25.2	21.6
貧困人口（百万人）	22.6	23.3	23.8	21.9
貧困ギャップ（％）	5.8	5.4	5.1	4.0
生存貧困基準 家族ひと月（ペソ）	3,878	4,905	5,513	6,330
生存貧困率（％）	12.0	10.9	10.4	8.1

（出所）　NSCB, 2013, *The Full Year 2012 Official Poverty Statistics, table 1, 2*
PSA, 2015, *2015 Poverty in the Philippines*

表 0-2 アジア諸国の貧困率と貧困ギャップ

	1人当たり 国民総所得($) (2012)	1人当たり PPP ($) (2012)	貧困率 $1.90/日(%)	貧困ギャップ $1.90/日(%)	貧困率 $3.10/日(%)	貧困ギャップ $3.10/day(%)
フィリピン	2,500	4,380	13.11(2012)	3.23(2013)	37.61(2012)	11.68(2012)
インドネシア	3,420	4,730	9.83(2013)	1.91(2012)	36.44(2014)	9.58(2014)
タ　イ	5,210	9,280	0.04(2013)	0.00(2013)	0.92(2013)	0.12(2013)
ベトナム	1,550	3,620	3.23(2012)	0.58(2012)	12.02(2014)	3.09(2014)
カンボジア	880	2,300	2.17(2012)	0.28(2012)	21.58(2012)	4.05(2012)
インド	1,550	3,820	21.23(2011)	4.27(2011)	57.96(2011)	18.46(2011)
バングラデシュ	840	2,030	18.52(2010)	3.13(2010)	56.80(2010)	16.95(2010)
パキスタン	1,260	2,880	6.07(2013)	0.87(2013)	36.88(2013)	8.55(2013)

（出所）　WB: *World Development Indicators 2016*
＊括弧内は調査年

やバングラデシュ（18.52％）など南アジア諸国に比較すれば低いものの、東南アジア諸国の中では最も高い。経済水準の近似するインドネシア（9.83％）ばかりか、購買力平価（PPP）ではフィリピンに及ばないベトナム（3.23％）やカンボジア（2.17％）よりもはるかに高い数値となっている。フィリピンは1人当たりの平均所得（購買力平価）が比較的高いにも拘らず、「極度の貧困」水準に満たない人口の割合が他国に比べて高いことが見て取れる。

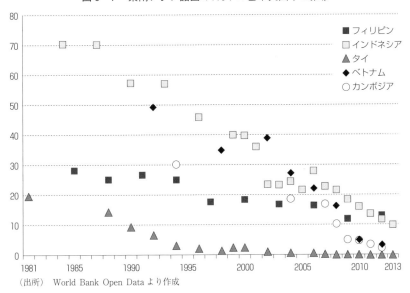

図0-1　東南アジア諸国の1.9ドル基準貧困率の推移
（出所）World Bank Open Data より作成

「貧困ギャップ」で見てみよう。貧困率が総人口に対する貧困者の比率であるのに対して、貧困ギャップは全貧困者の生活を貧困基準にまで引き上げるのに必要な総所得を数値化したもので貧困の深刻さを表す（勝間 2012：33-34）。フィリピンの貧困ギャップは3.23％（2013年）であり、コンゴ民主共和国39.17％（2012年）やマラウィ33.29％（2010年）のなどの最貧国や、インド4.27％（2011年）と比較すれば低い一方、東南アジア諸国の中では最も高い。東アジア太平洋地域の貧困ギャップの平均値0.66％（2013年）と比較しても相当高く、フィリピンの貧困の深刻さがうかがわれる（WB 2017c）。

貧困率の経年変化を見てみよう。図0-1は1.9ドル基準による1980年以降の貧困率の変化を東南アジア諸国で比較したものである。フィリピンは年々貧困率を下げているもののそのペースは非常に緩慢である。2000年代以前はフィリピンよりも相当高い貧困率を示していたインドネシア、ベトナムは急速に数値を下げ、2010年代になるとフィリピンを下回っている。タイは2000年代になると貧困率はほぼゼロである。こうした比較からもフィリピン社会の持つ貧困の

表 0 - 3　フィリピンの MDGs 目標と達成

目　標	項　目	基　準	基準年	数値目標	実　績	実績年
貧　困	貧困率の削減（％）	34.1	1991	17.2	25.2	2012
	5 歳以下の低体重児（％）	26.5	1991	13.3	19.9	2013
教　育	小学校就学率（％）	84.6	1990	100.0	93.8	2013
	小学校卒業率（％）	64.2	1990	100.0	78.5	2013
	15-24 才の識字率（％）	96.6	1990	100.0	98.1	2013
ジェンダー平等	小学校男女比率	1.0	1996	1.0	0.9	2013
	中学校男女比率	1.1	1996	1.0	1.0	2013
	大学男女比率	1.3	1993	1.0	1.2	2013
	女性国会議員比率（％）	11.3	1993	50.0	25.9	2013
子供の健康	5 歳以下の子供死亡（千人当たり）	80	1990	27	31	2013
	幼児死亡（千人当たり）	57	1990	19	23	2013
	1 歳児はしか予防接種率（％）	77.9	1990	100.0	91.0	2013
母体健康	出産時母体死亡率	209	1990	52	221	2011
	出産時専門家立会い	58.8	1990	100.0	87.0	2013
	避妊法普及率（％）	40.0	1990	100.0	55.1	2013
疾　病	マラリア罹患（10 万人当たり）	118.7	1990	0.0	7.9	2013
	結核罹患（10 万人当たり）	246	1990	—	461	2013
持続可能な環境	森林地比率（％）	20.5	1990	—	22.8	2010
	絶滅危機種	183	1993	—	207	2013
	安全な水へのアクセス（％）	73.0	1990	86.5	94.1	2014
開発パートナーシップ	財政に占める債務返済比率（％）	72.0	1990	—	8.1	2013
	電話回線普及率（‰）	1.5	1990	—	3.1	2014
	携帯電話普及率（‰）	0.1	1991	—	111.2	2014

（出所）　PSA 2015, *MDGs Watch*

執拗さが読み取れるだろう。

　近年国際社会が共同で取り組んだ「ミレニアム開発目標」MDGs の達成状況についても確認をしておこう（表 0 - 3）[1]。第一目標は極度の貧困の比率を最終年 2015 年までに基準年 1990 年の半分以下にすることであった。1991 年の貧困率は 34.4％であり、目標値は 17.2％以下となる。2016 年 3 月に発表された 2015 年第 1 四半期の貧困率は 26.3％であり、目標には達していない（PSA 2016a）。

4

第二目標は最終年までに初等教育就学率を100％とすることであった。1990年に84.6％であったものが2014年には92.6％にまで上昇し、小学校6年間を全うし卒業する率は1990年に64.2％だったものが2014年には83.0％にまで改善された。しかし最終的には双方とも100％まで達していない（NEDA & UNDP 2014：36-37；PSA 2016b）。第三の目標はジェンダー平等である。初等教育就学率では女子が男子を上回った。1996年時点では男子95.3％に対し女子93.4％と女子就学率が若干低かったものの、2012年には女子96.3％が男子94.2％を凌駕した（NEDA & UNDP 2014：50）。2008年の基礎的識字率も女性96.1％の方が男性95.1％よりも高く、また機能的識字率も同様に男性84.2％より女性88.7％が高い（NEDA & UNDP 2014：50）。教育におけるジェンダー平等ではむしろ女子が男子に対して優位である実態が見て取れる（NEDA & UNDP 2014：58）。一方で女性に対する暴力事件は1999年に3,687件であったものが、2011年には13,033件へと3倍以上にも増えている（NEDA & UNDP 2014：59）。社会全体のジェンダー関係ではいまだ課題が残されているといえる。

　第四のMDGs目標は子供の健康である。5歳以下の乳幼児死亡率を目標年までに3分の1とすることが目指された。1990年時点で乳幼児1,000人に対して80人が死亡したので目標は27人以下である。2013年に31という数値にまで下がっている（PSA 2016b）。乳幼児の死亡因は未熟児成長不良、合併症、敗血症などの新生児期のものが46％を占め、ほとんどが母子の栄養不良によるものである（NEDA & UNDP 2014：66）。第五の母体健康の状況ははかばかしくない。出産時母体死亡率を基準年の4分の1にまで下げることが目標であった。1990年10万人に対して209人が死亡している。2011年には221人と逆に増えており目標値52人以下には程遠い。避妊の普及に関して1993年に40.0％、2011年48.9％とさほど伸びていない。フィリピンはカトリックの影響が強く避妊・中絶に関しては保守的であるため、2012年「性と生殖に関する法律」（共和国法第10354号）制定後もさほど大きな進展を見せていない（NEDA & UNDP 2014：73-74）。第六は疾病対策である。マラリア罹患者は劇的に減った。1990年には10万人に対し119人が罹患していたが2013年には8人にまで減った（NEDA & UNDP 2014：92；PSA 2016b）。逆にHIV/AIDSは悪化している。潜在的AIDS患者は

1990年に48人に過ぎなかったのが、2000年に123人、2010年1,591人、2013年4,814人と、特に2010年以降に急増する。HIV患者はさらに多く、2005年5,577人、2010年14,967人、2013年26,907人、2015年35,941人と激増している（NEDA & UNDP 2014：89）。第七目標「持続可能な環境」は、安全な水へのアクセスのない者と衛生的なトイレのない者の割合を半減させるというものであった。飲用可能な水へのアクセスは1990年73.0％であったのが2014年には85.5％となり目標値86.5％をほぼ達成した。衛生的なトイレの利用率は2014年時点94.1％で目標値83.8％を超過達成している（PSA 2016b）。

　MDGsに対する取り組みを全体として見てみると教育やジェンダーの課題ではほぼ目標に近い達成をしている一方、貧困率そのものと健康保健面での状況改善が課題として残されたといえるだろう[2]。

　以上見てきたようにフィリピンはいまだ貧困率の高い状態にあり、他国に比較してもその改善は非常に緩慢である。貧困改善がはかばかしく進まないのはどうしてであろうか。よくいわれる経済成長が貧困解消の条件であるとするならば、経済成長が順調でなかったフィリピンで貧困率が下がらなかったのは当然だといえるかもしれない。しかし1990年代半ばに経済成長がしばらく続いた時期も、2010年代以降他のアジア諸国を凌ぐほどの高成長率を示す状況にあっても貧困率の低下は非常に緩慢であった。1991年に39.9％であった貧困率は2009年に26.3％へと低下したに過ぎない（FoP 2012；PSA 2015）。ほぼ似たような経済水準にあるインドネシアでは1990年に54.3％とフィリピンよりも高い貧困率を示していたが、2009年には18.7％と約3分の1にまで減じている（WDI 2017）。経済成長や経済水準のみが貧困率を決定するのではないことは明らかである。

　さらに複雑なのは、フィリピンは貧困問題に対して様々な取り組みを積極的に展開してきた事実があることである。政府は1986年の民主化以降、約30年間にわたり「貧困解消」を重点の一つに掲げ貧困政策や関連制度を構築する努力をしてきた。加えてNGO、市民団体など政府とは別の組織が独自に貧困関連分野で他国に比べても活発な活動を展開してきた。つまり貧困が社会的に放置されてきたわけではなく、むしろその克服のための努力が重ねられてきた。そ

れにも拘らずその改善が進まないのである。

　フィリピンの貧困に関連する調査研究の蓄積は多い。その原因に関しても様々な指摘がされてきた。国家貧困対策委員会 NAPC 報告『国家貧困対策プログラム2011‐2016』では以下の５点を貧困原因として挙げている。①緩慢な経済成長と雇用機会の不足、②人口政策不徹底による人口圧力、③極端な地域間格差と階層間格差、④反政府活動や暴力による社会不安、経済不況や自然災害に対する脆弱性、そして⑤意思決定過程への住民参加度の低さ、がそれである（NAPC 2010a：20-22）。経済学者エマヌエル・デ・ディオスは20年以上も前にほぼ同様の指摘をしている。成長と雇用の不足、格差の存在、人口急増、生産性の低さを貧困の原因としている（de Dios 1993）。世界銀行は貧困克服のためのポイントとして成長促進と不平等是正、米価政策や農地改革による農業振興、教育保健整備による人材育成、弱者保護制度の充実、経済危機や自然災害への備え、住民のエンパワーメントと政策過程への参加、地方分権化、を挙げている（WB 2001：10-41）。貧困研究の専門家でありニノイ・アキノ政権で国家経済開発庁 NEDA 長官を務めたアルセニオ・バリサカン[3]は、貧困の第一の原因を経済成長の不十分さに求める一方、農業開発、農地改革、教育、インフラ投資、地方政治の因習を関連要因として指摘した（Balisacan & Pernia 2002：4-5）。フィリピンの政府貧困政策について初めて総合的検討を行ったアジア開発銀行のカリーナ・シェルツィッグはフィリピンの貧困の要因として以下の七つを挙げた。第一に投資環境の未整備と競争可能な産業の未成熟による低経済成長、第二に雇用不足や低賃金など労働環境の未整備、第三に人口増加、特に低所得層の家族員の多さ、第四に農業生産向上を阻む土地所有制度、第五に腐敗した政治ガヴァナンス、第六に反政府武力活動による国内治安の不安定さ、そして第七として労働条件の劣悪さと健康保健状態の未改善である（Schlezig 2005：85-107）。これらの論者はいずれも、経済成長、雇用提供、格差是正、農地改革、農業振興、政治参加といった課題を指摘する点で共通する。問題は30年近く同じような原因の指摘が再三再四繰り返されながらなぜ貧困が是正されてこなかったかである。具体的課題が指摘されそれらに対応する制度も整備されてきたにも拘らず状況が改善されないことこそが問われなければならない。

序　章　フィリピン貧困の現状と問題　7

それは個別の貧困対策や貧困削減政策、特定の問題領域に着目するだけでは解き明かすことは難しい。むしろ貧困問題の背景にある複雑な諸要素を構造的に捉え、関連する主体がそれらにどのように関わり、いかなる結果を生んでいるのかに着目して、貧困が再生産され続ける条件を巨視的関係性の中で把握することが必要である。

　本書では経済成長や政府政策またNGOによる積極的関与によっても容易に克服されないフィリピンの貧困を、グローバル経済に対応する資本主義体制分析である「福祉レジーム論」の枠組み、および社会実体を諸要素の相互関係と融合として構造的に捉えようとする「接合理論」の視点とを結びつけた「グローバル接合レジーム」として検討するものである。

　「資本主義福祉レジーム論」は資本主義体制にある国々が、資本蓄積という共通目標を追求しながらも国民の福祉に関して各国固有の社会編成や制度に基づく多様な対応をすることに着目した。欧米諸国を対象に論じられた福祉レジーム論を、ここでは執拗な貧困と先進国以上に複雑な条件を抱える途上国社会フィリピンの文脈に適用しながら論じていく。その詳細は後に譲るとして、福祉レジーム分析のポイントは貧困の原因を、国家や市場などの個別領域の機能のみに求めるのではなく、それら領域機能の相互関係から成る全体構造＝レジームに見出そうという点にある。フィリピンの貧困問題は土地所有制度や富の分配、行政機能、国家機構・制度、市民関与など多岐にわたる要素の集積として生じている。本書はそれら諸要素の展開する国家、市場、コミュニティ、家族の各領域の機能とそれら相互の関係性が生み出す全体構造に貧困を位置づけて考察しようとするものである。

　さらにフィリピンの貧困をめぐる状況の特徴と固有性を把握するために「接合理論」の視点を援用する。フィリピンでは先進国やグローバル社会から持ち込まれた多くの価値観や制度が意図通りの機能を果たしているとは限らず、国内条件や伝統的要素と融合して新しい実態を構成することが多い。こうした状況をアルチュセールやラクラウらが展開してきた「接合理論」、つまり複雑化した資本主義社会を生産関係のみに還元できない諸要素の接合による一体性として捉える視点に依拠して分析をしていきたい。第一に近代制度と伝統的慣行

の接合、第二に国内条件とグローバル要素の接合、第三に国家、コミュニティ、市場、家族の各領域機能の接合として整理をし、相互が影響、融合してひとつの構造を成している実態を考察する。

このように「福祉レジーム論」に「接合理論」の視点を加味した「グローバル接合レジーム」の枠組みで、フィリピン貧困の構造的分析を試みようと思う。なお本書ではフィリピン国民全体を対象として「福祉レジーム」を論じるのではなく、貧困層に焦点をあてた社会構造として「レジーム」を論じる。フィリピンでは経済的格差が大きいだけでなく国民の置かれた社会条件、国家制度への関与の仕方も階級、階層によって大きく異なる。ここでは貧困問題、貧困層をめぐる政治社会構造に焦点をあて、それとの関連からフィリピン全体の構造的問題を扱うこととする。

本書は以下のように構成されている。まず第1章「貧困の構造的把握」では、フィリピンの貧困問題を分析するにあたっての理論的枠組を「福祉レジーム論」を起点として導出する。エスピン-アンダーセンの「福祉レジーム論」、先進国社会とは異なる途上国の状況を分析した「途上国レジーム論」、さらにアジア新興工業諸国の経済成長路線を補強する形で社会福祉政策を位置づけた「アジア・レジーム論」は、フィリピンの貧困状況を構造的に考察するに際して示唆的である。一方で形式的には近代諸制度が根づきながらも、同時にインフォーマル諸制度が大きな役割を果たしているフィリピンの実態をこれらが説明しきれているとはいえない。こうしたフィリピンの貧困をめぐる状況の固有性を解き明かす枠組として「接合理論」を援用する。レジーム論と複合する形で「グローバル接合レジーム」として概念化する。

第2章と第3章では1986年「民主化」以降2016年までの約30年間の貧困関連政策を、5期にわたる政権ごとに整理をする。第2章「民主化後の貧困政策」では民主化後の制度揺籃期に貧困関連政策の基盤がどのように形作られ、また制度化されていったのかを整理する。コラソン・アキノ大統領（1986-92）とフィデル・ラモス大統領（1992-98）の時期にあたる。後のフィリピン政府の貧困政策の基本はこの時期に形成される。第3章「貧困政策の展開」ではラモス期までに体系化された貧困政策と方向性を実際に運用する1990年代末から

序　章　フィリピン貧困の現状と問題　　9

2016年までのエストラーダ、アロヨ、ニノイ・アキノ3世の政権を整理する。大統領の政治スタンスと経済自由化への対応に貧困政策が左右される時期である。政権ごとの主要政策を政治的な背景を含めて整理をしていく。

　第4章から第7章まではグローバル接合レジームを構成する国家、コミュニティ、市場、家族の各領域における貧困問題への関わりとその実態についてそれぞれ論じていく。第4章「国家と貧困政策」では前に整理した各政権の貧困政策が「国家」にとっていかなる意味を持つのか、さらには国家として具体的に何を達成しようとしているのかについて考察する。政権ごとに変わる貧困政策は各々の大統領の恣意的な対応であるかのように見えつつ、実際には政権の別を越えた国家課題を担わされている。貧困政策を国家運営の視点から分析する必要性がここにある。国家政策としての貧困対応の特徴を整理したうえで、それらをめぐる政治力学と、より大きな政治権力構造との関わりについて論じる。さらに国家による資本蓄積事業や国民統合事業と貧困政策との関係についても論じていく。

　第5章「貧困と市民社会」では貧困問題に関わるNGO等市民社会組織の役割を検討する。「NGO大国」とも称されるフィリピンでは多くの住民組織活動や貧困対策プログラムが実施されてきた。個々のプログラムが実績をおさめてきただけでなく国家政策や機構への市民社会組織の直接参加も制度化されてきた。しかし皮肉なことにこうした先進的な実践と成果が市民社会組織の保守化や体制内化を生じ、貧困を再生産する政治構造を補完する役割をも果たしている。またフィリピンの政治文化はNGOの築いてきた社会的威信をも取り込んでしまうことさえある。このように直線的に進展してきたとはいえない貧困と市民社会の実態について論じていく。

　第6章「貧困と市場」では貧困者が生活資源を獲得する場としての市場と貧困との関係を論じる。フィリピンでは労働力「商品」を売り渡す場としての労働市場が複雑な構造と特徴を持つ。グローバル自由経済に呼応した「雇用の柔軟化」が進む一方、インフォーマル部門での経済活動が活発に展開する。その周縁にはグローバル市場を前提とする海外出稼ぎや、児童労働などの不法労働が存在する。労働に関わるこうした諸要素が接合してグローバル競争に対応し

うるフィリピンの労働市場が成立している。さらに貧困層の多くが関わる農業部門では生産・流通の歪みと貿易自由化の動きが接合することで産業としての農業が停滞し、充分な報酬を獲得し得る条件が揺らいでいる。このような状況下、市場を通じた貧困の解消が困難な状況が生じている。

第7章「家族・親族の生存戦略」は、自律的に生活を維持する貧困者の生存戦略に焦点をあてる。貧困者はいつも国家や諸団体の支援プログラムに依存して生活をするわけではない。むしろ自らの生産活動と社会関係の構築、維持を通じたリスク分散をして生活を営む。こうした実態をフィリピンの家族・親族関係、相互扶助慣行や分かち合い、またそれらの行動を支える価値観を通じて考察する。貧困層の間では国家や制度に包摂されない自律的な生活圏としての家族、親族、コミュニティ関係が極度の貧困に陥らない安全弁を提供していることを論じる。

以上の検討を踏まえて最後にフィリピンにおける「グローバル接合レジーム」について総括をしたうえで、なぜ貧困問題が長きにわたって解消しないのかという基本問題に立ち返ってみようと思う。

第1章

貧困の構造的把握
──グローバル接合レジーム

1　はじめに

　長い間フィリピンでは貧困が社会問題化しているにも拘らず克服されず、多くの機関や主体による様々な政策や取り組みの努力がなされているにも拘らずその効果は芳しくない。その原因は個々の政策や取り組みの内容にあるのではなく、むしろそれらが実施される社会的条件にある。さらにいえば貧困問題や関連政策の背景にある社会構造にこそその原因が探られなければならない。

　ここではフィリピン社会でなぜ貧困が長らく解消しないかという問題を、社会構造的な視点から分析していく。その分析枠組みとして福祉を資本主義体制と関連づけて議論してきた「福祉レジーム論」と、社会の編成・変動を諸要素の関係として見る「接合理論」とを統合した「グローバル接合レジーム」枠組みで捉えることを試みたい。

　1990年前後からエスピン‐アンダーセンらによって活発に議論されてきた福祉レジーム論は、新自由主義政策が広まり、ヨーロッパ等先進国の福祉国家のあり方や、福祉社会が再検討される中から生まれてきた（Esping-Andersen 1990）。それは途上国の貧困問題を考える上でも重要な示唆を与える。一方それは先進国の政治経済条件を前提とした議論であるため、フィリピンを含めた途上国の実態をそのままでうまく説明できるわけではない。この福祉レジーム論の基本枠組みに依拠しながら、先進国とは大きく社会条件の異なるアジア、アフリカ、ラテンアメリカ社会を分析する試みがイアン・ゴフ Ian Gough 等バース大学研究グループらによって行われた。さらに急速な経済成長とともに

社会政策を制度化するアジアの国々の実態を「アジア福祉モデル」として論じるグループも出てきた。しかしそれは主として1970年代以降に急速に経済成長を遂げてきた「4頭の虎」、つまり韓国、台湾、香港、シンガポールを対象として論じられたものであり、フィリピンのような後発アジア途上国の実態を説明するには必ずしも十分な枠組みとはいえない。

　そこでフィリピンの貧困をめぐる実態の独自性を明らかにするためにアルチュセール、ラクラウ、ムフらの論じてきた「接合」概念を加味しながら分析をする。接合理論では社会構造の成立とその動態をある一つの因果関係の結果として見るのではなく、偶然に共存する諸要素の相互作用が作り上げる全体性として分析しようとする。フィリピンの貧困は従来からの社会条件に、経済環境の変化や政策介入などの諸要素が作用する中で再生産されている。しかもそれは新しい要素が従来の要素を駆逐するのではなく、両者が「接合」することで従来とは異なる新しい形態を形成する。具体的にはフィリピン社会が旧来から抱えてきた偏倚的な社会制度や政治システムが、民主化と経済自由化のもたらす諸要素と「接合」した結果、貧困の新しい再生産構造を形作ってきた。

　そしてこれらの構造形成と変動は、国内条件だけでなくグローバルな諸要素の影響を大きく受ける形で進行する。それをここでは貧困をめぐる「グローバル接合レジーム」Global Articulation Regime と概念づける。具体的なフィリピンの文脈における展開については次章以降で詳細に検討することとして、本章ではグローバル接合レジームの理論的根拠について考察を行いたい。

2　福祉レジーム論の視点

　まず本節ではこれまでの福祉レジーム論、途上国社会やアジアにおけるレジーム論を踏まえて、フィリピン社会における貧困の現状、社会政策や貧困対策をどのように把握すべきかについて考察する。フィリピンの貧困問題は広い意味での社会政策や福祉を分析した福祉レジーム論の枠組みでおおよそ分析が可能であるとしても、先進国とは異なる政治経済条件に規定されたものであるため、その違いを考慮しないわけにはいかない。その点で福祉レジーム論を、

途上国社会を対象として論じた「インフォーマル不安定レジーム」や、急速な経済成長を遂げてきた NIEs 諸国を分析した「アジアレジーム論」は示唆的である。その一方で、フィリピンはアフリカ途上国のように社会政策における国家の役割がそれほど弱いわけでもなく、逆にアジア NIEs のように強力な開発推進姿勢を徹底することもできていない。むしろ政治的民主化後は国家が市民の政治参加を積極的に制度化し政治的権威は分散した。経済面ではグローバル化に対応して保護主義を転換し自由化を進めてきた。こうした条件の相違を念頭に置きながら福祉レジーム論を整理してみよう。

■福祉レジーム論　　エスピン-アンダーセンの提唱した「福祉レジーム論」は福祉社会の実態を、それぞれの社会が持つ諸制度の機能、経済諸関係、政治主体の関与などを統合して検討し、それを資本主義の歴史的変容過程の中に位置づけたものである。[1]ある社会における人々の生活や福利がいかなる社会的要素と政治的力学によって成り立っているのかを同定しようとした点での貢献は小さくない。先進国の福祉分析として「福祉レジーム論」がのちに多くの議論を呼んだことは周知の事実である（大沢 2004；宮本 2008；橘木・宮本 2015）。ここでは「福祉レジーム論」の基本的な概念についてまず整理をしておこう。

　福祉レジーム論の大きな貢献は福祉をそれ自体として捉えるのではなく、資本主義の歴史過程における各々の社会に固有の制度と仕組みの組み合わせである「レジーム」として構造的に捉える点にある。つまり福祉を生産関係、政治制度さらに主体関与の相互作用の結果として把握する視点である。具体的論点の第一は福祉に関わる国家、市場、家族の各領域機能の統合としての「福祉ミックス」Welfare Mix が社会の福祉のあり方を規定するとした点である。第二に福祉を資本主義市場での労働力「商品化」commodification と「脱商品化」de-commodification、つまり交換関係に依拠しない生活資源の確保との組み合わせで評価する点にある。第三に政策・制度がもたらす社会的階層化 stratification、つまり福祉をめぐる政治主体の関係を検討する視点である。それぞれについてもう少し整理をしておこう。

　第一に「福祉ミックス」である。人々の生活は国家の政策のみによって保障

されているわけではない。国家による人々の生活領域への介入は西洋でも歴史的にずいぶん後期になって生じてきた。いかなる社会でも家族が生活の基盤形成機能を果たし、封建的生産体系から資本主義的生産体系に発展するのに呼応する形で、農業生産を通じた食料・生活資源の直接的獲得から市場で労働力を販売し賃金を受け取って生活を支える形態へと変じてくる。やがて国家は治安維持と国民動員の手段として社会政策を実施し個人の生活領域への介入を制度化してくる。こうしてそれぞれの役割を果たす家族、市場、国家は他の領域を駆逐するのではなくむしろ補完し合って全体として機能する。人々の生活もこうした三領域の相互作用としての福祉ミックスによって実現している。

　第二に重要な概念は「脱商品化」である。資本主義社会では労働力を売って賃金を得ることが生計維持の主流となる。労働者にとっては労働力を商品として市場で売ること、つまり「商品化」が生活を営む重要な手段となる。しかし一方で人々は病気や老いなどの個人的な理由、あるいは産業構造転換や不況など個人に帰せられぬ社会的理由によって、労働力の商品化ができないことがある。そこで国家が医療保険、失業手当、年金などの公的政策を通じて個人の生活領域に介入することになる。これが福祉における「脱商品化」である。

　第三は公的介入の正当化論理としての社会権の設定と「階層化」である。国家は国民の生存の権利を社会権として制度化して財源その他の公的資源を動員する。保障を必要とする集団の確定と納税負担者の合意を得るためである。社会権は労働・社会運動など下からの要求として実現される事例が多い一方で政権党や保守勢力の国家体制維持、国家目的遂行の観点から付与されることもある。いずれにしても社会権の付与では政治諸勢力の対抗関係が大きな規定要因となる。国家は構成員すべてに福祉政策を実施する必要はなく、目的に応じてターゲットをしぼり便益を供与する。それは特定集団を差異化し「階層化」する過程でもある。また社会権は国家機能と法体系の存在を前提とするため、その行使に際しては国家の存在と機能を必要とする。つまり生活保障を受けようとする者は現今の政治権力構造をも認めざるをえないことを意味する。結果として階級対立を否定し既存の権力機構を是認することにつながる。社会権の制度化は階級を越えた国民としての連帯を生む可能性と階級構造認識をめぐる対

第1章　貧困の構造的把握　　15

立、一定集団の排除を招来する可能性をも同時に秘めている。

　以上のようにエスピン‐アンダーセンの福祉レジーム論は、福祉ミックス、脱商品化、そして社会階層化を重要な分析視点として、人々の生活を支える福祉福利 well-being のあり方を動態的に捉えようとした。

　フィリピンの貧困をめぐる状況を考えるとき、こうした福祉レジーム論の分析視点は非常に示唆的である。フィリピンも国家、市場など先進国と同様の近代的政治機構、経済制度が機能しているからである。とはいえ先進国とは大きく異なる途上社会フィリピンを分析するには、より現状に則した視点が必要である。もう少し掘り下げてみよう。

■**途上国レジーム論**　　ゴフらは福祉レジーム枠組みに依拠しながら、欧米先進諸国とは社会条件の大きく異なる途上国の実態把握を試みている。その違いを主に国家の正統性の存否、労働市場機能の程度、預金・保険など生活に関わる金融市場の有無に求めている（Gough 2004：21）。ゴフはこうした途上国の福祉に関する社会条件[2]を前提として「インフォーマル不安定レジーム」Informal Insecurity Regime[3]を概念化している（Gough 2002：52；2004：31）。そこでは第一に国家や市場が人々の生活を安定させる機能を必ずしも果たしておらず、他方で家族やコミュニティといったインフォーマルな領域の役割が大きな意味を持つ。インフォーマル不安定レジームでは福祉レジーム論で扱われた国家、市場、家族の福祉に関わる三領域にコミュニティ領域を加えた「拡大領域福祉ミックス」を提示する。途上社会では国家や市場に包摂されずまた家族・親族といった私的領域をも越えたコミュニティ活動の果たす役割が大きい。ここでは地縁や伝統的な社会関係だけではなく近時活発な市民活動、NGO 活動の役割を強調している。第二のポイントはこれら四領域のすべてがグローバリゼーションの大きな影響を受けていることである。国家運営はグローバル社会との協調、国際機関との合意なくしては不可能である。グローバル経済が深化した近年、市場は国内で完結することなく外資や外国市場と密接な関係を持つ。コミュニティ領域では国際 NGO や国境を越えた連帯活動が今や日常化している。家族の生活戦略も何らかの形でグローバル経済と結びついた生産・流通活

表 1 - 1　途上国における「拡大領域福祉ミックス」

	国内条件	グローバル要因
国　　家	国内統治	国際機関、政府援助
市　　場	国内市場	グローバル市場、多国籍企業
コミュニティ	市民社会、NGO	国際 NGO
家　　族	世帯生計	国際生計戦略

（出所）　Gough 2004：31

動を前提として成立している。福祉に関わる四領域の融合と、それぞれがグ
ローバル要素と強い関係性を持つ状態を「拡大領域福祉ミックス」と呼ぶ（**表
1 - 1**）。

　ここではフィリピンの貧困をめぐる状況を、「拡大領域福祉ミックス」を構
成する 4 つの領域に沿ってもう少し見てみよう。第一に「国家領域」である。
国家は一般に国民の合意の下に正義や公正、秩序維持の実現を掲げて諸利害を
調整しつつ、支配階級の利権基盤を保持するとされる。しかしフィリピンでは
形式的な民主主義制度が整備されている一方で有力政治家によるあからさまな
レント・シーキング行動が多く見られ、公正や正義を実現する役割を必ずしも
果たしていない。しかも地域によっては伝統政治家や名望家が国家に包摂され
ない強力な社会勢力として存在し、地域と住民を独自に支配しているため国家
による管理支配の論理が貫徹しない。国家はむしろ拮抗する社会諸勢力のうち
相対的に影響力の強い集団が支配・管理する機構である（Migdal 1988）。貧困
層はこうした不徹底な国家社会関係の中で生存することを余儀なくされる。

　途上国の国家領域との関係で整理する必要があるのは「社会権」に関わる問
題である。社会権は歴史的に各国民がそれぞれの国家の政治闘争の中で個別に
勝ち取ってきたという側面に加えて、途上国にとっては人類共通の規範として
外部から導入された側面もある。フィリピンでは20世紀初頭から徐々にアメリ
カ式民主主義制度と価値が導入されてきた。社会的勢力が要求して制度化され
てきたとは必ずしもいえない社会権およびその具体的表現としての社会政策は
国家の統治手段として利用される。国家運営の安定をはかるために公務員向け
社会保険「政府保険制度」GSIS は早くも1936年に整備されている。民間向け

の「社会保障制度」SSS が創設されるのは1957年であり、しかもその対象は一定規模以上の企業に雇用されるものに限られた。つまり国家運営に携わる層と、より安定した生計基盤を持つ層の保障をしたに過ぎない。貧困層への制度は用意されず実質的に排除された。社会政策のもたらす「階層化」である。

　貧困層への対応は社会運動による下からの要求とグローバル社会の関与、つまり国際機関プログラムや政府開発援助 ODA、草の根 NGO 活動の介入を通じて具体化されることが多い。しかも国家は政策を徹底できるほど運営能力が高くなく、一方で草の根運動や社会運動が活発な組織活動を展開するフィリピンの状況では、制度化された社会権を実施する主体は必ずしも国家に限定されない。市民団体や NGO などの非国家主体がその実現の一翼を担う重要な役割を果たすことも珍しくない。

　第二に「市場領域」についてである。途上国では経済活動において市場原理がどこまで貫徹しているか怪しい。そもそも市場取引の前提となる「商品」が一般化しているのか。カール・ポラニーは土地、労働力といった「商品」は歴史的文脈の中で社会から切り離されて誕生することを指摘した（Polanyi 2004）。インフォーマル経済が大きな比重を占める途上国社会では、人々の生活は必ずしも「商品化」を前提としているわけではない。貧困層は複数の生産活動に同時に携わり生計を維持する。その中で賃金労働への依存度が高いとはいえず直接生産、自己経営などが重要な役割を果たす。時には物乞い、窃盗、収賄なども大きな収入源となる（Bevan 2004 : 96）。

　フィリピンの貧困層は制度化されず国家の統制も受けない農業やインフォーマル部門での生産活動で生計を立てることが多い。農村では地主小作関係あるいは自己耕作、農業労働者としての慣習的雇用を前提に生活が営まれる。都市では露天商、機械修理など低コスト、低技術で運営できる個人商売が大きな比重を占める。安定的賃金の得られる企業での雇用は学歴、資質、縁故などの条件を持たぬ者にとっては現実味のない選択肢である。「商品化」はむしろ多くの貧困層が望み目指すところとなる。

　さらにグローバル化した昨今、市場は国内条件のみにて機能するわけではない。グローバル社会や海外企業の商慣行や基準が持ち込まれる。フィリピンで

は投資を呼び込むために1990年代以降、より廉価で解雇のしやすい労働力を提供することを目的として労働市場の自由化、雇用の柔軟化 flexibilization をはかってきた。フォーマル部門での廉価な労働力の提供は、インフォーマル経済活動や社会に埋め込まれた伝統的生産活動による労働力再生産の補完を前提として成立している。

　第三に「コミュニティ領域」についてである。国家が人々の生活を保障する機能を十分には果たしておらず市場が安定的な経済活動を保障しない中で、住民自身による相互扶助は大きな意味を持つ。地域の伝統的互助活動に加えて、近年では市民団体、NGO による草の根組織活動の果たす役割は小さくない。国家が保障しない生活基盤を開発 NGO などが提供する。フィリピンは NGO 大国といわれるほどに多くの草の根組織が活動を展開している。生計向上、環境保全、ジェンダー平等ほか多岐にわたる分野で実績を上げてきた。1980年代政治的民主化以降、NGO や草の根運動は国家制度や機構の構築にまで影響を与える存在となってきた。

　一方農村部において貧困層は地域有力者の絶対的権威に対して、反抗ではなく恭順の姿勢を見せる。Wood はそれを「相殺的融合」adversary permeablity と呼ぶ。つまり低位にある者は資源や影響力を持つ上位者に対して服従し忠誠・恭順を示すことによってなにがしかの恩恵を得ようとする。その恭順は最低限の生活維持には寄与はするものの、苦境や不平等の原因や関係そのものを転換するものではない。むしろそれを強化し人々の不安定な生活を再生産する（Wood 2004）。地方有力者によって貧困プログラムや国家政策が私的に利用される傾向さえ見受けられる。

　草の根組織や NGO は援助プロジェクトや資金の獲得あるいは連帯活動を通じてグローバル社会とつながる。その過程で新しい価値や規範を受容し国内でそれを普及する役割を担う。住民に自由、平等、人権などの市民社会規範やエンパワーメントなどの開発概念を持ち込む。それが貧困者の生活向上の理念的根拠として働く一方、国家による法や社会規範を遵守する「市民」として貧困層を啓蒙誘導するベクトルとしても働く。

　最後に「家族領域」である。家族は生活互助の最小単位である。個人の生活

第1章　貧困の構造的把握　　19

や生存が脅かされた時に、まず頼るのは家族である。限られた食料、収入、資源を分かち合い相互の生存を確保する。その単位は核家族とは限らず複数の血縁が同居する拡大家族形態も珍しくない。特にフィリピンでは家族の紐帯は堅固で相互扶助機能が強い。さらに名付け親制度や結婚後見人制度などの慣習を通じた儀礼親族関係 Compadorazgo は重要な役割を果たす。もともとカトリックの宗教上の儀礼であったものが、日常的な扶助機能を持つ社会慣習として階層を越えて根づいている。経済的に困窮をしたり、病気に陥るなどの緊急時に支援や救済を依頼できる関係であり、生活上のリスクを分散する役割を果たす。

　近年家族の生存戦略でさえ国家の枠組みにとどまってはいない。フィリピンでは重要な生活戦略として海外出稼ぎがある。以前から盛んであった海外出稼ぎはグローバル経済の隆盛、規制緩和と制度自由化によってより盛んになってきた。近年では年間200万人が渡航をし、海外に滞在するフィリピン人は1,000万人を超えその割合は国民の約10人に１人に及ぶ。

　以上見てきたように人々の生活の基盤となる国家、市場、コミュニティ、家族それぞれの領域はフィリピンでは先進国とは異なる条件で機能している。それらはいつも生活の安定に結びついているとは限らず、むしろ生存を脅かしたり、不安定要因として働くことすらある。さらにこれら四領域が相互に関係し補完し合いながら「拡大領域福祉ミックス」として機能している。

■アジア福祉レジーム論　　ゴフらの論じた「途上国レジーム論」はアジア、アフリカ、ラテンアメリカの後進途上国を前提とした議論であった。経済的中進国であるフィリピンの分析にとっては、韓国、台湾、シンガポール、香港といったアジア NIEs（新興工業経済）諸国地域を対象に展開された「アジア福祉レジーム論」がより示唆的である。

　NIEs においてなぜ急速な経済成長が可能だったかという関心と、成長する経済状況の中で国民生活がいかに保障されてきたのかという視点から社会政策や福祉が論じられた。Dixon と Kim による研究『アジアにおける社会福祉』を嚆矢として、国別研究、国際比較研究などが進んだ（Dixon and Kim 1985；

Ku & Finer 2007：118）。ひとつの潮流は、アジアにおける家族の役割を重視する議論である。Croissant はアジアの福祉実態を「家族主義福祉レジーム」と規定する。家族間の互助が社会生活条件の確保では大きな役割を果たし、国家によるサービス提供は最低限に抑えられる。福祉における「脱商品化」の度合いは低く、同時に私的な相互扶助に依存するため「商品化」の度合いも高いわけではない（Croissant 2004：515）。アジアにおけるこうした家族主義的な社会機能の源泉を儒教文化に求める議論も多い（Goodman et al. eds. 2006；Jones 1990；Jones 1993）。しかし家族主義を儒教に還元する視点は、時代の変遷とともに社会編成や制度が変わることを説明できないし、家族形態そのものも変化する事実との整合性がとれないため、因果関係に関しては慎重に見なければならない（Gough 2004：185）。

　もうひとつの潮流は経済成長主義との関連に注目する議論である。ホリデイの「生産主義的福祉資本主義論」productivist welfare capitalism は社会諸政策が、経済成長という国家の最重要課題を達成するための補完的役割を担わされてきた実態に焦点をあてた議論である。労働力の創出とその質の維持を通じ生産関連条件を強化することが第一目的とされ、社会権が最低レベルで付与されるところにその特徴がある。そして国家 - 市場 - 家族領域の福祉ミックスの相互関係は、経済成長を支える方向で総動員される（Holliday 2000：708）。それに対しゴフはアジア諸国の実態を「生産主義的社会開発レジーム」productivist social development regime として捉える。アジアの社会政策が所得保障、失業保険、年金等、人々の生活を直接支える分野では極力抑えられる傾向にあり、教育・医療に関わる条件整備に重点を置いていることを強調する。教育も医療も生産力を上げるための良質な労働力の育成を目的としている（Gough 2002：58）。個人の生活条件の整備よりも社会全体の開発、資本蓄積の条件整備を優先する姿勢を強調している。

　これら「生産主義的福祉資本主義論」も「生産主義的社会開発レジーム論」もチャルマーズ・ジョンソン以来の「開発主義国家」概念をベースとして社会政策分野に注目した議論である。経済成長を至上目的に掲げその達成のためにあらゆる資源を動員する体制を「開発主義国家」と呼んだ（ジョンソン 1982）。

開発主義国家論に基づくホリデイとゴフの福祉レジームでは主として以下の2点において共通の認識がある。権威的政治体制があらゆる集団と資源を動員して経済成長を実現する強力な政策執行能力を有したことと、社会政策に関しては可能な限り非国家領域の役割に依存したことである。第一の点に関連して強力な開発主義国家を運営するための要件は以下の3つが想定される。先ずは政策執行者のみならず経済界、労働者をも含めた広範な層に一定の犠牲も受け入れながら経済開発という共通目標に邁進する開発イデオロギーが浸透することである。第二に強いリーダーシップを持つ政治家の存在と開発計画を策定、実行できるテクノクラート官僚の存在である。第三に労働者や企業など開発主義によって不利益を被る集団の抵抗を抑え込む国家の統治能力である（Lee and Ku 2007：200）。

　アジア諸国政府が社会政策において重視したのが教育である点は疑いない（Gough 2002：52）。工業化を推進するうえで良質な労働力の創出は不可欠だからである。アジア諸国は中華文化に大きな影響を受けており、一般市民レベルでも教育に対する理解と熱心さが共有されている。国家はそれを政策としてうまく取り込み利用してきたといえる[4]。

　第二は非国家領域の役割である。アジア諸国では生活条件の確保は国家の責任というよりも個人の領域に課せられる。政府の財源が限られているというだけではなく、生計の維持は基本的に私的領域の問題であり公的機関が介入する必要はないという考え方が政策担当者のみならず人々の間にも広く共有されているからである。アジアでは「家族」が大きな役割を果たす。失業、老齢、疾病などで自らの労働に頼ることができなくなった際には家族に依存する。

　以上のようなアジア福祉レジーム論に照らしてフィリピンの実態を見てみると若干異なる状況がある。第一にフィリピンでは開発主義がNIEs諸国ほど徹底できなかったことである。マルコス大統領は1972年戒厳令布告直後に国家経済会議NECと大統領経済顧問を統合する形で国家経済企画庁NEDAを創設し、経済テクノクラートを集めて政府主導の経済開発に乗り出した。日本やアジアNIEsを模して、国家主導型の開発政策を実行しようとしたのである。しかし分権的な政治システムが中央政府の指導性を制限したことと、それ以上に

政権自体が利権構造の中で腐敗していったことにより開発主義は徹底しなかった。1980年代に入ると経済状況も悪化の一途をたどった。

　開発主義が徹底しない中で国民への社会政策や貧困対策がおざなりになるのは当然の帰結だった。貧困者の生活基盤の確保が家族互助等の私的努力に依らざるを得なかった点はアジアNIEsと同様である。しかし、フィリピンでは権威主義体制の中でも活発な社会運動が展開され、政治問題のみならず住民の組織活動にまで積極的に関与した。それゆえ生活の維持は単に個人の営為に帰せられるのではなく、社会組織、NGOなどのコミュニティ活動に依存する部分も大きい。とはいえ、コミュニティ活動が政治システムを大きく変容させるとは限らない。Davisはバングラデシュの福祉レジームの特徴として開発NGOや自発的組織の大きな貢献を認めたうえで、草の根の生活改善運動が既存の政治権力構造の強化につながることを指摘する。地域社会にある政治問題を避け貧困対策プログラムを実務的に遂行する姿勢が逆に地域に根づく権力関係に搦め取られ、却って貧困を生み出す不平等構造の維持に加担することにつながる。貧困・開発プログラムは政治的条件を問わないという意味で「脱政治化」de-politicizationされ既存の権力関係を強化し、むしろ貧困を再生産する構造の維持に貢献してしまう。これを「否定的結合」adverse incorporationと呼[5]ぶ（Davis 2001：82-100）。伝統的有力者の地方支配傾向がいまだ強く、同時にNGOが積極的に貧困問題に取り組んでいるフィリピンにとってバングラデシュの事例は示唆的である。しかし、フィリピンではNGOの脱政治化が多くの事例で見られる一方、政治問題や権力構造に対しても積極的に関わってきた現実がある。社会運動やNGO活動は新しい社会勢力として地域社会の意思決定や政治権力のあり方に異なる流れを持ち込もうとしている。

　アジア福祉レジーム論は中進国フィリピンの貧困状況分析にとって非常に示唆的な視点を提供する。一方で、権威主義体制の弱さと国家統治能力の低さ、さらにNGOなど社会勢力の強さが共存するフィリピンでは、貧困をめぐる独自の状況展開を生んでいる。以下でフィリピンの独自性を検討していこう。

第1章　貧困の構造的把握

3 接合理論

　フィリピンはインフォーマル不安定レジームのように国家が政策能力を持たぬほど脆弱で、インフォーマルな機構が貧困層の生活条件のほとんどを規定しているとはいえない。また餓死者を出すほど「不安定」だともいえない。しかしながら、アジアレジーム論のように国家が強い主導権を以て経済成長政策を徹底してきたわけでもない。フィリピンでは開発主義政策は限定的にしか機能しなかった。他方、伝統的制度やインフォーマルな慣行は、新しく導入される国家政策や新しく展開するグローバル状況と隔絶して存在し続けているのではなくむしろそれらと融合しながら新しい形態へと変化してきた。以上のようなフィリピンの実態は、インフォーマル不安定レジーム論でもアジアレジーム論でもうまく説明ができない。

　ここではフィリピン貧困をめぐる固有の社会構造を福祉レジーム論に加えて、混在する諸要素の統合として社会を捉えようとする「接合理論」Articulation Theory の分析視角を取り入れることでその実相を照射してみよう。

■接合理論　まずは接合理論について整理しておこう。その基本的な視座は、諸制度や諸活動がそれ自体としてある結果をもたらすだけでなく、他の条件や要素と関係しその相互作用と融合が独自の結果をもたらすことに注目して、社会をより構造的に把握しようとする点にある。接合理論はアルチュセールによる経済還元主義的社会分析からの脱却の試みに始まり、ラクラウとムフの歴史的偶然性の統合としての「言説」による社会把握、そしてホールらカルチュラル・スタディーズの言説としてのアイデンティティ形成とコミュニケーション論へと展開してきた（アルチュセール 1994；Laclau and Mouffe 1985；Morley and Chen 1996）。経済領域に着目した議論では、従属論論争から派生した周辺資本主義の社会構成体分析における資本主義的生産様式と非資本主義的生産様式の融合として「接合」が論じられてきた（リムケコ 1987）。

　ここでの接合理論の要点は以下の３点にある。第一に「社会」の捉え方であ

る。社会は一般法則や論理に基づく有機的な統合体ではなく、個別性 particularity と偶発性 contingency を持つ諸要素の接合 articulate[6] として認識、構成される（Laclau and Mouffe 1985：95；DeLuca 1999：335）。それぞれの要素は相互に論理的関係性や、必然としての因果関係を有して結びついているとは限らず、歴史的に偶然に存在したがために関係を結び、その結果新しい実態を構成する。とはいえ、人間行為の介在なく諸要素が偶然に結びつく構成体として社会を捉えるわけではない。そこには主体である人間が関与し、諸要素を選択しながら「接合」する実践が伴う。ラクラウとムフは諸要素の中からいずれを重視、選択し接合して「言説」discourse とするのかが社会の構成プロセスだとする。近代的原理や理念に基づいて構成される言説が社会の不変実体なのではなく、実際に存在する諸要素の組み換えと接合による新しい言説によって別の社会実体を構成することも可能である。フィリピンの文脈で考えれば、貧困をめぐる社会実体は必ずしも政府や国家、あるいは国際社会の構成する「言説」が唯一のものとはいえず、当事者たる貧困者自身の視点から諸要素を選択、接合し可視化することも可能となる。

　第二の視点は、アルチュセールが主張した「重層的決定」overdetermination である。社会的事象は単純な因果関係で生じるのではなく、諸要素が偶発的に重なり相互作用する「接合」の結果として生じる（アルチュセール 1994：164-165）。「重層的決定」とは社会分析を「単一の内的原理」へと還元するのではなく、様々な審級の「有効な諸決定の集積」という複雑性を強調する概念である（植村 2004：6）。特に社会分析を下部構造である経済的要因に還元する単純なマルクス主義解釈を批判し、上部構造諸要素や、生産関係には直接規定されない諸要素の接合として社会を把握する視角である。貧困は主として経済的基準で計測され認識されるため、経済要因、富の再分配に焦点があてられがちとなる。しかし貧困が経済外的要因によっても構成される社会的産物である以上、経済領域を超えた諸要素の接合としてこの問題を把握せねばならないだろう。貧困問題は単なる経済領域に閉じ込められるのではなく、政治権力構造やコミュニティにおける運動とも密接に関連するものとして論じなければならない。その点では福祉レジーム論の提起する「拡大領域福祉ミックス」の各

領域間の接合のあり方が重要となる。

　第三に社会の変化への視点である。諸要素の接合としての社会の認識は言説のあり方、つまりいかなる原理に基づきどの要素を選択し問題視するのかによって変わってくる。[7]「一体性」としてのある言説は、本来無関係の諸要素が接合されたものであり、それはまた別の形で再接合することが可能である。なぜならそれらは必然性を持つ「帰属」belongingness を有していないからである（Grossberg 1996：141）。そもそも接合が社会を必然性のない偶発的諸要素の結びつきとして捉える以上、新しい偶発性によって接合のあり方が変わることはいわば論理的な帰結でもある。ラクラウとムフは「新しい社会運動」に着目し必ずしも生産関係に依拠しない市民活動が社会言説の変更を迫ってきた実態を指摘し、それを戦略的に追求して既存の社会関係におけるヘゲモニーの転換を目指すことを主張した（Laclau and Mouffe 1985）。主体の関わりによる運動論はここでは措くとして、社会の実態分析において、その構造、接合のあり方を没歴史的、本質主義的に捉えることは戒めなければならない。したがって、貧困をめぐるフィリピンの社会構造を、過去から引き継がれてきた制度的遺産と社会慣習が新しい制度・理念と接合する中で創造されたものとして捉えるとしても、一方で、それをフィリピンの「本質」として固定化するのではなく、常に変化する一過程にあること、他方ではその変化は必ずしも先進国や他の社会のたどった轍に沿って同じ目的地にたどり着くという単線的な変化ではないことに留意しなければならないだろう。

■３つの接合　　以上の視点を踏まえて、フィリピンの貧困レジーム論に関わる以下の３つの接合を整理しておこう。[8]第一に、近代制度と伝統社会の接合である。社会に近代的な制度が導入されたとしても、それが意図通りに機能するとは限らない。例えばフィリピンでは20世紀初頭に、アメリカの実質的統治を受けた際に、議会制、選挙、言論の自由などのアメリカ型民主主義制度が導入された。しかし一方でそれ以前の300年にわたるスペイン統治期に形成された大土地所有制度とそれに基づく地方の政治的支配構造はほぼ手をつけられることなく温存されたため、圧倒的富を蓄積する大地主層が、導入された近代的民

主主義制度を利用して政治権力を掌握するという構図が出来上がった。戦中戦後の動乱を経て武器が社会に出回ることによって、選挙で暴力や武力が多用される慣習も根づいた。こうして個人の自発的な意思の発現を想定したはずの民主主義は、有力者権力の正統化と支配者・被支配者間で築かれたパトロン・クライアント関係を制度的に内実化する役割を果たすこととなった。フィリピンの「民主主義」は社会のマジョリティである低所得者の声を反映するものではなく、既得権益強化の手段となってきた。経済面においてもフィリピンは1980年代以降、自由化をはかりグローバル資本を招致するために、雇用の柔軟化（非正規雇用化）を急速に進めた。しかしそれらはフォーマルな労働市場が制度的にも規模的にも十全に整備されず、一次産業やインフォーマル部門などの非資本主義的生産様式が堅固に存在する条件の中で展開した。こうしてインフォーマルな労働形態がフォーマルな労働市場を下から補完する役割を果たす構造が組み上がった。このように近代政治制度と従来からの権力構造が結合したり、あるいは経済におけるフォーマル部門とインフォーマル部門が融合しているように、近代制度と伝統的構造が「接合」し新しい独自の実態を生み出す現象がフィリピンには見出される。

　第二の「接合」は、国内要素とグローバル要素の「接合」である。途上国の多くがそうであるように、フィリピンも国際機関の「助言」の下で意思決定を迫られてきた。特に世界銀行や国際通貨基金 IMF から多額の融資・援助を受けてきたため、突き付けられるコンディショナリティには従わざるをえなかった（Broad 1990）。しかしながら、フィリピンはいつも国際機関の指示通りの意思決定をして、その意図に沿って政策を実行してきたわけではない。フィリピン国内にも様々な利権と主張が存在する。少なくとも国際機関が奨励する民主主義的な制度と理念を前提とすれば、国内諸集団の利害を無視して政策を強行することは難しい。例えば、援助の受け入れと関連して行われた1990年代以降の税制改革では必ずしも国際機関の想定通りの議論経緯を経て、期待通りの結果がもたらされたとは言い切れない。業界や市民団体の要望と抵抗の中で、外から持ち込まれた理念や方針は「国内化」domestication される。外部から持ち込まれる制度や価値観は、フィリピン国内の勢力関係の下、従来制度や慣習

と融合しながら独自の展開を遂げている（Ota 2011）。グローバルに展開するNGO活動においても同様の現象が見られる。NGOはプログラム対象者であるコミュニティ住民や貧困層への献身的関与と成果追求の過程で、実際には資金提供者である外国政府や海外NGOに対するアカウンタビリティ（説明責任）を優先し正義や公正、エンパワーメントといった「人類共通の普遍的価値観」の体現に努める傾向にある。また国際機関や海外組織は内政不干渉原則の下、国内や地域の権力関係に介入することを避けようとするがために、逆に既存権力と結びついて活動を展開することもある。従来の権力関係温存の一半を担う結果を生む。もちろん外国から持ち込まれる要素が、国内状況に変化を生ずるのも事実である。新税制導入により企業経営体は経済活動上の変更を迫られるし、NGOの関与により住民意識が変わるだけでなく、地域権力者も一定の配慮をせざるをえなくなる。こうして国内要素と国外要素が「接合」することでフィリピンの独特な実態が形成される。

　第三に「拡大領域福祉ミックス」に関わる各領域の「接合」である。国家、市場、コミュニティ、家族がそれぞれの役割を果たすことに加えて、さらにそれらが相互補完的な関係で「接合」する。フィリピンではこの「拡大領域福祉ミックス」が言説的な意味での「貧困」と実体としての「貧困」とを統合しつつ構造的に再生産する。各領域はそれぞれの条件下で貧困に対峙してきた。しかし各領域の取り組みは貧困問題を解決してしまうほど有効に機能しているわけではない。例えば国家は個々の貧困プログラムでは一定の成果を上げながらも全体として貧困問題を解消するほどの実績を上げているわけではない。労働市場は制度的に整備されつつも、低所得層を吸収して貧困から脱却させているわけでもない。コミュニティにおいて自主的な共同活動が活発に展開しているものの、貧困を生み出す社会構造に抜本的な転換をもたらしてきたわけでもない。家族は相互に支え合う最後にして最大の砦ではありつつも、それのみで生活が十分に維持されるわけではない。フィリピンの「貧困問題」はこのように各領域が一定の役割を果たしつつも、それでいて抜本的に問題を解消するほどの充分な機能は果たしてはいない。相互に関連し補完し合う「接合」の中で貧困が存在しているのである。その「接合」の特徴は「相殺的融合」である

(Wood 2004)。つまり各領域は貧困を徹底して解決できないものの、貧困者の生存条件の一部を提供する機能を果たす。そして各領域相互が補完し合いながら貧困者の生活を支える。それ故、逆説的ながら一つの領域で問題解決をはかる必要がない。相互補完の結果、全体として貧困への徹底した対応が疎遠になる状況を生む。

　フィリピンは経済水準においても生活条件においても、階級、階層、集団、地域によって大きな差がある。例えばありあまる富を有する最富裕層は、社会政策や公的制度による介入を全く必要とせず、生活条件を私的に実現できるのに対して、低所得者にとっては国家制度や NGO 活動によってもたらされる資源は死活的に重要となる。あるいは一部地域では、地方有力者による住民支配が非常に堅固であり、国家制度や政策の入り込む余地がほとんどないこともある。そうした意味では各領域の組み合わせである「拡大領域福祉ミックス」は単一ではなく、階級、階層、集団ごとの複数のパターンが混在する「複合」状態にあるといえる。

　以上のように各領域内において諸要素が「接合」してフィリピン的な特徴を生み出すと同時に、各領域間が「接合」しひとつの全体構造を成している。さらにフィリピンは国内政策においても経済運営においても国外グローバル要素に開放的であり大きな影響を受けている。しかしグローバル要素が一方的に国内状況を改変しているのではなく、むしろ国内要因がグローバルな要素を受け入れながら独自の機能形態を生み出してきている。フィリピンにおける貧困を規定するこうした構造が「グローバル接合レジーム」である。[9]

　フィリピン「グローバル接合レジーム」の内実の検討は次章以降に譲るとして、以下では本書の対象とする、フィリピン「民主化」以降の貧困をめぐる政治経済状況を一瞥しておこう。

　1980年代前半、マルコス政権戒厳令体制末期に経済は低迷状態が続き民生も疲弊した。1986年政治的民主化以降、世界的な新自由主義政策とも合流する形で、経済の自由化、開放化による立て直しがはかられてきた。フィリピン社会のあり方を根底から規定する大土地所有制は米国統治期から政策的にその是正が取り組まれながら緩慢な成果しか生んでこなかった。それ故、民主化によっ

第1章　貧困の構造的把握　29

て期待された変革のひとつに「農地改革」が挙がったのは当然だった。しかし政権の重要ポストや議会に大きな影響力を有する地主層の合意を取りつけるのは容易ではない。農地改革は単に土地所有問題への改革のみならず、既得権益の剥奪、政治権力基盤の改変、産業構造の転換という重要な問題とも密接に関連しているからである。

　一方、自由化により外資導入と産業振興政策が積極的にはかられる。しかし他のアジア諸国がたどってきた産業経路と異なり、フィリピンでは製造業が十分に発展することなく商業、サービス産業など第三次産業が急展開していった。特に電気通信 IT 関連産業、小売業が急速な発達をしていった（Krinks 2002）。2010年代には不動産市場も拡大していった。しかし、これら第三次産業は鉱工業部門に比べて生産性が低くまた関連産業への波及効果も小さく、資本蓄積という点では効率が悪い。加えて雇用吸収においても第二次産業に比べてその貢献度は低い。充分な吸収力のない労働市場から排除された労働力はインフォーマル部門に滞留するか、あるいは海外に収入の機会を求めて流出する。フィリピンではインフォーマル部門や海外出稼ぎも大きな比重を占める。フィリピンの労働市場は国内にとどまらず国境を越えた規模で形成されている。

　貧困層の視点からこうした政治経済状況を眺めてみよう。彼らは生計を立てるうえで何らかの生産活動、現金獲得活動に携わる。それは土地に依拠する農耕かもしれないし、他者に雇用される賃金労働かもしれない。また自ら販売や小ビジネスなどを手掛けるインフォーマルな自営活動かもしれない。いずれにせよ何らかの経済活動を通じ市場と関わることで生計を立てることが基本となる。そのうえで行政からの施策がある。土地所有権や雇用機会が与えられることによって、より大きな収入に結びつく経済基盤が提供される。あるいは補助金が直接給付されることもある。行政の施策の行きわたらない地域や分野には、往々にして NGO など草の根組織が関与し、コミュニティ協力や生計プロジェクトなどを通じた生活維持・改善の機会が与えられる。さらに行政や草の根組織の目の届かぬ地域では、家族・親族、地縁等を通じた相互扶助が安全弁として機能し、なんとか生活が紡がれる。こうして貧困者は自らの活動、国家

や市民社会組織といった外部からもたらされる諸資源、そして人的ネットワークを総動員しながら自らの生活を立てている。

　以下の章では「グローバル接合レジーム」の視点からフィリピン全体の福祉状況、特に貧困と貧困層をめぐる状況に焦点をあてて、「拡大領域福祉ミックス」、つまり国家、市場、コミュニティ、そして家族・親族の四領域の実態をそれぞれ詳細に分析する形で考察をしていきたい。

第1章　貧困の構造的把握　　31

第2章

民主化後の貧困政策
──体系化と制度化

1　はじめに

　フィリピン政府はこれまで多様な貧困対策プログラムや政策を講じてきた。特に1986年の政治的民主化以降、貧困問題は常に政治争点のひとつに挙がり、基本的に6年ごとに変わる各政権は独自の政策を打ち出して国民にアピールする必要があった。にも拘らず政府貧困政策の全体像を論じる研究は意外なほどに少ない。政権毎の貧困政策を扱ったものにシュレジッグによる研究がある。しかしそれは主要政策の要点を叙述しているに過ぎず、その政策内容の詳細や意義については論じていないうえ、1986年コラソン・アキノ政権から2004年までのアロヨ政権第1期を扱っているに過ぎない（Schlezig 2005）。

　本章と次章ではコラソン・アキノ大統領（1986‐92）からベニグノ・アキノ大統領（2011‐16）に至るまでの5期にわたる政権、約30年の主要な貧困政策、プログラムを内容のみならずそれらが講じられてきた政治的な背景や政策的位置づけを踏まえながら整理をしていく。本章ではコラソン・アキノ政権およびフィデル・ラモス政権の諸政策について扱う。この時期は長期にわたるマルコス権威主義的体制から解放された後、新しい政治社会制度を整備する過程にあり、今日に至るまでの貧困政策の基本的方向性を提示した段階である。制度化された政策を実際に運用・施行していったエストラーダ政権以降については第3章で検討する。

2 政治的民主化と社会変革——コラソン・アキノ政権期 (1986 - 92)

　長期にわたる権威主義体制マルコス政権 (1965 - 86) への抵抗運動の最終段階で、「ピープル・パワー」によって政権の座に就いたコラソン・アキノ大統領 (1986 - 92) は、様々な「ピープル」の要望に応えることが期待された。都市中間層からは民主主義の復活、産業界からは経済の再建、軍部からは秩序回復、そして低所得者層からは生活改善が強く求められた。[2]

　当時国民の大半を占めていた低所得者層の声を代弁する左翼勢力が[3]「ピープル・パワー」政変の際に選挙ボイコット政策をとり、その後の政権運営や政治過程への影響力を低下させたとはいえ、アキノ大統領は低所得者層をも含めた「ピープル」一般の社会変革要求に応えないわけにはいかなかった。政変後3か月も経ぬ段階で気鋭の経済学者らが『経済再建と長期成長戦略』レポートを発表し、「前マルコス政権は貧困削減に関心を寄せているかのように見せながら具体的政策を何ら持たず、外部の助言を入れることもなかった」として、それまでの政府姿勢を抜本的に改め、新政権には貧困対策の充実を期待した (Alburo 1986：111)。

　コラソン・アキノ政権は『フィリピン中期開発計画1986 - 1991』において、貧困削減と国民生活の向上を開発計画の重要項目のひとつに挙げた。1985年に59.0％であった貧困世帯率を任期終了1992年までに45.4％へと削減することを目標とした (RoP 1986：33-34)。政府として貧困削減の具体的数値目標を掲げたのはこの政権が初めてであった (ADB 2005：110)。その一方でこの政権中に体系だった貧困政策が打ち出されたわけではなかった。ピープル革命後の社会的高揚感が共有される中で、新しい社会、制度を求める期待は貧困層のみならず、財界、軍部、中間層それぞれから挙げられ、それらは必ずしも一致していなかった。貧困政策のみを重点化することはできなかった。しかもコラソン・アキノに諸階層の異なる要望をまとめ上げるだけの政治的指導力はなかった。

　こうした政治的状況の下、コラソン・アキノ政権のとった貧困関連政策の特徴は、第一に雇用提供事業を含む低所得者向けの経済活動支援を打ち出し、そ

れを通じて市民社会組織 CSO：Civil Society Organization の政府制度への参画の端緒を拓いたこと、第二に長年の懸案であった農地改革を法制化したこととである。以下順番に見ていこう。

■低所得者支援事業　コラソン・アキノ政権は低所得者向け支援事業としてマイクロファイナンス、雇用支援プログラム、地域開発プロジェクトを実施している。先ず、マイクロファイナンス事業から見てみよう。これは「自営支援プログラム」SEA と名づけられ、低所得者による農作物栽培、家畜飼育、行商、小売り、惣菜販売などの小規模事業に対して無利子、無担保で融資する制度である。社会福祉開発省 DSWD が主管し、個人であれば1人1,000ペソから5,000ペソを貸し出す。団体やグループであれば5万ペソから10万ペソの範囲で融資を行う。加えて技術や知識の提供なども行う。1988年から1991年の4年間に6万2157件の新規事業に融資を行い、その便益を受けた者は84万3365人を数えた。資金の回収率は80％弱であった。Orbeta らは従来の政府信用スキームに比較して格段に高い回収率であると評価している（Orbeta and Sanchez 1996：27）。実際に1970年代に「緑の革命」で高収量品種を普及した際、農民に融資された政府資金のほとんどは回収されていない。

　SEA は1968年、マルコス政権期に導入されたものでありアキノ政権の独自プログラムではない。次期ラモス政権以降も改良が加えられて引き継がれ、現在でも「自営支援発展プログラム」SEA-K：SEA-Kaunlaran として実施されている。フィリピンが現在マイクロファイナンス大国の一つに数え上げられるようになった背景には、NGO、草の根組織の広範な活動に加えて、政府によるSEA プログラムの継続的実施があるといえるだろう。

　低所得層向け雇用支援プログラム「民衆支援」Tulong sa Tao は、アキノ政権初期のピープル・パワーの熱気と期待の冷めやらぬ1987年に行政命令第158号（EO158）によって始められた。通商産業省 DTI が主務官庁となり主に農村部の非農業プロジェクトに対して資金提供するものである。その目的は事業の展開を通じて雇用を増やすこと、自助団体を育成すること、貯金を習慣づけることにあった。資金は先ず DTI から活動実績のある NGO に提供され、

34

NGO が低所得者層に信用供与を行う（Orbeta and Sanchez 1996：28）。民主化を進めるコラソン・アキノ政権を支援する国際社会の意向を反映し、アジア開発銀行 ADB がこのプログラムに対して1988年に800万ドル、1991年には3,000万ドルの資金を提供した（Ghate n. d.：8-2）。このプログラムは11万3500の雇用を低所得者層にもたらした（ADB 2005：111）。しかし、実際の効果は限定的だった。受益貧困世帯家計は改善したとしても、約11万の雇用はフィリピンの全体の低所得者規模からするとわずかでしかない。1987年時点の失業率は10.3%、就業しつつも十分な収入を得られるだけの日数（時間数）働けていない「不完全雇用率」は33.0%であった。これら充分な収入を得られない失業者、不完全雇用者は合わせて43.3%にのぼる。これは1987年労働力人口約2,200万人のうちの約953万人に相当する[4]。この数値に比較をすれば11万の創出雇用は決して大きなものとはいえないだろう。

　雇用に関しては他に短期間ながら「地域雇用開発プログラム」CEDP が実施された。これは1986年から2年間のみ実施されたもので、学校、医療施設、道路、用水路などといった小規模インフラストラクチュアをコミュニティ・レベルで整備するプログラムである。事業を推進する過程で地域住民を雇用すると同時に、民主化世論のもと、住民参加を促すことを目的として実施された（Abueva and Roman 1992：137）。政府は2年間に48億ペソを投じ、1986年に2万2828件のプロジェクト、45万4009件の雇用、1987年に2万9796件のプロジェクト、44万8330件の雇用を創出した。雇用された受益者全体のうち82%が政府の規定する「貧困線」以下の所得水準の者であり、54%はさらに低い「生存レベル」以下であった[5]。Tulong sa Tao に比べてより多くの低所得者層に収入の機会を提供したといえる。またこのプログラムは「地域モニター調整委員会」RMCC に諸官庁地方行政官のみならずNGOや民間組織を参画させることによってより住民のニーズに沿う形での運用を追求したことに大きな特徴がある。CEDP は次期ラモス政権時1993年に「生計2000」Kabuhayan 2000として引き継がれ200万の雇用を提供した（Orbeta and Sanchez 1996：28）。

　以上の事業支援、雇用提供プログラムは一部の低所得者に収入機会を提供したもののそれは広範な貧困層を抜本的に救済するものではなかった。また必ず

第2章　民主化後の貧困政策　｜　35

しも体系的な政策だとはいえず、場当たり的対応であったことは否めない。しかし、いずれも住民組織やNGOの参画を認めたことに大きな特徴がある。のちに、NGOが政府の貧困政策、制度設計と実施過程に関わっていく先鞭となった。

■農地改革　　アキノ政権において最も期待され具体的対応と執行を求められたのが「農地改革」、つまり大土地所有制度の解体と小作人、農業労働者への土地分配というフィリピン社会の抱える歴史的課題であった。貧困者の多くは農村部に住み、多くの農民が旧来の封建的な土地所有制度の下、小作人として高い小作料を地主に納めねばならなかったり、自ら耕す土地すら借りられない農業労働者として経済的苦境を強いられてきた。マルコス政権期に大統領令第27号（PD27）によって実施された農地改革では、定額小作の小作料を収穫の25％相当に定める旨規定された。実際にはそれを越える小作料が一般的であったことを意味している。1980年代の調査によると刈り分け小作の場合、多くは収穫後に小作料支払いと借金返済をすると手元にはほとんど残らなかった（Ballesteros and dela Cruz 2006：6）。こうした封建的な大土地所有制度は人々の貧困の大きな原因であるだけでなく、フィリピン社会における寡頭政治支配の元凶とされ民主化を求める多くの層によってその改変が要望された。「ピープル革命」直後に提案されたアルブーロらの『経済再建と長期成長戦略』レポートにおいても、社会的公正を実現するために分配政策を重視することが訴えられ、「土地改革に対しては特別の配慮が必要である」と指摘されていた（Alburo et al. 1986：115-119）。このようにアキノ政権の最大の貧困対策は何よりも農地改革の実行にあった。

　コラソン・アキノは大統領選挙の期間中に農地改革の実行を公約した。彼女自身約6,000ヘクタールのサトウキビ栽培「ルイシタ農園」を所有する大地主コフアンコ家出身であるにも拘らず、その農園をも農地改革の対象とすると公約し多くの賛意を集めた。しかし、いざ政権の座に就くと土地分配を望む民衆の意向だけでなく、より大きな発言力を持つ地主エリートや伝統的政治家への配慮もせざるをえない状況に置かれた。農地改革は社会の総意として制度化さ

れたわけではない。むしろ改革派勢力と保守派勢力が対抗する過程で、その妥協として法制化されたものである。保守派の中央政治への影響力は強く、コラソン・アキノ大統領は新国会招集前に議会に拘束されない超法規的大権を有していたにも拘らず、農地改革を決定・実行することはできなかった。政変後初めて招集された1987年国会において農地改革は多くの保守派議員に批判され後景に退き始めた。大統領の施政方針を示す最初の「一般教書演説」SONA の中で、コラソン・アキノは「貧困がこの国をむしばんでいます。全世帯の59％にあたる500万世帯が貧困線以下での生活を強いられています。（マルコス戒厳令制定以前の）1971年には貧困率は45％だったのです」と貧困問題を強調し経済の抜本的改革を訴えた。にも拘らず、農地改革に関する言及はほとんどない[6]。しかし、激しい論争と民衆側の粘り強い運動が1988年「包括的農地改革法」（CARL、共和国法第6657号）の制定を導いた[7]。規定内容にも従来の農地改革法に比べて農民の利益により配慮した条項が盛り込まれた。例えば従来制度が米、トウモロコシ栽培地のみを分配対象としていたのに対して、CARL では全作物耕作地や法人農園をも対象にした。また地主の土地所有上限を従来は7ヘクタールとされていたところ5ヘクタールまで下げた。さらにそれまで受益者から排除されていた農業労働者に対しても土地取得資格を与えている。

　しかし一方で地主層の強い抵抗と非協力的姿勢を反映していくつかの妥協点も用意されたし、実際の法の執行を先に延ばすなど多くの抜け道が設けられた。国会議員の大半が大土地所有家系から選出されている状況のもたらした結果であった[8]。例えば法人農園やプランテーションにも CARL は適用されることになったものの、実施は10年後とされた。その間に分配対象から逃れるため農地を商用地、住宅地など非農業用地へと転換することが盛んに行われた（Ballesteros and dela Cruz 2006：10）。非合法の用途転換が多くあるためその実態を正確に把握することは困難である。農地改革省認可の転換は2002年までに3万5,697ヘクタール、司法省見解に基づく転換は1990年から1999年までに3万8,908ヘクタールという数値が示されている。それ以外に行政手続きを経ぬ恣意的な転換が1994年までに20万ヘクタールに及ぶという推計もある（Homeres 2004）。法人農園やプランテーションの場合、土地そのものは分配せず法人発

表 2-1　政権ごとの農地改革省管轄土地分配実績（1972-2007）

	マルコス政権 (1972-85) 13年間	コラソン・ アキノ政権 (1986-92) 6年間	ラモス政権 (1992-98) 6年間	エストラーダ 政権 (1998-2001) 2.5年	アロヨ政権 (2001-07) 6.5年	合　計 (1972-2007) 35年
公有地	55,116	399,833	1,050,171	113,353	113,857	1,732,330
政府所有地	—	166,348	655,348	77,105	31,805	930,429
入植	44,075	208,795	356,646	35,277	76,346	721,139
大農園	11,041	24,690	38,354	971	5,706	80,762
私有地	15,059	448,686	849,863	220,032	645,754	2,179,394
自発的売却(VOS)	—	55,332	256,032	76,893	180,915	569,172
協議移転(VLT)	—	20,734	330,092	73,344	192,014	616,184
強制接収	—	13,713	20,888	47,771	87,130	69,502
PD27土地移転(OLT)	15,059	358,907	142,851	18,664	27,776	563,257
政府系金融	—	—	—	3,360	157,919	161,279
総　計	70,175	848,519	1,900,034	333,385	759,611	3,911,724

（出所）　Caringal 2008：4

行株式を労働者に分与する「株式分配方法」SDO も認められた。農園労働者は耕作地ではなく市場で売買のできない株式を与えられるにとどまり、実質的な生活上の変化は何ももたらされなかった[9]（Borras Jr. et al. 2007：1561-62）。

　CARL の分配目標は農地改革省管轄下の農地497万ヘクタール、環境資源省 DENR 管轄下の農外地384万ヘクタールの合計881万ヘクタールであった[10]。2007年7月までに分配された農地は合計676万ヘクタールであり目標の77％であった[11]。表2-1はマルコス政権以降2回目の執行期間延長をする直前2007年までの農地改革省管轄土地分配実績の一覧である[12]。アキノ政権期に分配された農地84万8,519ヘクタールは全分配目標面積391万1,724ヘクタールの21.7％でしかなかった。マルコス期の実績を差し引いた1986年以降の民主化後の実績に照らしても22.0％を占めるに過ぎない。

　農地分配が実質的に進むのは次期ラモス政権においてである。しかし、包括的農地改革で規定されたいくつかの接収方法が地主の利益を守る「抜け道」として使われた。例えば「自発的売却」VOS は地主が農地を自主的に政府に提供しその代価を得る方法である。その際に地主は可能な限り高値で政府が購入することを迫り社会問題化することが多く生じた[13]。「協議移転」VLT は行政を

通じることなく地主と受益農民が直接交渉して土地の移転を行うものである。地主は農民に対して強制力と交渉力を持つことが多く、しばしば高い価格で土地を移転＝売却した。また一旦移転した土地を旧地主が受益者＝旧小作人から「借り受ける」契約を結び、実質的に旧来の地主小作関係を継続することも行われた。土地を実際に耕作する小作人に売却するのではなく地主の家族や親族を「小作人」と詐称して売却（＝分配）した例もある（Borras Jr. et al. 2007：1561）。この場合、旧小作人は以前よりも不安的な条件に置かれることとなる。また正規の手続きを経て農民が受領した土地所有権譲渡証書 CLOA が後日無効化されるケースも少なくなかった。地主が政治力を背景に地方役人に圧力をかけて行政手続きを操作するのである（Focus on the Global South 2013：41）。

　受益農民側の都合により一旦取得した耕作地を手放さざるをえないケースもある。土地権利証書（CLT, CLOA）を受け取った農民で土地代金の年賦償還ができない場合、その権利は第三者の手に渡る。通常、経済的に余裕のない農民は土地（権利証）を担保にしてインフォーマル金融から借金 Sanlaan をすることが多い。借金を返せないために土地が質流れする。また形式的所有権を保持しながらも経済的に自立した生産活動ができないために実質的に従来の地主小作関係を続ける慣行 Aryendo も例外的ではない（Ballesteros and dela Cruz 2006；Hayami et al. 1990：97；Ranada 2014）。

　1988年制定当初は10年間で全過程を終了する計画であった CARL もその施行は順調でなかった。しかし法執行の継続に対する社会的圧力も大きかったために、1998年共和国法第8532号を通じて2008年までの10年間の農地改革執行延長および必要追加資金500億ペソの支出を決めた。10年後の2008年にはアロヨ大統領が「改正包括的農地改革延長法」（共和国法第9700号、CARP-ER）を通じ、さらなる5年間の延長を行った。政府発表によれば2013年末時点での執行実績は690万ヘクタールであり目標面積の88％の土地が分配されたとされる（RoP 2014）。

　以上のように、農地改革はコラソン・アキノ政権発足後の大きな政治的課題であると同時に社会的課題でもあった。貧困問題解決の一つの糸口として期待されたのに反して、アキノ政権は農地分配の法的制度を整備したにとどまり、

実際の執行という点では社会の期待に応えたとはいえず、それは後の政権に委ねられた。

■住民参加　　アキノ政権は具体的貧困政策において見るべきものがあまりなかったものの、住民組織やNGOの国家プログラムへの参加の基礎を築いた点で、後の貧困政策のみならずフィリピン政治に大きな影響を与えた。住民や市民組織の政治参画は政治家の恣意的判断ではなく制度的に規定された。1987年憲法では住民組織PO やNGO の政治的位置づけが明記された。[15] 第2章第23条で「国家は国民の福利を増進する非政府組織、地域組織、部門組織の活動を奨励する」と述べる。第8章第15条では「国家は、独立した住民組織が正当な集団として平和的合法的手段によって利益・要求を追求することを尊重する」、第16条では「人々と諸団体はすべての段階における社会的、政治的、経済的意思決定に効果的、合理的に参加する権利を妨げられることはない。国家は法によって適切な関連機構の構築を進めなければならない」と定めた。単に国民、市民といった個人が国家や行政、政策過程に参加することを認めるだけでなく、個人の要望や意向を集約する単位としてNGO やPO に一定の政治的地位と発言権を与えた点において画期的であった。これは「ピープル革命」前後の過程で社会運動に深く関わった人物が憲法制定委員会に参画していたことと関連している。例えば「マカティ・ビジネスクラブ」創設メンバーのひとりベルナド・ヴィリェガス Bernardo M. Villegas、大学教員でありながら反体制社会運動を牽引していたエドムンド・ガルシア Edmundo Garcia、学生運動指導者フィリピン大学学生ホセ・ガスコン Jose Luis 'Chito' Gascon、農民運動指導者で共産主義者であったハイメ・タデオ Jaime Tadeo らが委員として加わった。

　NGO やPO の政治参画をより具体的に規定したのは1991年地方自治法である。地方自治体LGU はNGO、PO の設立と活動を促進する権限を有し（第34条）、それら諸団体に対して財政その他の支援をすることができる（第36条）。さらに「地方開発協議会」、「地方平和秩序評議会」、「地方保健委員会」、「地方教育委員会」など民生に直接関わる分野の討議や意思決定へのNGO の参加が

制度化された。地方開発協議会では州、ミュニシパリティ、バランガイの各レベルにおいて構成委員の最低4分の1をNGO代表に与えるべきことを規定する（第107条）。コラソン・アキノ政権がNGO、POの政治参加を制度的に規定することと並行をしてSEA、CEDPなど個別プログラムの執行過程に実際に参加させた姿勢は、次期ラモス政権に引き継がれ貧困政策の重要な主体としてNGO、POが位置づけられる端緒を拓いたといえる。

　以上見てきたようにコラソン・アキノ政権では低所得者向け事業支援と農地改革がその大きな柱であった。しかしそれらは貧困対策として体系化されたものではなかったし、また実績においても目覚ましいものを残したわけでもなかった。ただ、それらが後の政策の礎になっていった点と、さらには住民やNGOを参加させる方向性を定めたという点において、貧困政策における重要な役割を果たしたといえるだろう。

3　貧困政策の制度化——ラモス政権期（1992-98）

　アキノ政権を引き継いだラモス大統領（1992-98）にとっては、半ば混乱状態にあった政治経済体制の立て直しが重要な課題だった。貧困対策、社会政策をこうした大きな政治経済的文脈に組み込んで制度化していったことがこの政権の特徴である。ラモス政権の基本政策スローガン「フィリピン2000」が明確に打ち出されたのは、大統領就任2年目の「一般教書演説」においてである。「効率的な政府を構築する戦略枠組み——それは我が家を安心できる場にするようなものである——を通じて我々は発展への道を歩むことができる。それが"フィリピン2000"である」と謳い、戦略の重要な要素は『フィリピン中期開発計画 1993-1998』でも述べられた「人々のエンパワメント」と「グローバルな経済的競争力」の追求であった。それらを実現するための政治経済文化上の安定的環境を構築することが国家課題だとしている（Ramos 1993）。「フィリピン2000」は経済再建を急ぎアジア新興工業経済NIEsの仲間入りを西暦2000年までに果たすという意欲的なものであった。

　貧困対策は政府の優先課題であったわけではなく、経済再建・発展を支える

条件づくりの一環に位置づけられた。さらに前アキノ政権が終始追求した政治的安定、国民和解を進めるための重要な方策としても位置づけられた。アキノ政権は政治的にも経済的にも混乱を極めたマルコス長期体制からの脱却と新しいシステム構築という大きな課題を担いながらも、現実には軍部改革派 RAM による 7 度のクーデター未遂、共産主義勢力新人民軍 NPA による反政府武力闘争、ミンダナオでのムスリム民族解放戦線 MNLF による独立闘争などで混乱を極め、一貫した政策を遂行するのが困難な状態にあった。

こうした前政権の課題を受けてラモスは大統領就任直後に「国民和解委員会」NUC を設置して、単に武力によるのではない包括的で持続的な和平と秩序維持のあり方を模索し始めた。軍部、地方自治体のみならず NGO、PO など各方面との協議を重ね安定した秩序のあり方を探った（Manuel 1998：144-145）。こうした治安対策に合流する形で、1992年に「貧困対策大統領委員会」PCFP および「地方開発大統領委員会」PCCD が設置され、貧困や不平等の克服と社会正義の実現が謳われた（SRC 1998：589-590）。以上のような大きな枠組みの中で、ラモス政権の追求した貧困政策は以下の 4 つの特徴を有した。第一に体系化と制度化、第二には新しい貧困概念・指標の考案、第三にフラッグシップ・プログラムとしての「包括的社会サービス提供」CIDSS の実施、第四に前政権政策の継続と遂行である。順次検討していこう。

■体系化と制度化　　ラモス政権の貧困政策の第一の特徴は、その体系化と制度化である。前述の如くアキノ政権時にもいくつかの貧困関連政策やプログラムが遂行された。しかしそれらは必ずしも整序立てて構成されたものではなかった。ラモス政権ではこうした諸政策を継承しつつ発展させ、さらに体系づけを行った。それは1994年 6 月「民衆経済会議」期間中に大統領自身によって出された覚書（MO）第213号を通じて「社会改革アジェンダ」SRA としてまとめられることとなった。これは人々の生活状態、社会環境、政治状況などについて各分野の行政官、専門家、地方行政担当者、財界、NGO など様々な立場の代表との協議を重ねた成果であり、1993年 8 月政府開催「民衆経済サミット」にて採択された「経済開発強化のための社会契約」SPEED を社会的側面

表2-2 社会改革アジェンダ SRA の概要

策定年月日	1994年6月17日
法的手続き	行政命令213号　EO213
主要原則	・統合的・調整的社会改革パッケージによる根底的な社会的不平等の是正 ・多くの基礎セクターとの対話と参加を通じたアジェンダ決定 ・脆弱なセクターのミニマム・ベーシック・ニーズの充足 ・政府と民間部門の共同による実践 ・持続的な社会改革を促進する政策環境
9大プログラム	①農業開発（主要対象：農民，土地なし労働者） 　　農地改革政策CARPの推進。特に受益者の農地改革コミュニティーARCの充実 ②水産資源管理・保護・開発（主要対象：小漁民） 　　漁業法等法規則の施行徹底。融資事業。 ③先住民地域保護（主要対象：約110の先住民） 　　コルディリエラ，東ミンドロ，南ダバオ，南アグサン，ブキドノン地域の土地領有権確保 ④包括的社会保障政策（主要対象：女性，子供，学生・青年，高齢者，障害者，被災民等） 　　ミニマム・ベーシック・ニーズ（衣食住，医療，水，秩序，教育，参加，家族ケア等）充足 ⑤社会住宅（主要対象：都市部貧困層） 　　共和国法第7279号（都市開発住宅法）の実施。社会住宅（廉価住宅）の供給 ⑥労働者保護（主要対象：インフォーマル・セクター労働者） 　　不定期雇用の削減，労働条件改善，社会保障制度への参加，適正技術指導 ⑦信用供与（主要対象：全般） 　　基礎部門への融資 ⑧生計プログラム（主要対象：全般） 　　生計事業のための支援。Kabuhayan Center（生計支援所）を各地域に設置 ⑨制度構築とガバナンス参加（主要対象：全般） 　　トレーニング・プログラムや技術指導による能力開発
協議推進組織	社会改革協議会SRC。行政命令第203号（1994年9月27日）により設置。政府代表及び基礎部門代表から構成される。

（出所）　Republic of the Philippines, 1995, *The Social Reform Agenda-Winning the Future*

から補完する内容となった（RoP 1995：1-3）。SRAは「社会的弱者の福利向上と彼らを政治経済の主役として迎え入れることを目的としてフィリピン政府が行う一連の介入政策」である（RoP 1995：1）。その戦略的柱は3つあり、社会的弱者に基本的社会サービスを提供すること、土地を含めた資産改革と収入向上のための経済機会提供を行うこと、さらに制度改変を通じた住民参加型統治を実現することにあった（RoP 1995：42；Buendia 1995：379）。

第2章　民主化後の貧困政策　43

SRA は 9 分野の重点プログラムから構成されている。「農業開発」「水産資源開発」「先住民地域保護」「包括的社会サービス提供」「社会住宅」「労働者福利保護」「信用供与」「生計プログラム」「参加型統治」がそれである（表2-2）。

SRA のひとつの特徴は、社会的弱者を類別化したうえで具体的な政策目標を設定したことと、各課題の主務官庁・責任者を明確にしたことにある。例えば「農業開発」課題では受益対象者は農民および農業労働者であり農業省が管轄するとされた。「社会住宅」は住宅都市開発調整委員会 HUDOC の責任の下、主として都市スラム住民を対象として住宅提供を行った。このように 9 プログラムのうち 6 つは分野別、受益集団別の課題として設定されているのに対して、「信用供与」、「生計プログラム」、「参加型統治」は対象集団を限定することなく横断的な実施が企図された。さらに SRA の特徴は、各課題を単なる行政プログラムとして執行するだけでなく、法律で制度化したことである。SRA の各プログラムは一旦法制化されればそれが時限立法でない限り、政治家の恣意性に左右されることなく、また政権の別を越えて国家の関与・遂行が義務づけられる。ラモス期の社会政策は徹底してこうした法律主義に基づいて遂行された（表2-3）。

以上のように各プログラムは目標と責任官庁が明確化され具体的な執行体制が整備された。しかし一方でそれが主務官庁にすべて任されることになれば、実際には放置されたり、あるいは担当官庁や政治家の恣意に強く左右されかねない。ラモスは SRA 発表の直後1994年 9 月に、関係官庁のみならず地方自治体代表、財界人、NGO 代表などを含む2,000人近い人々を集めて「社会改革サミット」を開催した。会議開催中に行政命令第203号を通じて「社会改革評議会」SRC を創設した。各界代表によって構成され大統領自ら議長となり相互の意見交流と協力する機構を構築した（RoP 1995：3）。特に SRA は国内不安の解消、政治的安定化という重要目的を持っていたため、民衆、草の根団体、社会的弱者の声をいかに組み込んでいくのかが重視された。こうして行政の恣意に委ねず、多様なステークホルダーの関与するシステムを作り上げたのである。

表2-3 SRA 9つの主要プログラム，主務官庁，対象集団

主要プログラム	主務官庁・責任者	対象集団	関連法制
農業開発	農業省長官	農民，農業労働者	農地改革法（RA6657）農業漁業近代化法（RA8435）
漁業・水産資源管理	農業省長官	漁民	漁業基本法（RA8550）
先住民居住地保護	環境自然資源省長官	先住民	先住民権利法（RA3821）
社会住宅	住宅都市開発調整委員会 HUDOC 委員長	都市貧民	都市開発住宅法（RA7279）包括住宅融資法（RA7835）
労働者福利保護	労働雇用省長官	労働者，インフォーマル部門，海外出稼ぎ者	総合雇用戦略計画1995移民労働者海外比人法（RA8042）
包括的社会サービス提供 CIDSS	社会福祉開発省長官	社会的弱者	児童労働禁止法（RA7658）高齢者センター法（RA7876）セクハラ防止法（RA7877）反レイプ法（RA8353）
信用供与	財務省長官土地銀行頭取	全集団	社会改革貧困対策法（RA 8425）
生計プログラム	労働雇用省長官通商産業省長官	全集団	―
参加型統治	内務地方自治省長官	全集団	地方自治法（RA7160）

（出所） Buendia 1995：381

　そして低所得者である政策対象を14の基礎部門 Basic Sector に分け、それぞれの代表を参加させて直接要望や課題を反映させた。14の基礎部門は農民、漁民、労働者、女性、高齢者、青年、子供、都市貧民、インフォーマル部門労働者、先住民、障害者、自然災害被災者、NGO、協同組合である。各基礎部門代表に政策立案と実施の過程に関与することが認められ、SRA は中央政府が上意下達的に実施するのではなく、地方が主体となって取り組むことも方針とされた。全国の貧困20州が選定され集中的な実施が追求された。[16]

　以上のように分野ごとにばらばらに取り組まれていたプログラムを SRA の下に集約して体系化した点、官庁間、官庁-民間、中央-地方など様々なレベルでの協議と連携をはかりながら遂行していく機構を作り上げた点、さらには法律や行政文書を通じて責任者、担当者が交代しても持続する制度化をはかった点に大きな特徴がある。ただし、ラモス期にこの社会改革が順調に進んだとは

第2章　民主化後の貧困政策　　45

必ずしもいえず、政権後半に入ると大統領任期6年を超えた政権維持を可能にするための改憲論議が政治論題の中心となり、また次期選挙を見据えた政治的動きが社会改革の遂行を等閑視するようになってしまった（Karao 1998a：14）。地方では担当官の力量不足や無関心などから官僚的対応を生み住民のエンパワーメントをすることなく、上意下達的対応と住民の依存体質を増長することも生じた。

　SRA の基本内容と執行体制は1998年ラモス大統領退任直前に「社会改革貧困対策法」（共和国法第8425号）として法制化された。実際の発効は次期エストラーダ大統領による署名後となる。社会改革貧困対策法の重要な点の第一は、政府の貧困対策を取りまとめる機関として「国家貧困対策委員会」NAPC を設置したことである（第6 - 9条）。SRA に付随して設けられた「社会改革評議会」SRC を引き継ぐものである。政府の貧困政策・対策は実際には、農地改革省 DAR、社会福祉開発省 DSWD、労働雇用省 DOLE など様々な官庁が実施機関となる。さらに参加型統治が強く求められる中で、地方自治体、基礎部門を代表する NGO の参加も進められ、関連機関は多様化した。そうした中 NAPC には、社会改革、貧困削減に関する各分野各レベルの調整を行い効率的な政策執行に寄与すること、地方自治体の取り組みと中央政府レベルの政策の整合性をはかること、基礎部門の積極的参加を得て政策提言を行うこと、政策やプログラムの評価を行うこと、政策執行と PO の能力開発の為の財源を確保することなどが任務として課された（第7条）。社会改革貧困対策法の第二の特徴は貧困者向け小規模金融（マイクロファイナンス）を明確に制度化したことである。条文22条のうち7か条はマイクロファイナンス関連の規定である。貧困問題の克服に向けて当事者自身による経済活動の促進を規定したことは画期的であった。これについては後に扱う。

　以上見てきたように、ラモス政権は貧困対策そのものを政府の主要政策課題として制度化した。後の政権は、運用面における違いはあれ継続した枠組みの中で政策対応することが義務づけられたことになる。政策執行において政治家の恣意が反映されることの多いフィリピンではその意義は小さくない。

■**ミニマム基本ニーズ MBN アプローチ**　　ラモス政権貧困政策の特徴の第二は貧困を多面的に捉える概念を提供したことである。フィリピン独自の貧困指標「ミニマム基本ニーズ」MBN の採用である[17]。MBN は「フィリピンのすべての家族が、置かれた状況によらず享受すべき福利 well-being の最低レベル」のニーズであるとされる（SRC 1998：596）。フィリピン大学公共行政ガヴァナンス学部（UP-NCPAG）の協力を得て内務地方自治省 DILG の組織した「地域開発管理のための統合アプローチ」IALDM が実践した一連の手法を、1994年12月に貧困対策大統領委員会 PCFP が採用したものである。1995年に行政通達AO 第194号を通じて MBN アプローチは社会改革アジェンダ遂行のための公式指標として位置づけられることとなった（Bautista V. 1999：5）。

　MBN は単に収入や物質的条件といった経済的側面のみならず、人々の生活実態を総合的に捉えようとする（表2-4）。生活を取り巻く状況を「生存」「安心」「能力」の３分野に分け、それぞれに属する基本ニーズを設定する。生存分野は「食事と栄養」「健康」「水と衛生」「衣料」の基本ニーズによって保障される。安心分野は「住居」「平和秩序と公共の安全」「雇用」によって実現され、能力分野は「基礎教育」「社会参加」「家族内の安定」によって構成される。さらにこれらの基本ニーズは33項目に及ぶ充足要件によって満たされるとされる。こうして経済所得面だけでなく健康状態、社会関係、生活環境など多面的な生活実態と要素を反映する形で貧困状況を把握しようとする点と、「基本ニーズ」を「充足要因」と明確に区別している点は、貧困をめぐる国際論議を踏まえたものである。アマルティア・センや国連開発計画の主張する「人間開発」概念の発想を取り入れているだけではなく、マックス・ニーフらに代表される草の根レベルからの多面的「ニーズ」の把握からも大きく影響を受けていることがうかがわれる（Max-Neef 1989；UNDP 1990；太田 1997）。多角的貧困指標を実際に政府政策に取り入れたことは国際的にも画期的であった。

　MBN アプローチは SRA の地方分権化方針の下で地方自治体での採用が指示された。1996年７月行政命令 EO 第356号による。MBN 指標に基づき地域住民のニーズ実態あるいはその未充足状況を把握し、具体的な対応を探っていくことが狙いであった。33項目以外に地域の実情に応じた項目の追加も推奨さ

表 2 - 4　ミニマム基本ニーズ（MBN）指標

	基本的ニーズ		充足要件
生存	A．食事と栄養	1 2 3 4	新生児体重2,500グラム以上 低体重児童（5歳以下）の不在 妊婦・授乳母による鉄分・ヨウ素服用 4か月以上の母乳授乳
	B．健　康	5 6 7 8 9 10 11 12	専門家の付き添う出産 0歳児の予防接種 妊婦による2錠以上の破傷風予防剤 5歳以下幼児の下痢罹患 予防可能な疾病による家族員の死亡 家族計画の履行 過去半年における家族計画の実施 寡婦・寡夫による保健サービス利用
	C．水と衛生	13 14	飲料可能な水の確保 衛生的なトイレの有無
	D．衣　料	15	3着以上の衣服の有無
安全	E．住　居	16 17	住居の有無 5年以上耐久可能な住居
	F．平和・秩序 　　公共の安全	18 19 20 21	家族内の犯罪犠牲者の有無（殺人傷害，強姦） 家族内の物的犯罪被害の有無（強盗，盗難等） 家族内の自然災害犠牲者の有無 家族内の武力抗争犠牲者の有無
	G．収入と雇用	22 23 24	戸主が雇用されている 21歳以上の家族員が雇用されている 家族に貧困線以上の収入がある
能力	H．教　育	25 26 27 28	3 - 6歳児がデイケア，幼稚園に通う 6 - 12歳児が小学校に通う 13 - 16歳児が高校に通う 10歳以上の家族員は読み書き計算が可能
	I．社会参加	29 30	家族員の最低1人が住民組織，地域開発に参加 選挙で投票ができる
	J．家族ケア 　　心理的ニーズ	31 32 33	18歳以下の子供が危険な仕事に従事していない 家庭内暴力 7歳以下児童へのネグレクトがない

（出所）　Bautista V. 1999：6

れた。例えば北ダヴァオ州ではMBN33項目に、家畜飼育、自家消費用野菜栽培、有機肥料醸成といった農業に関わる3つの項目を州独自指標として加え、住民の生活実態に依拠するニーズの汲み上げを試みている。未充足項目のうち上位2つを各バランガイから報告させ、最終的には州全体で上位10項目を選定してそれらの充足に向けた対策を講じた（dela Rosario 2002：258-260）。

　こうした生活の多面性を捉える指標を採用するに至った背景には、民主化によって住民やNGOの政策参画が認められ、人々の生活実態を政策に反映させる道が拓かれたことがある。同時に政府の立場からすれば、貧困地域における政情を安定化させるために、地域の実情に応じたきめの細かい対応が迫られたということでもあった。MBNは後に住民参加によって運用される「コミュニティ貧困評価システム」CBMPなどの指標の考案の出発点でもあった。

■包括的社会サービス提供CIDSS　　　ラモス期の第三の特徴は、政府重点プログラムとして「包括的社会サービス提供」CIDSSに取り組んだことである。しばしばこれがラモス政権期の主要な貧困政策として語られる。CIDSSは社会的に脆弱な立場にある家族やコミュニティをエンパワーすることを目的とし、満たされていない基本的ニーズを充足しようとするものである（RoP 1995：26）。社会改革アジェンダSRAの主要9プログラムのうちのひとつであると同時に、SRA全体の戦略でもある（Buendia 1995：391）。CIDSSのアプローチは、農民、漁民、都市貧民などあらゆる社会的弱者を対象として、衣食住、健康保健、水道と衛生、収入、秩序治安、教育、家族ケア、統治への参加といった生活に関わる多様なニーズの充足を目指す総合的な政策として立案された（RoP 1995：26）。充足されるべきニーズはMBNアプローチを通じて同定される。

　ここではCIDSSの4つのポイントについて見ておこう（Bautista V. 1999：5-6）。第一に実施における協力体制である。官庁、コミュニティ、NGO、POらの協力の下に諸資源を統合して住民ニーズの充足に取り組むことである。主務官庁の社会福祉開発省のみならず保健省その他の中央諸官庁、各レベルの地方自治体、そして社会的弱者を組織する市民団体をも含む諸主体の協議と協力に

よって取り組む方式である。これはコラソン・アキノ期に実施された「子供保護発育促進地域プログラム」Area-based Child Survival Development Program の運営方式に倣ったものであると同時に、ラモス政権が治安維持、平和交渉の過程で積み重ねてきた当事者との対話方式を制度化するものでもあった。第二に受益集団の明確化である。CIDSS は MBN 指標に基づき生活条件の満たされていない家族、コミュニティを選定して、社会サービスを供与するものである。MBN は単に貧困の概念の多角化をはかっただけでなく、具体的「政策対象者」を特定する実践的指標としての役割を担っていたのである。第三はコミュニティ組織方式を採用した点である。CIDSS は単に不足する要因を行政が一方的に供与するのではない。NGO や PO を通じて住民を組織しながら、住民や地域にいかなるニーズが不足しているのかを把握し、その中でどのニーズ充足を優先するのかという意思決定をも受益者を交えて行うところに特徴がある。この点では CIDSS は単なる便益供与政策ではなく、住民を動員する運動的性格をもつアプローチである。第四は家族を単位とした政策だという点である。フィリピン社会では家族が相互扶助において大きな役割を果たしている。そこに着目し個人ではなく、家族単位で生活上のニーズの充足度を把握していく。社会サービスも個人単位ではなく、家族を前提として供与される。

　CIDSS がどれほど効果を上げたかについての具体的調査は非常に少ない。1996年末時点で276ミュニシパリティを対象に行われた DSWD による調査結果を示したものが**表2-5**である。上位10のニーズ項目を充足していない家族数と実施後の改善率を表している。例えば順位1位項目「貧困線以上の収入があるか否か」についてみてみると、CIDSS プログラム実施前の1994年時点では62,618家族がその条件を満たしていなかったのに対して、1997年時点では40,325家族へと減じ、35.6％の改善を見ている。順位6番目の「家族員のうち最低1人が住民組織や地域開発活動に参加しているか否か」に関しては61.4％の改善率である。これら10項目全体で48.4％が改善されたとされる（Bautista V. 1999：36-37）。

　CIDSS は単に行政がサービスを提供するだけではなく、人々のエンパワーメントをはかることを大きな目的とした。コミュニティの課題を住民自身が見

表 2 - 5　CIDSS 効果：MBN 項目の未充足家族数と改善率

順位	MBN 指標	充足条件	1994年（開始前）	1996年	改善率(%)
1	24	家族に貧困線以上の収入がある	62,618	40,325	35.6
2	13	飲料可能な水の確保	47,487	28,780	39.4
3	14	衛生的なトイレの有無	46,343	28,198	39.0
4	23	21歳以上の家族員が雇用されている	41,665	22,043	47.1
5	22	戸主が雇用されている	39,190	19,994	49.0
6	29	家族員最低１人が住民組織，地域開発に参加	39,043	15,061	61.4
7	25	3 - 6歳児がデイケア，幼稚園に通う	33,688	14,136	58.0
8	17	５年以上耐久可能な住居	30,757	17,561	42.9
9	2	低体重児童（５歳以下）の不在	30,455	12,450	59.1
10	11	過去半年における家族計画の実施	28,720	13,588	52.7

（出所）　Bautista V. 1999：36

　出すこと、住民が自らを組織すること、地域開発に自主的に取り組むこと、その過程で能力向上をはかることが目指された（Buendia 1995：394）。しかし地域住民からは「我々は行政官に言われたことに従うだけであり、従来のソーシャルワーカーの指導と変わらない」、「地方行政官自身がCIDSSを優先課題として位置づけておらず熱心さを感じない」といった声も出されている（Buendia 1995：402-403）。政策的な意図が住民や現場に浸透したのかどうかについては疑わしい。

　このプログラムは後にアロヨ政権の中心政策 KALAHI-CIDSS に引き継がれていくことになる。

■前政権政策の継承と発展　　ラモス政権期では多くの新しい政策やプログラムがうち出され実施された半面、前アキノ政権から引き継いだ政策に関しても一定の成果を上げた。特にそれは農地改革と低所得者向け金融に顕著だった。

　先ずは農地分配である。1988年包括的農地改革法 CARL の執行が２度目の延長をされた2007年までの20年間の実績の中で、ラモス期の果たした役割は小さくない。全分配農地実績391万ヘクタールのうち190万ヘクタールがこの時期に分配されている。全体の48.6％にあたる。私有地の分配に限って見てみる

と、2007年実績218万ヘクタールのうち85万ヘクタール、39.0%がラモス期に分配されている。実施の初期には協力的地主からの土地接収に比較的容易に取り組むことができたという客観的条件が有利に働いた事実はあるにしても、ラモス政権自体が一貫して農地分配に対する積極姿勢を示していたことの反映でもあった。大統領任期6年間に多くの省庁で長官が変わっているのに対して、農地改革省長官は一貫してエルネスト・ガリラオ Ernest Garilao であった。22の長官ポストのうち6年間継続して任務を全うしたのはガリラオを含めて6人しかいない。[18]

　さらに1993年には CARL を通じて農地分配されたコミュニティを対象として重点的にサービス提供を行う「農地改革コミュニティ」ARC プログラムを開始した。制度的には CARL 第35条の農地分配受益農民への支援規定を具体化する法律1995年「ARC 強化実施法」（RA 第7509号）で規定された。受益農民が農地を入手しても必要な生産費用や生産性を上げる条件等を持ち合わせていないことが多く、すぐさま収入や生活が向上するわけではないことに着目して、様々な農業関連支援を供するものである（WB 1996：3-6）。農地分配を受けたバランガイあるいはそれを越えた地域を対象として組織化し、農道整備、飲料水確保、灌漑整備、加工貯蔵施設整備、信用供与、農業技術指導などを担当官庁だけでなく、地方自治体、NGO、PO などの協力を得て実施する（ADB 2009：1；WB 2009：63）。このプログラムには世界銀行、アジア開発銀行、日本政府やオーストラリア政府など多くの外国機関からの支援があった。1993年時点で、農地改革の完了が予定された1998年までに1,000の ARC 創設が目標とされた。表2-6は2007年までの ARC の設置状況である。ラモス政権が終わる1998年までに969が設置され、数字の上ではほぼ目標を達成したといえる。

　問題はこれら農地改革が貧困の解消にどれほどの効果をもたらしたかである。受益者、非受益者それぞれ1,000世帯のサンプルを比較した Reyes の研究によると、貧困率の改善は農地分配を受けた農民において顕著だという。1990年時点で受益者の貧困率が47.6%から2000年には45.2%と若干改善したのに対して、非受益者は同期間に55.1%からむしろ56.4%へと悪化したと指摘する（Reyes 2002：28）。しかし、その改善率はさほど大きくはない。貧困世帯の変

化状況について見てみると、1990年時点で
貧困線以下の水準にあった受益399世帯の
うち62％にあたる248世帯が2000年時点で
も貧困状況にあり、38％の151世帯が貧困
から抜け出した。非受益世帯では1990年に
515世帯が貧困層であったのに対して、そ
のうちの70％が2000年時点でも貧困状況に
あり、30％が貧困水準を超えている。この
ように Reyes は貧困を克服した割合が受
益世帯において38％であるのに対して非受
益世帯のそれは30％であり、農地改革が貧
困削減に貢献をしたと結論している
（Reyes 2002：28-29）。土地生産性に関して
も2000年時点で、非受益農家において1ヘ
クタール当たり8,032ペソであったのに対
して、受益農家は20,430ペソで約2.54倍で
ある（Reyes 2002：41）。これは単に土地を

表2-6　農地改革コミュニティ
（ARC）の設置と累計

	新設 ARC	累　計
1993	349	349
1994	256	605
1995	162	767
1996	100	867
1997	54	921
1998	48	969
1999	62	1031
2000	277	1308
2001	107	1415
2002	128	1543
2003	44	1587
2004	30	1617
2005	87	1704
2006	73	1777
2007	97	1874

（出所）　WB 2009：70（BARBD-DAR）

所有したこと自体の結果ではなく、技術、資金、インフラなど様々なサービス
と資源が投入されたことの結果として見るべきであり、その点では農地改革コ
ミュニティの果たした役割は大きい（Reyes 2002：50）。農地改革が貧困克服の
焦点だとされながら、土地所有の変更だけではなく ARC のような多角的な支
援を得てこそ生活改善が見られるという事実は非常に示唆的である。

　前政権から引き継いだプログラムでさらに広く展開したものとしてマイクロ
ファイナンスがある。アキノ政権期に、Tulong sa Tao や SEA などを通じて
低所得者に対する小規模融資が取り組まれた。バングラデシュでの成功を受け
て1989年には「グラミーン銀行実践プロジェクト」が農業省農業信用政策協議
会の下で進められた。ラモス政権ではこうした取り組みをさらに加速化した。[19]
1994年に行政通達 AO 第86号によって国家信用評議会 NCC が設置され「信用
政策改善プログラム」を実施した。全国マイクロファイナンス会議では「マイ

クロファイナンス国家戦略」を採択している。2005年までに低所得者、小規模事業者の過半数に対してマイクロファイナンスを普及することを目標として掲げた。

　1995年に発足した「民衆の芽財団」Punla sa Tao は、マイクロファイナンスの知識や手法を広めるキャパシティ・ビルディング（能力開発）に努め、同年に設立された「民衆信用融資会社」PCFC は外国援助を受けながらフィリピン土地銀行 LBP、フィリピン郵便会社 Phil Post、フィリピン開発銀行 DBP 等政府系金融を通じてマイクロファイナンス団体、NGO に対し融資する役割を担うこととなった。こうした一連の推進事業が財務省管轄の下で進められたことに、マイクロファイナンスを既存の金融制度の一環に位置づけようとした政府の姿勢がうかがわれる。さらにマイクロファイナンスは、1998年社会改革貧困対策法によって政府貧困対策の重要な柱として明確に位置づけられた。同法により「民衆開発信託基金」PDTF が設立され、コンサルタント、トレーニング、プログラム策定、研究開発、啓蒙活動を含めたマイクロファイナンスの普及が追求されることになった（第10, 11条）。

　こうした政策的取り組みは、のちにフィリピンが国際的にもマイクロファイナンス主導国のひとつと評される基盤を提供することとなった。2014年英誌エコノミスト情報局 EIU はフィリピンがマイクロファイナンスの普及と制度的整備において、アジアでは筆頭、世界でも第3番目に位置すると評価している（Torres 2014）。表2-7 は2000年代半ば以降のマイクロファイナンスの普及状況を見たものである。2005年から2011年にかけて借り手数は2倍以上に、貸付残高は3倍近くに伸びている。そしてマイクロファイナンス実施機関としては NGO が重要な役割を果たしていることがわかる。これもラモス期に構築された、NGO を巻き込むマイクロファイナンス政策にその基礎があったといえる。

　ラモス政権は経済成長の実現と政治秩序の回復という目的のための手段であったとはいえ、貧困政策の体系化と制度化をはかった点で画期的取り組みを行った。その基本方針は後の政権の貧困政策の前提をなした。ただしこの時期、統計実績でみる限り貧困率が大きく低下しているわけではない。政府発表の貧困率はラモスが政権に就く直前の1991年に39.9％であったものが、退任す

表2-7　マイクロファイナンスの普及（借り手数，貸付残高，貯金額）

	2005年	2007年	2009年	2011年
借り手人数（千人）	1,508	2,143	2,887	3,600
銀行	597	779	883	1,032
NGO	839	1,353	1,985	2,478
協同組合	72	11	19	90
貸付残高（百万ペソ）	7,478	12,979	16,547	20,605
銀行	3,478	5,676	6,677	7,207
NGO	3,581	7,226	9,703	12,701
協同組合	419	77	167	697
貯金額（百万ペソ）	2,615	4,858	6,841	9,225
銀行	1,066	1,990	2,977	3,891
NGO	1,417	2,868	3,792	5,003
協同組合	132	―	72	331

（出所）　Habaradas and Umali 2013：Table 4, ADB, BSP, Mix Market

る前年1997年には31.8％となり、8.1％下がったに過ぎない。農村部だけに限ってみると1991年 48.6％から1997年 44.4％と4.2％の低下で、より限定的である。ラモス政権の行った諸政策の恩恵を多くの低所得者層は実感することができず、次の1998年大統領選挙では「貧困層の味方」を主張するエストラーダが圧倒的人気を集めて当選する条件を生んだ。

　以上見てきたように1980年代半ばから1990年代後半にかけてのコラソン・アキノ政権とラモス政権は民主化後の余波を受ける形で、懸案であった農地改革を法制化するとともに貧困政策そのものを政府課題として制度化した点で大きな貢献をした。その際に討議過程、実施過程へのNGOや市民の参加を認めたことと、マイクロファイナンスなど市場活動に依拠するアプローチを貧困対応として採用したことは、その後の政府政策に大きな影響を与えることとなった。この時期に構築された制度・機構が、後の政権の貧困政策の基本枠組みとなっていった。

第3章

貧困政策の展開
──自由化の中での変容

1　はじめに

　エストラーダ政権（1998‐2001）以降は、ラモス期までに制度化された貧困政策を実質的に運用し展開する段階となった。貧困への対応はフィリピン社会にとって欠くことのできない政策領域として定着し、いずれの政治指導者も何らかの姿勢と取り組みが求められるようになった。とはいえ、各大統領の置かれた政治経済状況も異なり、また政策ビジョンも違う中で、制度化された貧困政策が所期の狙い通りに運用されたわけではない。むしろ、構築された枠組みを基本としながら各政権の特色がそこに色濃く反映されることになった。

　ここではエストラーダ大統領から、アロヨ大統領（2001‐10）、ニノイ・アキノ大統領（2010‐16）までの3政権の具体的な貧困政策をみてゆく。最初に全体を俯瞰すれば、エストラーダは貧困層の絶大な支持を受けて大統領になったにも拘らず体系的政策の提示をすることなく伝統的なばらまき手法に頼った。アロヨは10年にわたる長期執政の中で実質的に経済政策を優先し貧困政策はその補完であった。ニノイ・アキノ政権（2010‐16）は国際的動向を踏まえながらそれまでの市場原理に基づく貧困政策の変更と貧困の背景にある政治意思決定過程への介入の試みを始めた。各々の政権の主要な取り組みをその背景を含めて検討して行こう。

2 伝統手法への回帰——エストラーダ政権期 (1998 - 2001)

　ジョセフ・エストラーダ Joseph Estrada は選挙民の圧倒的支持を得て大統領職に就いたものの、後に賭博スキャンダル、脱税疑惑によりフィリピン政治史上初めて在任中に弾劾裁判にかけられた。政権への不満を爆発させた民衆による「ピープル・パワー II」によって任期途中で大統領の座を追われる。2年半という異常な短期政権であったことと、疑惑による混乱を除いても多くの政治的不効率が重なった政権であった。

　エストラーダは大統領選挙期間中に自ら「貧困者の味方」「貧困層の代弁者」だというイメージを作り上げ、多くの有権者もそれを共有したため大統領就任後の貧困対応には大きな期待が寄せられた。エストラーダ政権はラモス前政権の貧困関連政策を形式的に継承しながら、実質的には伝統的なフィリピン政治運営体質とばらまき手法に回帰したためほとんど実績らしいものを残さなかった。以下ではエストラーダの貧困問題へのスタンスを概観し、ラモス政権が制度化した「国家貧困対策委員会」の進展状況を整理する。そして政権の柱を成した住宅政策と農漁業近代化プログラムについて検討する。

■貧困者を代弁する大統領　　勧善懲悪映画の人気俳優であったエストラーダは、自らを "Erap" と呼び庶民性をアピールするとともに、選挙戦では「貧困者の味方、エラップ」Erap para sa Mahirap をスローガンとして貧困層の間での支持を広げた。選挙では次点のホセ・デ・ベネシア Jose de Venecia 前下院議長の得票率16％に大差をつけ、40％と圧倒的な支持を得て大統領に当選した。階層別の得票に顕著な傾向が見られた。エストラーダの全得票のうち、社会階層5分位の上位3分位からの票は10％を占めるに過ぎないのに対して、第4分位72％、第5分位18％であった。圧倒的に下位階層からの指示を得て当選したことがわかる (Bautista C. 2001：2)。ラモス政権は貧困対策を体系化したとはいえ、1994年に35.5％だった貧困率を1997年32.1％へと3.4％の改善をもたらしたに過ぎなかった (NEDA 1999：7-35)。生活改善を実感できた低所得者

はわずかであった。ラモス政権期の概して好調であった経済の果実を享受できなかった低所得者層の不満、1997 - 98年のアジア経済危機の打撃、また同時期に生じた異常気象エル・ニーニョによる農産物の不作が、「貧困者の味方」エストラーダへの追い風ともなった（Karao 1998a：11）。

　低所得者の絶大な期待を受けたエストラーダが大統領として初めて執った公務は「社会改革貧困対策法」（共和国法第8425号）への署名である。「貧困者の味方」としてのアピール効果を狙った。しかしエストラーダはこうしたパフォーマンスとは裏腹に貧困対策の具体的構想は持ち合わせていなかった。大統領就任時の議会での「一般教書演説」は通常英語で行われることが多いのに対して大部分をタガログ語で行った。自身の英語表現力の不足に加え彼を支持した低所得者層への語りかけ効果を狙ったのである。ところが大統領としての基本施策を示すこの演説の中でエストラーダは財政、雇用、治安には言及したものの、貧困政策についてはほとんど触れていない。選挙期間中に連呼した「貧困者の味方、エラップ」のフレーズを使うこともなかった。貧困者だけではなく「国民」の大統領として政治を行うことを印象づける狙いがあった。それにしても演説中に「貧困」poverty, kahirapan という言葉をほとんど使用していないのは奇異でさえあった（Estrada 1998）。1 年後の「一般教書演説」では貧困対策に言及し「貧困削減ではなく貧困撲滅」を目指すこと、抜本的な構造改革によりそれを実現することを宣言したが、具体的政策や手法の提示はなかった（Estrada 1999）。これらはエストラーダ大統領の貧困問題に関する体系的政策ビジョンの欠如を示すものでもあった。

　とはいえ低所得者層から多大な支持と期待を得ているというだけではなく、貧困はフィリピン社会が克服すべき重要課題であるとの認識が広く流布する中で、政権としてこの分野への取り組みをしないことは不可能であった。

■国家貧困対策委員会　　エストラーダ自身が具体的なビジョンと政策を持ち合わせていなくとも「社会改革貧困対策法」に基づく具体的対応を迫られた。この法律に基づきそれまで存在した「社会改革評議会」SRC、「貧困対策大統領委員会」PCFP、「地方開発大統領評議会」PCCD を廃止統合し「国家貧困

対策委員会」NAPC が設立された。大統領が議長として統括し、実際には委員会招集者 Lead Convener が政府関連10省3庁の代表、地方政自治体連合3代表、基礎部門14代表を実務的に束ね、貧困対策・社会政策に関する調整を行う。委員会招集者は閣僚扱いである。プログラム策定と実施は国家経済企画庁NEDA、社会福祉開発省 DSWD、農地改革省 DAR 等の省庁や、地方自治体が責任をもって行い、NAPC には諸機関相互の連携と調整をはかる役割が課せられた。貧困層の声を代弁する基礎部門代表が大統領、省庁代表と同席して意見交換できる場が設置されたことの意義は小さくない。

　ただし、新しく発足した NAPC が期待通りの機能を果たしたのかどうかは別問題である。エストラーダは初代委員会招集者としてマルコス期に政府主導で農民を組織化する政策「農村連合」Samahang Nayon 運動に深く関わり、世界銀行の専門官としても活躍したオルランド・サカイ Orlando Sacay を任命しながら、「執務が緩慢である」との理由で半年後に解任をした。後任にはマルコス期に左翼地下活動にも関わり NGO「フィリピン農村復興運動」PRRM 代表でもあったホラシオ・モラレス Horacio Morales Jr. 農地改革省長官を据えた。法律を執行するための「施行細則」の策定にも時間を要し、初のNAPC が招集されたのは1999年4月である。政権発足からほぼ2年近くが経過していた (Ferrer 1999)。

　基礎部門代表の選定には政治が介入した。それぞれの部門代表は「説明責任」「透明性」原則に基づき諸団体が候補者を選定し、大統領の任命手続きを経て決定される。諸団体の自主的な討議と決定を重視するのが趣旨であった。しかしエストラーダは任命過程でラモス期 SRC に参画していた NGO や団体を「SRA 派」として排除し、新しいメンバーに入れ替えた (Ferrer 1999)。各部門内での協議で候補から落ちた NGO を大統領が部門代表に直接指名することもあった。こうした構成メンバー選出への「政治の介入」は NGO の参画意欲を大きく減退させる要因にもなった (Bennagen 2000：17-18)。

　もっとも NAPC の母体となった SRC もラモス政権の頃から制度改革の推進という当初の方向には向かわず、政府の提示する社会サービス提供プログラムへの協力機関になりつつあるという批判は既に出ていた。政府の意向に沿う

NGO が積極的に参加をする傾向は新しく発足した NAPC にも引き継がれたため、代表選出がどのようにされようが結果的に大きな違いがあったかどうかはわからない（Karao 1998b：21；Bennagen 2000：13）。

住民や底辺層の意向を反映し、省庁間の担当区分や利害を調整する目的で設置された NAPC は、大統領の恣意的介入によって政治的に利用され、その機能が十分に果たせたとはいえない。

■ Lingap para sa Mahihirap　　2年半という短期政権であったとはいえ、エストラーダ政権は独自の貧困対策プログラムを打ち出してもいる。「貧困ケア」Lingap para sa Mahihirap である。"Lingap" ケアと略称されたこのプログラムは「貧困層のためのエラップ・プログラム」Erap Para sa Mahihirap Program：EPMP およびその執行のために設けられた基金のことを指す。エストラーダが訴えた EPMP は体系化され一貫性をもって追求されたとはいえないものの以下の5分野を柱としている。1）食料確保、2）農漁業の近代化と持続的拡大、3）低価格住宅の提供、4）暴力・犯罪からの保護、5）政策執行過程への地方自治体参加、がそれである。こうした内容がラモス政権時の社会改革アジェンダを引き継いだものであるかどうかに関しては明瞭ではない（Bennagen 2000：6-7；PMS 2000：174）。これらの政策内容を推進するために1999年8月23日に「貧困ケア基金」Lingap 25億ペソが手当てされた。25億ペソはおよそ以下のように配分された。1）栄養食料医療補助5億ペソ（保健省所管）、2）生活改善5億ペソ（協同組合庁所管）、3）社会住宅5億ペソ（国家住宅庁所管）、4）農村水利システム3億ペソ（地方水利局所管）、5）児童青年保護3億ペソ（社会福祉開発省所管）、6）米トウモロコシ価格補助4億ペソ（国家食糧庁所管）である[3]。

上記資金は、全国78州、84市からそれぞれ100世帯ずつ選定された最貧困家庭をターゲットとして供与された。全国で1万6100世帯がその対象となった。受益者は1997年の全国貧困世帯のほんの0.4%に過ぎない（Balisacan 2002：99）。政権は最貧困層を底上げすることを通じて「波及効果」、つまりそれ以外の貧困層の生活改善につなげることを主張した。しかし、在任期間中に貧困率を20

％にまで下げるとした公約を実現しようとすれば、受益世帯を2,000倍に増やさねばならないことになり非現実的だと当初から指摘されていた（Bennagen 2000：8）。

　さらにこれらの政策は受益者の組織活動やプログラム運営への参加を求めるものではなく、単に資金・サービスを提供するものである。貧困層の貧困たる原因に抜本的に踏み込んでおらず「供与型福祉アプローチ」であると批判された。単なる貧困層の歓心を買うための「ばらまき政策」であるとも指摘された。貧困対策基金の使途については執行以前から多くの危惧があった。ターゲット世帯の選定はNGOと協議のうえで地方自治体が行うものとされていたにも拘らず、NGOが全く関与していない実態や、各省庁に配分された資金の使途をチェックする制度すらなかった。政治家が支持や忠誠を勝ち取るための「ポークバレル」として利用する可能性も指摘された[4]。実際、「栄養食料医療補助プログラム」のうち医療保険に関しては、下院議員1人につき50万ペソ、上院議員100万ペソが配分され、受益者は彼らを通じて政府系医療機関でサービスを受け取る仕組みであった（Ferrer 1999）。各議員が裁量に基づいて自選挙区の有権者に対してサービス提供をする方法は、まさしくパトロネージ政治そのものである。こうして国会議員、地方議員の裁量経費として使途されたのは25億円のうち68％にのぼった（Balisacan 2002：100）。

　1999年9月に発表された『フィリピン中期開発計画 1999-2004』では1997年時点で32％の貧困率を、大統領任期最終年の2004年までに25～28％まで削減することを目標とした（NEDA 1999：I-3）。「立ち上がれ、フィリピン人」Angat Pinoyと副題をつけられ意欲的姿勢を打ち出したかに見える『中期開発計画』に、住宅、教育、その他社会サービスについての方針は出されているものの、貧困対策が系統立てて提示されているわけではない。貧困関連分野として強いて挙げるとすれば、短期ながら実際に取り組み実態があり同時に問題をも生じた住宅政策および農業政策である。エストラーダがそれらに取り組んだのは都市部、農村部の低所得者層にアピールするだけではなく、経済利権とも深く関わっていたからである（Karao 1998c：10）。

■**住宅政策**　　低所得者層の支持と忠誠をつなぎとめるためには、目に見える形で便益やサービスを供与することが有効な手段である。大統領府マラカニアン宮殿に設置された大統領行動センター PAC において貧困層の要望を直接聞き、具体的なサービス供与を行ったのはその象徴的な対応である。都市貧困層、特にスラム住民に対する住宅提供を含む住環境整備政策実施もそのひとつであった。政権発足から住宅政策を掲げながらも、具体的に対応に着手したのはそれほど早くはない。政権2年目の「一般教書演説」において、1998年6月から99年3月にかけて12万8千戸の低所得者向け社会住宅 socialized housing を提供した実績を報告している（Estrada 1999）。しかしそれを貧困対策の一環として正式に位置づけるのは、「民衆住宅政策はエストラーダ政権の中心的課題である」と謳う1999年10月12日の行政命令 EO 第159号まで待たなければならなかった。その背景には、住宅政策管轄機関の人事をめぐる混乱があった。NGO 畑出身のカリーナ・ダヴィッド Karina David が「住宅都市開発調整協議会」HUDCC の長に任命されたものの、大統領の行政運営姿勢に疑念を持ち約1年で辞任した。その後伝統的有力地主家系出身のホセ・ユーロ Jose Yulo が「民衆住宅大統領委員会」および大統領顧問として任命されるものの、取り引きをめぐる民事訴訟がらみで辞任するという混乱ぶりだった。この住宅政策が貧困対策であると同時に様々な利権と利害団体が関与する領域であることが混乱を招く背景にあった。

　　住宅政策や都市再開発はエストラーダが初めて着手したわけではない。戦後各政権は何らかの住宅政策、都市政策に取り組んできた。エストラーダの住宅政策は直接にはアキノ政権、ラモス政権の枠組みを踏襲している。エストラーダが貧困対策で強調した「社会住宅」は、アキノ政権期1986年行政命令第90号で確認された「全国住宅プログラム」NSP に沿うものである（Rebullida et al. 1999：38）。コラソン・アキノ政権の NSP 自体、マルコス政権1978年の政策を追認するものであった（Monsod 2011）。アキノ期に政治的民主化と「国連グローバル住宅戦略」の影響を受けて、新しい方向性がつけ加えられている。その3つの原則は、受益者主導であること、民間部門が住宅供給を主導すること、政府は住宅市場の条件整備と仲介的役割を担うことである。具体的政策と

して住宅建設、信用供与、開発融資、コミュニティ組織化が掲げられている。1992年に制定された「都市開発住宅法」UDHA（共和国法第7279号）は貧困者への住宅提供、スラム地域土地利用の改善、コミュニティ・住民の参加を規定するものであった（Llanto and Orbeta 2011：12）。

　これらの政策的枠組みを受けてエストラーダの社会住宅政策は３つの柱を持った。第一に「住宅開発相互基金」（いわゆる「希望基金」Pag-Ibig）による低所得者向け住宅融資、第二に居住する土地の所有権を得るために住民が共同で融資を受ける「コミュニティ融資プログラム」CMP、第三に都市開発に伴うスラム地区住民の移転および代替地提供である。本格的な政策実施がなされないまま政権が崩壊したため、政策全体の評価をするのは難しい。若干の数値を見ておこう。1999年、受益目標数７万９千世帯のうち６万１千（77％）が何らかのサービスを受けている。希望基金融資目標２万２千世帯のうち70％を網羅し、CMP利用者は6,200世帯（目標の44％）であった。移転、再定住に関してはマニラの「パシッグ川沿岸移転プロジェクト」を中心としてタギグ、ブラカン、モンタルバンなどへ２万４千世帯を移住させ、年次目標を９％超過達成している。大統領期間中に120万戸の住宅提供を目標に掲げたが、1999年実績を６年間積み上げても達成は不可能なペースであった。さらに希望基金は低所得者向けとはいえ、受給資格として正規雇用が求められ、最底辺層は最初から排除される制度上の不備も指摘された（Soco 2000：11）。

　エストラーダ期の住宅政策はこうした実績の低迷よりもさらに根の深い問題を抱えていた。そもそも寄り合い所帯的な閣僚構成の中で、エストラーダの個人的生活姿勢やネポティズムが、政治制度や政策をも超えて政治運営に反映してしまうところに大きな問題があった。住宅政策の全般を統括すべき住宅都市開発調整協議会HUDCCのカリーナ・ダヴィッド議長の預かり知らぬところで、ホセ・ユーロが民衆住宅大統領委員会議長に任命された。そしてHUDCCとの協議もなく異なる政策決定が下されてしまう場面も生じ混乱を招いた（David 2001：212）。大統領顧問主幹というポストを新設して迎えられた都市開発研究者アプロディシオ・ラキアン Aprodicio Laquian もエストラーダの恣意的政治運営、人事のもつれから２か月で辞任に追い込まれている（Laquin and

Laquian 2002)。制度構築とネポティズムの対立の露呈であると指摘された（Doronila 2001：47-57）。

　また住宅政策、都市開発は政府の莫大な資金がつぎ込まれることが想定され、多くの利害が関わった。民衆住宅大統領委員会責任者となったホセ・ユーロ自身も不動産利権を有していた。政策面では「不動産建設業界」CREBA が政府 HUDCC の住宅供給決定を拒否し、逆に独自案を提出して対抗するなど、意思決定、行政運営は混乱を極めた（Junia 1999）。さらにいえば貧困対策を重視する NGO 派官僚と、住宅市場活性化と利益追求をする業界との間での確執もあった。

　エストラーダの個人的縁故の中で行われる政治と、貧困層からの支持を取りつけるための住宅供給は、問題を解決するというよりもさらなる混乱を招く要因となった（Abueva 2001：92）。貧困者の住環境が改善される客観的条件はなかった。

■農業近代化　　エストラーダは選挙期間中に農業部門改善と食料確保を重要政策のひとつとして訴え（Adriano 1998）、実際に政権就任後は貧困対策の主要分野に位置づけた（NSO 2002：381）。大統領就任 2 年目の「一般教書演説」の「貧困との戦い」War on Poverty の文脈で、農業近代化と農村開発について言及し「農業漁業近代化法」の執行を強調した（Estrada 1999）。1997年時点での全国貧困率が31.8％、都市部のそれが17.9％であるのに対して、農村部の貧困率は44.4％であった。貧困対策の観点から農村、農業部門に政府が関与するのは合理的な判断である。実際フィリピン農業の生産性は停滞していた。1970年代までは商品作物が重要輸出品目の地位にあり、主穀物の生産性の伸び率は他のアジア諸国に比較しても高かった。しかし1980年代以降は鈍化する。1980年代の農産物粗付加価値 GVA 成長率がインドネシア 1.8％、マレーシア 4.9％、タイ 3.9％、中国 5.2％であったのに対して、フィリピンは 1.0％であった。1990年代は若干改善されたもののその数値は1.8％であった。その間、インドネシア 2.0％、マレーシア 2.5％、マレーシア 1.6％、タイ 1.2％であった（David 2003：177）。土地生産性は1980年代半ば以降停滞し、労働生産性は

1980年代以降低下をする傾向にあった（David 2003：183）。こうした実情を背景にして1990年代以降、第一次産業の振興が急がれたわけである。

　エストラーダ政権は、アキノ政権以来の農地改革の継続に加えて、前ラモス政権末期1997年に法制化された「農業漁業近代化法」（共和国法第8435号、AFMA）の推進をうちだした。AFMAは単に底辺層への経済便益供与による富の再配分と貧困対策としてのみ位置づけられているのではなく、むしろ自然資源・人的資源の十全な活用による産業としての農業の改善と内外市場における競争力の向上をその目的としている（第2条）。法律では以下の5つの柱を立てている。(1)生産販売の増進、(2)人材養成、(3)研究開発と支援、(4)農村雇用促進、(5)農業関連投入財・用具等免税輸入、がそれである。底流にある考え方は、政府が条件整備を行い競争力のある農業を育成することである。「戦略的農漁業開発地区」SAFDZを設定しそこに集中して資金投下と最新技法の適用をして生産を向上させ、競争力を高めるという手法にその発想がよく表れている。さらには灌漑設備の整備・修復に関して、国家水利局NIAがすべて業務を遂行するのではなく、できる限り地域の灌漑組合に運営責任を移譲して、国は補完的な役割を果たすという方向性が打ち出された。民間活力を重視する姿勢をよく表している（Malaluan and Dacio 2001：4-5）。

　一次産業の場合、政策が実行されてから効果が表れるまでに時間を要するため、エストラーダ在任2年半という短期間、実際にはプログラム実施が遅れたため1年間という限定された期間で、その効果を評価することはできない。しかし、予算執行状況から政権の意図はうかがえる。毎年200億ペソの支出が予定されたものの、実際1998年に支出されたのは142億ペソであった。予算執行上、支障があり縮小された（Adriano 1998：7-9）。1999年には予算措置がされなかった。2000年にはAFMA主務官庁である農業省への全体予算が30億ペソと少額であり、AFMAプログラムへの配分はほとんどないに等しかった（Tordecilla 2000：7）。政策的重要項目として掲げたにも拘わらず、予定通りの予算措置をしていない状況では企図された政策目標を達成することは難しい。しかしながら数字的な結果だけを見てみると、この間フィリピンの農業部門は改善を示している。例えば1993年から1998年までの5年間で農業粗付加価値の伸びは

第3章　貧困政策の展開　65

0.8％であったのに対して、AFMA 実施期にあたる1999年から2002年までの３年間で3.7％であった。同時期のタイの数値5.1％より低いもののベトナムの2.0％と比べれば高い。フィリピンにおける労働生産性伸び率も同時期0.7％が1.3％へと改善している。同時期のタイ 4.3％、4.1％に比べれば遜色があるものの、ポジティブな実績となっている（DA 2007：3-4）。

　低所得者層への影響はどうであろうか。灌漑施設、農道の建設などインフラ設備や最新農法の開発や普及によって生産性の向上を追求したことは、産業としての農業振興につながるとしても、低所得者農民の所得向上をもたらすとは限らない。市場原理に基づく農業近代化政策やインフラ整備は、むしろ農村部の有力地主層を資するところとなり、農村低所得層である土地なし農民の生活向上にはつながらなかったとされる（Malaluan and Dacio 2001：20）。世界銀行からも同様の指摘を受けた（Tordecilla 2000：7）。さらには関税を下げることにより農業投入財価格を低く抑える政策は、ピュアフード、サンミゲル、ビタリッチ、ビスコム製糖、スウィフト食品といった五大食品会社に利益をもたらしたのみで、小農民には裨益していないとも指摘された（Malaluan and Dacio 2001：20）。関税の低下が低所得者層の生活向上に寄与したという報告はない。グローバル化する市場や経済環境の中でフィリピン農業の競争力を向上させる目標がむしろ前面に出て、所得再配分、低所得者層の生活向上は後景に追いやられた。

　以上見てきたように、エストラーダ政権は貧困者の味方という鳴物入りで始まったものの体系的政策もビジョンも持ち合わせていなかった。前政権からの貧困政策を形式的に引き継いだものの、大統領自身の縁故主義と利権がらみで政策執行は混乱を極めた。また貧困政策の柱とされた住宅分野、農業分野では、貧困対策の名を借りた産業振興策、さらにいえば権利誘導に近い動きを見せた。エストラーダは貧困政策の効果を見ることもなく、賭博疑惑で2001年初頭には任期途中で大統領府を去ることになった。

3 経済政策の優先とコミュニティ指向——アロヨ政権期（2001-10）

　汚職疑惑をきっかけに政権を追われたエストラーダの後、大統領の座を襲ったのは副大統領グロリア・マカパガル・アロヨであった。アロヨはエストラーダの残任期間を全うした後、2004年選挙に勝ちさらに 6 年間大統領として政務を執った。2001年「ピープル・パワーII」によって大統領に就いたため、アロヨ自身も「ピープル」に対する配慮が求められた。貧困層の絶大な支持を受けていたエストラーダ政権を引き継いだこと、また不正疑惑による混乱から政治運営を任されたことはアロヨの施策にも大きく影響した。

　それは2001年 1 月20日大統領就任宣誓演説にすぐさま反映された。政権任務の第一として貧困対策に言及した。同年 7 月に行われた議会での「一般教書演説」ではさらにそれが象徴的に表現された。まず演説の半分近くがタガログ語で行われたことである。「一般教書演説」では通例、英語が使用される。大学で経済学を講じる研究者でもあったアロヨは英語が堪能であるにも拘らずタガログ語を多用したのである。これは英語を十分に解しない貧困層への配慮であった。さらに冒頭でごみ収集所パヤタス（スモーキー・マウンテン）に暮らす子供の寓話から説き起こし、演説の全体基調を貧困対策に置いた。しかし実際の内容は貧困対策と銘打った経済振興政策への換骨奪胎であった。 4 つの柱として掲げられたのは、①投資促進、経済活性化による雇用の創出、②農地改革、AFMA 遂行による農村開発、③保険、住宅、マイクロファイナンス、電化を通じた社会的均衡を実現する経済政策の追求、そして④腐敗および反政府活動対策を含む法の支配の徹底、であった（Arroyo 2001）。全体的方向性としては経済成長路線の推進であり、貧困対策に主軸はなかった。その後発表された『フィリピン中期開発計画 2001-2004』においても、前政権から継承した Lingap, CIDSS 等の実行が列挙されているに過ぎず、アロヨ政権としての新味は見出されなかった（NEDA 2001）。

　そうした中でアロヨ政権に特徴的だった貧困関連対応は、エストラーダ政権で政治利用された国家貧困対策委員会 NAPC の再編と、政権主要プログラム

に位置づけられた「貧困対策相互扶助」KALAHI：Kapit Bisig Laban sa Kahirapan の執行である。その２つについて見てみよう。

■国家貧困対策委員会　　アロヨが国家貧困対策委員会NAPCの委員会招集者に指名したテレシタ・デレス Tersita Quintos Deles は以下の５つを新しい方向性として提示した。貧困対策を国家の発展戦略の一部に組み入れること、基礎部門からの代表選出を政治化せず部門ごとの判断に委ねること、政策の地方分権化をはかること、マイクロファイナンス政策を強化すること、NAPC事務局の政治的利用を排除し専門性を高めるために全体 En Banc 会議の機能を高めること、であった（Fenix Villavicencio 2004：701-703）。

　NAPCはラモス政権末期に法律によって設置されエストラーダ期に始動したものの前節で見たように政治的に利用され実質的には機能していなかった（Bautista C. 2001：4）。アロヨ大統領はNAPC再編と実質的機能化に努力した。2002年行政通達 AO 第21号によって基礎部門の自律性をより高めた。基礎部門代表選出をそれぞれの部門評議会の判断に任せ政治の介入を排した（Fenix Villavicencio 2004：709）。

　さらに大統領自らが出席し関連省庁代表および基礎部門代表の会する En Banc 会議を充実させた。第１回全体会議が2002年６月29日に召集され、以後１月半から２か月ごとに開催された。ほぼ毎回大統領が出席し貧困政策に関わる諸課題が討議された。その特徴を会議議事録から拾ってみよう。第一に貧困政策に関する情報の共有と確認がこの場でされている。毎回２時間から３時間がかけられ、時間の許す限り大統領自身が出席し議論にも加わる。NAPC組織の編成問題から予算配分、政府政策の執行状況、各基礎部門報告にわたる多様な議題が論議される。第１回全体会議では組織強化を目的としてNAPC全体会議決議第１号を通じて、社会改革貧困対策法に含まれていない関連組織の参加にも道を拓いた（NAPC 2002a：2）。第２回会議では予算の各基礎部門への配分、政権の主要政策である KALAHI に関する説明、都市貧困層の土地所有権問題の討議、そして各基礎部門からの現状報告などが行われた（NAPC 2002b）。それまで各省庁や担当機関に政策の執行・評価が一任されていた状況

に比べると、関連機関、団体代表による情報の共有と確認が進み政策遂行上大きな意味があった。

　第二の特徴は草の根組織が貧困問題の当事者としての立場を大統領同席の場で表明する機会が実質的に保証された点である。毎回の会議で基礎部門代表が活動報告や要望などを提出して討議に付す。第2回会議では都市貧民部門代表から、コミュニティ融資プログラムCMPへの2002年度予算措置がされていない旨の指摘があったのに対して、アロヨ大統領は予備予算から支出すること、および政府資産売却資金の一部で手当てする旨をその場で表明している（NAPC 2002b：11）。第5回全体会議では、2,250万人を代表するインフォーマル部門団体が生産活動資金の不足と社会保障制度の不備を指摘したのに対して、大統領が政府マイクロファイナンスSEA-Kの適用と社会保障制度SSSへの加入条件緩和を関連官庁に指示している。さらに露天商などの生業支援のための公設市場設営のための融資も指示した（NAPC 2002f：12）。このように基礎部門からの要望が会議に付され議論されたうえで、大統領自身が具体的な対応をしている点で、ボトムアップ型の意思疎通がはかられているといえる。ただし全体を通じて議論はあくまで個別事例の具体的問題や政策執行上の課題であることが多く、また基礎部門からの要望に対して大統領が裁定を下すという対応が多い。政府と市民社会の相互協力プロセスというよりは、政府政策の効率的な遂行のための微調整を行うプロセスだという感は否めない。

　第三の特徴は、NAPCが形式的に機能しつつも実質的には草の根組織、住民の意向を政策や実施過程に必ずしも反映しえているとはいえないことである。基礎部門代表でNAPC副議長のオスカー・フランシスコ Oscar Franciscoはアロヨ政権下のNAPC運営を肯定的に評価する一方、その限界にも言及する。「NGO、草の根組織の人々はNAPCの取り組む社会改革アジェンダ'SRA'を、'Salita, Resources, Action'（議論、財源、行動）と揶揄しています。議論ばかりしていて財源と行動はほんのわずかでしかないという意味です。さらに（貧困指標である）ミニマム基本ニーズMBNを'May Bigay Na ba?'（何かもらえるの？）と読み替えています」（Francisco 2004：606）。つまり政策的調整が中央レベルで行われるとしても、貧困者の生活を大きく改善するほどの効果はな

いという指摘である。フランシスコはさらに NAPC のあり方そのものに関わる課題も指摘する。政府プロジェクトの執行状況や、個別地域での現状について討議するだけで、貧困状況を生み出すマクロな社会条件、例えば貿易改革や規制緩和などについて議論をする場となっていない（Francisco 2004：608）。NAPC は貧困政策執行の「調整機関」として位置づけられているため、意思決定、政策策定、全体ビジョンの議論にまで立ち入ることは制度上想定していない。しかし少なくとも基礎部門、NGO 等参加団体や当事者の意向を反映させるという当初想定された機能を充分に果たしえていない状況であった。

このような多くの問題と課題を抱えながらも、アロヨ政権になって貧困対策を官民共同で集中的に討議する場が形式的であるにせよ機能し、また定着した意義は小さくない。それまでの個別官庁や委員会に任され分断化していた業務が、市民団体の協力を得ながら調整されて共有され一元化されたことは国家政策の遂行の観点からも、また諸資源の効率的利用という観点からも大きな意味を持つものといえる。

■貧困対策相互扶助 KALAHI-CIDSS　　　　アロヨ政権貧困政策の主要プログラムとなったのが「貧困対策相互扶助」KALAHI-CIDSS である。通常 KALAHI と呼ばれるこのプログラムは2001年5、6月に行われた NAPC のワークショップによって具体化され、世界銀行からの融資1億ドルとフィリピン政府支出5,100万ドル、コミュニティおよび地方自治体財源3,140万ドルを合わせた総額1億8,240万ドルの財政基盤をもって遂行されることとなった（WB 2005：5)。KALAHI はコミュニティのエンパワーメントを通じた参加型の貧困対策プログラムである。アロヨ政権が掲げた貧困対策における5つの柱を統合するものとして考案された。5つの柱とは、(1)土地所有、住宅などの資産改革、(2)教育・健康、住環境などの人間開発、(3)経済生活を支える雇用と生業機会の提供、(4)搾取や暴力、不安定状況からの保護と社会的保障、(5)統治と制度構築への貧困層の参加である（Fenix Villavicencio 2004：703-704)。

KALAHI はラモス政権以来取り組まれてきた「包括的社会サービス提供」CIDSS とインドネシアで実施され国際的にもその実績が評価された「クチャ

マタン開発プログラム」KDP を融合させたものである。前政権の CIDSS から
は基本的ニーズを地域レベルで住民に提供するシステムを引き継ぎ、KDP か
らは意思決定のコミュニティへの委譲によって住民ニーズを細かく把握するメ
カニズムと、案件決定プロセスへの競争原理の導入による効率化、能 力
開 発の手法が取り入れられた（DSWD 2004：1）。世界銀行が推し進める「コ
ミュニティ主導開発」CDD アプローチに沿うものであり、単に貧困層の経済
生活を向上させるだけでなく、参加型手法で住民やコミュニティの自主性と当
事者の主体性を高めることを目指すものである。あわせて住民が意思決定過
程、プログラム実施過程に関わることで、参加型統治を実現していくことも目
指されている（Labonne and Chase 2009）。同時にコミュニティ住民による相互
協力と問題解決のための社会関係資本 Social Capital の形成も重要な政策目標
とされている（WB 2013：19）。KALAHI は目的別、分野別に各省庁の分担の
下で取り組まれた。「平和構築 KALAHI」KK は紛争地域を対象に国防省およ
びフィリピン国軍が所管組織として取り組み、2006年時点で600バランガイに
おいて実施された。「農地改革区 KALAHI」KARZ は農地改革省が主務官庁
となり、2006年時点で農地改革コミュニティ ARC を対象に9,130バランガイ
で実施された。「貧困解消 KALAHI」KPFZ は労働雇用省が生業プログラムを
提供する形で44バランガイを組織した。これらと並んで社会福祉開発省
DSWD が取り組んだのが KALAHI-CIDSS である。2006年に3,759バランガイ
が組織された（Antiporta and Estanislao-Tan 2010：5）。KARZ の組織数が最も多
いのは主として ARC といった既存プログラムへの補完の要素が強かったため
である。直接の貧困対策としては DSWD の行う KALAHI-CIDSS が注目され
ることとなり、これがアロヨ政権の主要貧困プログラムとして認識されるよう
になった。具体的には全国の貧困42州のうちの経済レベル下位25％のミュニシ
パリティが政策対象地域として選定され、ボトムアップ式にプロジェクトが決
定される。先ずバランガイで地域プロジェクト案が作成される。この時、全住
民の参加するバランガイ集会 BA による討議と採決によって原案が決められ
る。討議は DSWD 職員がファシリテーターとなり進められる。行政の長であ
るバランガイ・キャプテンや、バランガイ評議会を構成するバランガイ議員が

表 3 - 1　　KALAHI プロジェクト支援分野 (2010年12月)

	プロジェクト数 (%)	受益世帯 (%)	経費 (%)
基礎的社会サービス (保健，教育，水等)	50.1	49.1	44.5
基本的インフラ設備 (道路，橋等)	27.5	26.1	36.5
共同生産，経済支援 共同設備	11.4	12.7	8.9
環境保全	10.2	11.7	9.6
その他	0.8	0.5	0.5

(出所)　WB 2013：10, Table 2

決定をするのではなく、住民自身の直接参加によって決定する過程が重視され
ている。各バランガイで決定されたプロジェクト案は「ミュニシパリティ・
フォーラム」MIBF に持ち寄られる。ここでは競争原理が適用されて需要が高
く合理性のあるプロジェクトが予算の範囲内で選定される。こうした過程を通
じてこれまでしばしば地域有力者に左右されてきた意思決定プロセスを是正
し、住民主体の参加型ガヴァナンスを構築することが目指された。

　2010年12月までに KALAHI-CIDSS は5,645プロジェクトを実施し126万世帯
に裨益した（WB 2013：9）。その支援分野の内訳は表 3 - 1 に示した如くである。
プロジェクト数でいえば保健、教育など社会サービスに関わるものが50.1％と
約半分を占める。実際、コミュニティで実施されるものは保健の場合コミュニ
ティ保健施設、教育の場合はデイケア・センターや学校校舎の建設など物理的
なインフラストラクチュアの建設がほとんどである。

　具体的プロジェクトの分布を示したものが表 3 - 2 である。これはラボンヌ
とチェイスが2003年に132バランガイ、2,400世帯を対象に行った調査の結果で
ある。最終決定されたプロジェクトのうち道路整備が22.7％、上下水道設備が
45.5％、デイケア・センター設置4.6％であり、合わせて 7 割以上が物理的イ
ンフラの整備に充てられていることがわかる。

　KALAHI-CIDSS がそもそも重要な目標として挙げていたのはコミュニティ
のエンパワーメントと参加型ガヴァナンスの構築であった。その効果はどう

表 3 - 2　KALAHI プロジェクト候補と選定

	決定プロジェクト　（%）	バランガイ決定候補　（%）	バランガイ長選択（%）	所得別要望（%）		
				上位50%	中位25 - 75%	下位50%
道　路	22.7	32.6	25.8	23.3	23.8	22.9
上下水道	45.5	30.4	15.6	14.7	16.3	17.3
保　健	9.1	4.4	7.8	12.5	11.7	10.5
学　校	0.0	2.2	4.7	6.7	6.6	6.9
デイケア	4.6	4.4	0.0	0.1	0.0	0.1
電　化	0.0	2.2	3.1	9.1	11.7	14.7
生　計	18.2	15.2	18.0	19.2	18.6	18.5
平和構築	0.0	0.0	3.1	6.4	5.2	4.4
施　設	0.0	0.0	5.5	1.3	1.1	0.7
その他	0.0	8.7	16.4	6.6	4.9	4.1

（出所）　Labonne and Chase 2009：223

だったのだろうか。ラボンヌらはこれら物理的インフラに集中すること自体、ファシリテーターの誘導によるものとしているがそれを立証する有効なデータはない（Labonne and Chase 2009：223）。実際に決定されたプロジェクトの分布ではバランガイ住民の意向と最終決定案件にずれが生じていることがわかる。例えば道路敷設へのバランガイ住民の希望は32.6%であるのに対して、実際の決定では全体の22.7%を占めるに過ぎない。一方、水道設備に関してバランガイ住民の希望は30.4%であったのに対して、最終決定では逆に45.5%と増えている。住民の意見を歪めバランガイ長の意思を反映させたともいえない。上下水道の敷設に関してバランガイ長は15.6%しか望んでいないからである。こうしたバランガイ住民やバランガイ長の意向と最終決定プロジェクトのずれについて、Reid は MIBF レベルでのミュニシパリティ長（市長）の陰なる影響力や行政官の取り込みが実際に行われていることを指摘している（Reid 2011：64）。KALAHI が単に貧困者の経済的苦境を改善するというだけではなく、コミュニティのエンパワーメントによる自主性の獲得と社会関係資本の構築、そして地方ガヴァナンスの改善を主要な目標としたが、上記の調査結果は、必ずしも住民の自主性の涵養や、地域における意思決定プロセスや地方有力者の政治支

第 3 章　貧困政策の展開　73

配構造の転換に成功しえていない実態を示している。

　さらに KALAHI は紛争地域の治安対策・維持としての側面を持つ。特にフィリピン共産党武闘組織である新人民軍 NPA とミンダナオ地域でムスリムの独立を目指すミンダナオ・イスラム解放戦線 MILF の活動の活発な地域への慰撫策としての位置づけである。アロヨの KALAHI は単なる貧困対策ではなくむしろ安全保障政策や治安維持政策だと Reid は指摘する（Reid 2011）。実際には2005年時点でフィリピン国軍が制圧し管理下に置いたバランガイのうち80％において政府による民政プログラムが実施されていないこと、KALAHI の実施された全バランガイのうちフィリピン国軍によって制圧された地域は9.6％でしかないので、KALAHI が必ずしも紛争地域の安定や、反政府軍への慰撫策であると単純にはいえない（Devesa 2005：62）。しかし一方でアロヨ大統領は2001年行政命令 EO 第21号によって『全国治安計画』NISP を策定し、反政府軍への対応として「包括アプローチ戦略」を採用した。軍事的制圧のみならず政治交渉、社会経済心理的手法、情報宣伝活動を組み合わせて治安回復を実現することが謳われ、DSWD や NAPC による貧困対策はその重要な要素として位置づけられている（Devesa 2005：38-40）。KALAHI は実質的に NIPS による4段階の紛争地域対策、制圧過程—維持過程—安定化過程—開発過程のうちの「開発過程」に位置づけられる任務を負っている（Devesa 2005：61）。ただし KALAHI によって治安がより安定したとは単純にはいえない。2001年から2008年までの紛争と KALAHI プロジェクトの関係を見てみると、プロジェクトに認定された直後に紛争による犠牲者の数が増える傾向が認められる。政府政策の浸透による住民意識の変化や政治勢力バランス変更の可能性を反政府勢力が恐れ攻勢をかけてくる場合と、政府軍が開発プロジェクトの遂行に合わせて積極的な掃討作戦を展開することなどが背景にある（Crost and Johnston 2010：39）。むしろ KALAHI プロジェクト実施の前後で治安はより不安定化している。

　以上のように見てくると KALAHI は住民の経済条件のみに焦点化した従来の貧困対策と異なり意思決定や政治機構の改編を企図する政治的な政策だといえる。参加型アプローチや地方分権といった政治的民主化の流れに沿うプログ

ラムでもある。有力政治家が影響力を持つ地方の権力構造に踏み込もうとした点も特徴的であった。

　総じてアロヨ政権の貧困対策は経済政策を補完する形で取り組まれた。その中で、NGO を含めて NAPC の実態を形成し貧困政策実施の一元化をはかったことと、KALAHI を通じたコミュニティ主導のプログラムで意思決定過程の変更、治安の維持といった政治的目的を追求したことに政権としての特徴があった。

4　国際政策への合流と新機軸——ベニグノ・アキノ 3 世政権期（2010 - 16）

　ベニグノ・アキノ 3 世が第15代フィリピン大統領なったことはまさに晴天の霹靂であった。国民的英雄となっているベニグノ・アキノ・ジュニア上院議員を父に、マルコス長期政権を倒したピープル・パワー革命によって第11代大統領の座に就いたコラソン・アキノを母に持ち、自身も下院議員 2 期、上院議員 1 期をつとめていたため、条件的には大統領候補として名が挙がってもおかしくなかったものの、本人からは明確な出馬の意思表明もなく、また政治家として大きな実績や影響力を持っていたわけでもなかったからである。ところが大統領選挙前年の2009年 8 月にフィリピン民主化の象徴的存在であった母コラソン・アキノが亡くなったのを契機に、次期候補として急速に注目を集め始めた。その背景にはアロヨ大統領の汚職に対して国民に鬱積した不満があった（Hutchcroft 2008；Mohideen 2011）。アロヨはエストラーダの腐敗疑獄から2001年に変則的に大統領になったものの、2010年に政権を降りるまでの10年間に不正と汚職の話題が絶えなかった。2004年大統領選をめぐって選挙管理委員長ヴィルヒリオ・ガルシリャーノ Virgilio Garcilliano に票の取りまとめを依頼したという「ハロー・ガルシー疑獄」、2007年全国情報ネットワーク整備のために中国政府系企業「中興通訊」ZTE と交わした契約 3 億2900万ドルのうち巨額が水増しされたとの疑惑に選挙管理委員会委員長ベンジャミン・アバロスや、大統領の夫ミゲル・アロヨが関わったとされる「ZTE-NBN 疑惑」があった（PCIJ 2007）。さらに議会でアロヨの不正追及のため弾劾が再三提起された

ことへの火消しとして、大統領府から複数の政治家や閣僚らに贈賄があったとの疑惑も上がった。50万ペソを送られたというパンパンガ州知事エディー・パンリリオ Eddie Panlilio による2007年10月の公言から事態が発覚をした（Orejas 2007）。

こうしたアロヨ政権の腐敗体質に不満を抱いた各層の着目したのが、社会正義回復の象徴としてのニノイ・アキノだった。政治家としての華々しい実績はないものの、汚職の噂もないうえ、母親が腐敗した長期マルコス政権打倒の立役者コラソン・アキノ大統領というまさに正義と道徳の象徴として最適の存在だった。こうして腐敗した政治状況を刷新するリーダーとしてニノイ・アキノに白羽の矢が立ったのである。伝統地主階層出身であり急進的改革を唱えることもないため、国際投資環境整備の継続も期待できると財界、中間層の支持も広がった。ニノイの選挙スローガンは「腐敗なければ貧困なし」'Kung Walang Corrup, Walang Mahirap' であった。腐敗によって政府財源の20％が雲散していると一般にいわれた。だが実際は腐敗が一掃されても十分な財源が貧困層に振り向けられるとは限らないし、貧困の原因はひとつに集約されるわけではないため、腐敗是正と貧困解消を直接結びつけることは、論理的には必ずしも正確ではない（Bello 2010）。しかし、幅広い国民の腐敗是正への要望と、いまだ大きな票田である貧困層の要求を同時に取り込む政治戦略として、両者を関連づけて訴えることの意義は小さくなかった。

大統領に就任して初めて行った2011年7月の「一般教書演説」では主として腐敗不正の是正とガヴァナンス改善を訴え、貧困については自然災害による被災地域への復興と、前政権から引き継いだ「フィリピン家庭架け橋」4Ps に言及したのみで、体系的な政策提示はなかった。翌2012年の「一般教書演説」では貧困層の保険制度加入の促進と、4Ps を2012年末までに300万世帯に普及することを述べるにとどまり、貧困政策を政権の重要項目として位置づけてはいない。

とはいえ、ニノイ政権が貧困政策に取り組まなかったわけではない。その象徴は国家貧困対策委員会 NAPC の実質的主導者である委員会招集者にジョエル・ロカモラ Joel Rocamora を指名したことに表れている。ロカモラはかつ

てフィリピン共産党幹部として反政府地下活動にも関わった左翼指導者であり、90年代左翼分裂時に共産党と袂を分かった人物である（Rocamora 1994）。草の根活動や貧困住民の実態に精通し、過去に反政府活動の核を担った人物を閣僚級ポストに採用したことにニノイ政権の政治的意図が読み取れる。

　ニノイ政権が貧困対策関連で掲げたのは「良い統治」への政治改革と、貧困削減の具体的プログラムの推進であった（NAPC 2010a：1）。前者は市民社会組織 CSO の参加による「ボトムアップ予算制度」BUB として具体化され、後者はアロヨ政権から引き継いだ 4Ps の実施拡大として取り組まれた。

■ボトムアップ予算制度　　ボトムアップ予算制度はフィリピン政府内に設置された「人間開発貧困削減に関する閣僚部会」HDPRC と「良い統治と腐敗防止に関する閣僚部会」CGACC によって2012年から検討が始まり、2013年から導入された（Manasan 2014：1）。その基本的な指針を提示したものが、予算管理省 DBM、内務地方自治省 DILG、社会福祉開発省 DSWD、国家貧困対策委員会 NAPC による共同覚書2012年第 1 号である（DBM 2012）。草の根組織やコミュニティの実質的参加を通じてミュニシパリティ・レベルで決定した開発プロジェクトに対して国家が予算措置をする制度である。

　選定された地方自治体 LGU は各省庁地方事務官、地方自治体行政官および CSO の代表から成る「地方貧困削減チーム」LPRATs を構成し、LGU 策定の「地方貧困削減行動計画」LPRAP に沿う開発プロジェクト案、貧困対策案を協議決定する。提案はその後各省庁の承認を受けたうえで NAPC と DBM に提出される。最終的に「人間開発貧困削減に関する閣僚部会」HDPRC がプロジェクト案を承認し、予算が執行されることとなる。2013年度は609ミュニシパリティが対象となり、2014年には1,233、そして2015年には全国すべてのミュニシパリティが対象となった。 3 か年の実績プロジェクト数とプロジェクト分野を示したものが表 3 - 3 および表 3 - 4 である。

　BUB は地方における不正腐敗とパトロネージ政治構造というフィリピン特有の問題への挑戦として取り組まれているだけでない。国際社会が共通に取り組む「開かれた統治」Open Governance の実現に向けた潮流に合わせたもの

第 3 章　貧困政策の展開　　77

表 3 - 3　ボトムアップ予算によるプロジェクト数と予算

	2013年	2014年	2015年
プロジェクト数	10,600	23,846	14,638
予算（万ペソ）	1,308	2,625	2,105

（出所）　OpenBUB. go. ph

表 3 - 4　ボトムアップ予算プロジェクト分野と割合

	農漁業	生　計	水　道	教　育	保　健
2013年件数	5,016	1,439	931	941	874
（％）	(47.3)	(13.6)	(8.8)	(8.6)	(8.2)
2014年件数	5,917	5,464	1,366	2,837	2,208
（％）	(24.8)	(22.9)	(5.7)	(11.9)	(9.3)
2015年件数	3525	1039	1068	1424	1414
（％）	(24.1)	(7.1)	(7.3)	(9.7)	(9.7)

（出所）　OpenBUB. go. ph

である。「開かれた統治」では透明性の確保、説明責任の明確化、参加の保証が求められ、それらへのひとつのアプローチとして BUB が位置づけられている（RoP 2011）。単に政府の用意するサービスを受益者に供与するのではなく、貧困者自身が必要とし要望するプログラムを地方行政と草の根組織とが協力して策定し実施していく手法を根づかせるのが目的とされている。行政意図と当事者の要望が齟齬する非効率的なプログラムを改善すること、政策実施過程における地方レベルでの政治家介入を排除することが目指されている。従来のKALAHI の基本的な発想を引き継いだものといえる。ただし KALAHI のプロジェクト決定がバランガイ集会やミュニシパリティ・フォーラムの段階で官庁専門官の誘導や地方政治家の介入を招いた点に鑑み、BUB では CSO の積極的参加と地方レベルでの貧困削減行動計画策定への協力を強化したのである。

　実施が開始されてまだ間もなく、関連する調査研究はいまだ限定されている。北アグサン州の調査報告によれば、対象となった31バランガイのうち19が非貧困地域であった一方、28バランガイは貧困地区であるにも拘らず対象から外れた（ブトゥアン）。灌漑設備の整備された恵まれた地区に住む農民（全人口の36％）が全 7 プロジェクトのうち 5 つを得ている事例もある（ブエナビスタ）

ように必ずしも貧困住民のニーズが反映できていない実態がある（Parel et al. 2015：19）。自治体の作成する地方貧困削減行動計画 LPRAP が基本方向を提示し、草の根団体がその内容に対して意見を述べることになっているものの、その影響力は限定的である。ケソン州、西ネグロス州、南カマリネス州の事例を取り上げる Manasan 報告は LPRAP とは別に作成された地方自治体の「投資計画」に沿ってプロジェクトが提案されること多く、参加 CSO は情報不足、力量不足からその基本方向に変更を加えることができない実態を指摘する。さらに過去の経験から CSO 自体がこの過程に参加することを拒否するケースもある（Manasan 2014：38-40）。CSO としては生計プロジェクトや農業開発を希望しながらも、行政の主張するインフラ整備計画にやむを得ず同意することが稀ではない（del Prado et al. 2015：21）。

　このように BUB は地方有力者のパトロネージ支配や行政官の誘導をできるだけ排して住民の意向をより反映させるように CSO の関与と発言力を高めるのが狙いであった。しかし実際はそれが意図通り展開していないケースが多い。その要因のひとつは LPRAP 策定への参加 CSO の認定が地方自治体に委ねられているため団体の恣意的な選定と排除が行われ、結果として広く住民の意向を拾い上げる機能を果たしえていないことがある。参画と発言権が与えられた CSO 側も、自らの活動の中での BUB の位置づけが高くないために安易に会議を欠席したり、活動視野の狭さと通常業務の多忙さから他地域や他領域へのヴィジョンが示せず LPRAP 策定時に独自の見解が表明できない等の問題が指摘されている（del Prado et al. 2015：15-16）。このように現段階で政策意図通りの展開を見ているわけではないものの、地域政治家、有力者の政策介入を極力排除していこうという取り組みとして今後注目される。

■貧困家庭向け条件付き現金給付プログラム　　アロヨ政権下の2007年に試験導入された貧困家庭向け条件付き現金給付政策「フィリピン家庭架け橋プログラム」4Ps: Pantawid Pamilyang Pilipino Program は2008年より本格的に実施されることとなった（Son 2008）。世界銀行およびアジア開発銀行から 8 億5000万ドルの融資を受け、社会福祉開発省 DSWD を主務官庁として進められた。

ニノイ大統領はそれを引き継ぎ、政権貧困政策の柱として位置づけ、その規模を拡大していった。4Ps は飢餓と極度の貧困の削減、皆初等教育の達成、女性のエンパワーメント促進と男女平等の実現、児童死亡率の低減、母親の健康状態改善に対応する政策として位置づけられている（DSWD 2009：2）。4Ps は単に貧困者への経済的補助によって生活を安定させるだけでなく、子供らに健康な成長と教育の機会を保障し長期的な視点から貧困緩和を目指そうとするものである（Reyes et al. 2013：3）。

　具体的には「貧困削減のための全国世帯選定システム」NHTS-PR によって選定された地域の貧困世帯に対して、条件遵守と引き換えに隔月で現金を給付するものである。給付は教育支援金と健康増進補助金の2種類から成る。教育支援金は3歳から18歳の児童・生徒に対し、学校授業への85％以上の出席を条件に一人月額300ペソ10か月分、年間3,000ペソが支給される[9]。受給対象となる子供は一世帯当たり3人が上限である。健康増進補助金は子供の数に拘らず一世帯当たり毎月500ペソ、年間合計6,000ペソが支給される。その条件として0から5歳の児童は保健省規定に基づく定期健康診断とワクチン予防接種を受けること、年2回以上の除虫（虫下し）処置を行うこと、妊婦は出産までに3回以上の検診を受けること、出産時に専門家が立ち合うこと、出産後ケアを受けることが課せられる。また受給世帯の保護者は毎月 DSWD の開催する「家庭改善セミナー」FDS を受講することが求められる。なお教育資金と健康資金は個別にではなくセットで給付される。

　受給累積世帯数は2009年に約66万世帯、2010年約100万世帯、2011年 230万世帯、2012年には310万世帯とニノイ政権に入ってから急速にその数が増加した（Reyes et. al 2013：4）。2015年3月時点で443万世帯が 4Ps を受給している（DSWD 2015：3）。

　4Ps は1990年代以降ブラジルやメキシコなどで取り組まれた事例を世界銀行が途上国貧困対策のモデルプログラムとして普及してきたものである。現世代の経済生活の改善のみならず、次世代への投資により将来にわたって貧困の解消を目指すものである。フィリピンでその効果が現れているのかどうかについての調査報告はまだされていない[10]。とはいえ限られたデータから若干の類推を

しておこう。4Ps 受給世帯は先に見たよう
に2009年から2012年にかけて5倍近く増加
した。しかし、同期間の貧困率はほとんど
変わっておらず、むしろ微増となってい
る。この間の貧困率微増の要因は食料価格
等物価の上昇、インフレの昂進や、不平等
構造を伴う経済成長がもたらした結果であ

表3-5 4Ps の受給と就学率（%）

年　齢	受給世帯	非受給世帯
3 - 5歳	76.2	65.0
6 - 11歳	97.9	93.3
12 - 14歳	88.5	84.5
15 - 17歳	58.2	62.3

（出所）　Chaudhury et al., 2013

る（Albert et al. 2015：3；Torres 2013）。原因はいずれであるにしても、政府が
政策的に重点を置いて対応した 4Ps がフィリピンの不安定な経済構造の中で
貧困率を低下させるまでの貢献ができていないというのが実態である。受給世
帯数の急速な拡大とは裏腹に貧困削減への寄与は小さかったといわざるをえな
い。

　教育面における効果はどうであろうか。就学率と出席率の2点から見てみよ
う。表3-5は受給世帯と非受給世帯の就学率についての Chaudhury ら世界銀
行グループが行った調査の結果である。保育園もしくは幼稚園に通う3-5歳
で、受給世帯の方が11.2ポイント高くなっている。6-11歳、および12-14歳
についても受給世帯の方が4ポイント以上高い就学率を示している。受給世帯
における就学率の方が高い実態は、子供を学校に通わせるという 4Ps の条件
付けが受給世帯の行動変化に結びついていると解釈できる。特に6-11歳の初
等教育（小学校）段階では、受給世帯の就学率は97.9%と高く、初等教育の普
及100%を目指す政府目標の達成に向けて大きく貢献している。しかし一方で
15-17歳の就学率はそれまでの年齢層と異なり受給世帯の方が非受給世帯のそ
れよりも低くなっている。非受給世帯が62.3%であるのに対して受給世帯は
58.2%である。調査時2011年の 4Ps の制度では15歳以上の子供は受給資格が
ないため、4Ps の支給がなくなった時点で、子供を学校に行かせていないとい
うことになる。このことは受給世帯の 4Ps への依存度が非常に高いこと、逆
に、条件が失われれば教育をあきらめ子供を働かせて家計補助の役を担わせる
ケースが多いという実態を物語ってもいる。政策的な観点からいえば、4Ps は
支援がなくても子供に教育を施そうとするまで受益世帯の意識や条件を変える

第3章　貧困政策の展開　　81

表3-6　出席率85％以上の児童生徒の割合(％)

年　齢	受給者	非受給者
6 - 11歳	95.8	91.2
12 - 14歳	94.5	91.1
15 - 17歳	98.5	90.6

(出所)　Chaudhury et al., 2013

ことには成功しているとはいえない。

　第二に4Psと受給世帯の子供の学校出席率の関係について見てみよう。4Psは受給条件として子供が授業の85％以上に出席することを求めている。表3-6は出席率が85％の生徒の割合を4Ps受給者と非受給者で比較したものである。小学校レベルから高等学校レベルまで、いずれの年齢層においても受給者の割合が高く、受給家庭の学校に通わせる条件を守ろうという傾向が読み取れる。ただし、15歳以上の子供は2013年時点では4Psの対象から外れているため、受益世帯の比率が高くなっているのは金銭的裏付けによるものではなく、教育に対する意欲の高まりによるものと考えられる。第一の論点との関係でいえば、受給世帯の15歳以上生徒の就学率が非受給世帯よりも低いので、経済的に困難な中、就学を決意した者は可能な限り学校を休まずに学ぶ姿勢が強くなる傾向を示している。

　こうして見てみると4Psは貧困率の削減に対する統計上の貢献は明瞭でないものの、全体として受給家庭の教育への姿勢を変える点で成功しているといえる。4Psは家計支援を通じて現時点での貧困を削減することと、教育健康支援によって将来の貧困から脱する機会を広げるという、対処法の異なるはずの政策目標を同時に達成しようとしている。[11] 前者に関する効果は限定的である。後者については一定の変化を生み出した。さらにいえば、政府は4Psを通じて健康で高い質の経済主体、労働者を育成するというより大きな目的を達成しつつあるといえる。

　以上見てきたようにニノイ・アキノ政権は、独自の貧困政策を打ち出したとはいえないものの、前政権から引き継いだ政策を改良し規模を拡大して取り組んだ。KALAHIをさらに進化させたものが「ボトムアップ予算制度」BUBであり、アロヨ政権から引き継ぎ大規模に実施したものが「フィリピン家庭架け橋プログラム」4Psであった。

エストラーダ大統領からニノイ・アキノ大統領に至るまでの 3 期にわたる政権の主要な貧困政策を見てきた。ラモス期に法制化された社会改革貧困対策法および国家貧困対策委員会 NAPC の具体的運用がされた時期である。しかし各政権の対応と政策には、時々の社会情勢や各指導者の姿勢が色濃く反映された。エストラーダは体系的政策ビジョンを持たず一部の貧困者に金銭・サービスを提供する伝統的な「ばらまき手法」に終始しながら、利権構造の明瞭な住宅、農業分野での政策に注力し混乱を招いた。アロヨは形式的には貧困を重視する姿勢を見せつつ、実質的には経済成長政策を優先した。貧困対応では「小さな政府」方針に沿うコミュニティ資源の活用を KALAHI で追求した。ニノイ・アキノ政権は前政権から引き継いだ KALAHI や 4Ps の規模を拡大して実施した。その過程でフィリピンの政治構造に因する貧困政策の不徹底や市場原理に基づく貧困対策の限界にわずかながら楔を打ち込もうとした点で特徴があった。

　コラソン・アキノ大統領以来、各政権がとってきた貧困対策にはそれぞれに特徴と独自性が見られる。一方で、こうした個別政権の特徴を越えた「国家」にとっての貧困政策の意味や意義はまた別の次元で理解されなければならない。次章でそれを検討してみよう。

第4章

国家と貧困政策
——民主化とガヴァナンス

1 はじめに

　1980年代以降どの政権もそれぞれに特徴的な貧困政策を実施してきた。また具体的プログラムでは国際機関で論じられてきた概念や他国で実証された成功例を積極的に取り込み現地条件に適用させる形で、独自性を発揮している。しかし、このような良策を以てしても政策効果は低く、貧困状況の改善は非常に緩慢である。いくらよく考案された政策も実施を徹底できなければ効果を生み出すことはできない。フィリピンでは実施が徹底しなかったり、意図とは異なる方向に利用されることが頻繁に生ずる。政策やプログラムの受け皿であるフィリピンの政治構造が、それらを独自の文脈に取り込んでしまうからである。

　本章ではフィリピン国家が貧困問題をどのように位置づけ、いかに対処してきたかを分析することを通じて、なぜ貧困対策が奏功しないのかという基本的な問題を検討していきたい。以下では先ず各政権の違いを越えたフィリピン国家としての貧困政策の諸特徴を整理したうえで、第二にそれらがいかなる政治的文脈や政治勢力関係の中から展開し、どのような結果を生んできたのかを検討する。そして第三にフィリピン政治文化の中における貧困問題と貧困政策を、地方政治の実態と国際ドナーへのアカウンタビリティの視点から考察する。そして最後に国家が貧困政策を通じて達成しようとしている歴史的課題について検討する。こうした作業を通じて、なぜフィリピン社会において貧困政策が機能しないのかを国家との関係で考えていきたい。

2 貧困政策の特徴

　民主化後約30年にわたりフィリピン政府は貧困対策を、少なくとも形式的には、重点領域として掲げてきた。各大統領は政権発足とともに貧困に関わる方針や政策を国民に対して提示することを求められた。コラソン・アキノ（1986 - 92）は農地改革の法制化と実施、フィデル・ラモス（1992 - 98）は社会改革アジェンダ SRA の推進と貧困政策全般の体系化を行った。貧困層の絶大な支持を受けたジョセフ・エストラーダ（1998 - 2001）は「貧困ケアプログラム」Lingap を掲げ貧困家庭への資金提供を行った。グロリア・マカパガル・アロヨ（2001 - 10）はコミュニティを主体として社会資本形成を目指す「貧困対策相互扶助」KALAHI を通じて小規模インフラの整備を進めた。そしてニノイ・アキノ 3 世（2010 - 16）は貧困家庭に子供の教育と保健プログラムへの参加を条件に現金を給付する「フィリピン家庭架け橋プログラム」4Ps を400万以上の世帯に実施した。このように各政権ともフラッグシップ政策を掲げ独自の展開を見てきている。しかしここでは各政権の個別性を越えて「フィリピン国家」に通底する貧困問題への対応とその特徴について検討してみたい。

　大統領が代わるごとに新しく提案される政策やプログラムにはそれぞれ具体的な理念や達成目標がある一方で、階級、社会諸集団間の対立を調整する機構としての「国家」、民主主義や開発といった新しい価値の制度化を行う機構としての「国家」によって政権の別を越えた意味が付与されている。以下では国家プロジェクトとしての貧困対策に見られる 4 つの特徴、政策内容の連続性、市場原理の普及、参加型アプローチ、地方分権について順番に見ていこう。

■**政策の連続性**　　第一の特徴は、1980年代から現在に至るまでフィリピン国家が追求してきた政策の連続性である。新しい政権が成立するたびに独自のフラッグシップ政策が打ち出されるため、それらは前政権の政策とは別個のものとして捉えられがちである。実際 Schelzig はフィリピン貧困政策に関して「単に前政権が執行した政策であったという理由で、よい政策も破棄されてし

まい、労力と資源の無駄を生んできた」と述べ、政策継続性の欠如を問題視している（Schelzig 2005：112）。しかし、実態としては各政権とも前政権の主要政策を引き継ぎつつ、それらに独自の改変を加えたり、また、前政権の教訓に立って新視点を盛り込んだ政策を提示している。コラソン・アキノ政権の最重要政策のひとつであった農地改革は1988年に法制化された（共和国法第6657号）。実施期限10年目を迎えた1998年にラモス政権は実績が十分でないとして、その執行を10年間延長する共和国法第8532号を通した。さらにその10年後のアロヨ政権下2008年時点で120万ヘクタール農地の改革が未着手だとして5年の延長を決定している。「拡大包括的農地改革法」（共和国法第9700号、CARP-ER）である[1]。ラモス政権は農地の分配のみならず受益者に融資、技術支援などを行う農地改革コミュニティ ARC プログラムを1993年に導入して、農地改革効果の定着をはかろうとした。農地改革政策を前提としてさらに受益農民の生産条件の整備と生活向上を狙ったものである。

　ラモス大統領期に基礎部門 Basic Sector と呼ばれる NGO や草の根組織の代表の政策過程への参加が制度化されたその萌芽は民主化後のコラソン・アキノ期の取り組みにある。地方自治法で NGO 参画を規定するのみならず、SEA などのプログラムで既に NGO を実施主体として取り込んでいた。またラモス期に貧困政策を社会改革アジェンダ SRA として体系化したことと、それを社会改革貧困対策法として法制化したことの意味は大きい。後の政府はこの制度と法律に基づいて、国家の恒常的政策領域として貧困問題に取り組むことが義務づけられたことになる。特にこの法律によって設置された国家貧困対策委員会 NAPC は、政策策定・執行機関ではないものの、それまで各省庁に分散していた貧困関連プログラムの執行を基礎部門代表と討議しながら調整し、政策実施上の効率化をはかる重要な役割を担うこととなった。委員長である大統領は NAPC を通じて貧困政策全般を管理することになった。貧困への対応と責任が国家制度と機構の中で明確に位置づけられたことを意味する。

　具体的プログラムが後の政権によって改良されながら引き継がれることも多い。アロヨ政権時に主要政策とされた KALAHI-CIDSS はラモス政権下で実施された「包括的社会サービス提供」CIDSS を引き継ぎ、それに地域主導の運

営形態を付け加えてプログラム化したものである。さらに KALAHI-CIDSS は
ニノイ・アキノ政権下のボトムアップ予算制度 BUB にその基本手法が引き継
がれている。具体的プロジェクトの決定過程に住民の声を反映させることが共
通して追求されている。ニノイ・アキノ政権のフラッグシップ政策とされた
「フィリピン家庭架け橋プログラム」4Ps は、アロヨ政権が2008年に導入した
ものである。それをニノイ政権がほぼそのまま引き継ぎ全国規模に拡大した。
マイクロファイナンスも各政権に引き継がれながら普及されたプログラムであ
る。社会改革貧困対策法を通じて国家の恒常的制度としても位置づけられた。
着実にマイクロファイナンス利用者は増え、2011年には248万人、127億ペソ規
模に拡大している（Habaradas and Umali 2013：6）。その源流はマルコス政権期
に遡る政府系マイクロファイナンス SEA である。コラソン・アキノ政権下で
は SEA-K として引き継がれ重要政策の一角を成した。ニノイ・アキノ大統領
も社会福祉開発庁の生活向上プログラムのひとつに位置づけている。

　以上のようにフィリピンの貧困政策は政権が交代しても主要な部分がほぼ次
政権に引き継がれ、継続的に実行されているものが多い。その背景として、政
策が議会を通じて法制化され、時々の政治判断に完全に委ねているわけではな
いこと、NAPC という一元的に貧困政策を推進する常設機関を設置したこと
が挙げられる。さらにそれらを可能にしたのは民主化以降の社会運動の圧力と
貧困を克服しながら競争的投資環境を整備しようとする国家の意向があったと
いえる。

■市場原理　　フィリピンの貧困政策に見られる第二の特徴は、市場原理の追
求である。貧困政策はそれのみ独立して立案されるわけではなく国家全体政策
の一環として取り組まれる。フィリピンはコラソン・アキノ政権以来、混乱し
た経済の立て直しを重要な政策目標としてきた。世界銀行、国際通貨基金
IMF からの融資と引き換えに新自由主義原理に基づく「構造調整政策」を受
け入れ、規制緩和、自由化、民営化を進めてきた。貧困政策もそれら構造調整
政策の一環として実施されてきた。そこに新自由主義的な原理が反映されるの
は当然だった。各政権の主要プログラムにそれが認められる。

第4章　国家と貧困政策 87

コラソン・アキノ大統領が法制化した農地改革は国家が地主の土地を買い上げ小作人に有償で分配する制度である。旧小作人が25〜30年の年賦で土地購入代金の支払い義務を負う点ではマルコス期の制度と変わるところはない。しかしラモス政権からエストラーダ政権の時期に世界銀行が推奨する「市場主導農地改革」MLAR の採用が進んだ（Borras Jr. et al. 2007 : 1558）。MLAR とは農地移転を可能な限り「所有の自由」原則に基づき行う市場取り引きである。広く採用された「協議移転」VLT はその象徴的な手法である。売り手である地主と買い手である小作人が国家（農地改革省）の介在なくして直接交渉によって土地移転を進める。国家による強制的接収ではなく市場原理を採用することで、地主の利益を確保する一方、小作人の利害は一部犠牲にされることになった。両者間の力関係を前提として地主に有利な高価格で取り引きされることが多かったからである。

　ラモス期以降国家政策として推進されたマイクロファイナンスは、資金調達に窮する小生産者や農家に少額資金を融資して収入向上の機会を与えるものである。個人やグループは自らの責任において融資を受け生産活動を行う。貧困者といえども国家や公的機関からの補助金や給付に依存するのではなく、自らリスクを負いながら経済活動を行い、困窮状態から脱することが求められる。マイクロファイナンスは貧困者自身に自己責任で融資を受け生活改善努力を求めている点と、貧困者に売買主体として市場に積極的に参加することを奨励する点において、市場原理に沿ったプログラムであるといえる。マイクロファイナンスは単に貧困者に窮状から脱する機会を与えるという役割だけではなく、貧困者を巻き込みながら市場活動そのものを活性化する役割をも果たしている。

　貧困政策の文脈で「エンパワーメント」概念が強調されることも市場化の流れと無縁ではない。アロヨ政権下で取り組まれた KALAHI プログラムは小規模インフラ整備をコミュニティでの決定に基づいて行う中で、住民・コミュニティを「エンパワー」し、社会関係資本形成に寄与しようというものである。プロジェクト遂行過程では、伝統的な相互扶助慣行 'Bayanihan' がスローガンとされ、住民間の協力関係の醸成、当事者意識 ownership の確立がその目的

に謳われた。プロジェクトに必要な予算の一部も地方自治体およびコミュニティ自体が負担する。これは貧困政策における国家介入の縮小を意味し、開発や格差の解消といった課題を、地域や住民の自覚と責任を高めながら克服しようとする姿勢のあらわれである。プログラムを通じたエンパワーメントによって、国家に依存せず個人努力やコミュニティ協力で問題に対処しうる「能力」を身につけさせる。それは国家による社会政策を縮小するための前提となる。またこのKALAHIはインフラを建設する過程で、住民に雇用機会を提供する役割をも果たす。社会全体が市場化する流れの中で、一般労働市場において雇用機会の得られなかった者に対する生計保障の場を提供するわけである。市場からこぼれ落ちた層を救済することで矛盾と不満を解消し市場機能そのものが崩壊することを防ぐ役割を果たす。こうしてKALAHIは貧困層の生活条件改善に関する全面的関与義務から国家を解放すると同時に、社会全体の市場化を推進する役割を担っているものといえる。

　一方、ニノイ・アキノ政権の「フィリピン家庭架け橋プログラム」4Psは市場原理から逸脱しているかに見える。なぜなら教育、保健面での条件を伴うとはいえ現金を「給付」する行為は、財やサービスを対価と「交換」する市場原理とは相いれないと一般に考えられるからである。しかし実際には4Psは次の2点において市場原理と調和する。第一に市場から取り残された層への下支えである。4Psはラテンアメリカでの実績を踏まえて世界銀行が2000年代に世界に普及した条件付き現金給付プログラムCCTのフィリピン版である。新自由主義的経済政策が低所得者層、貧困層に生活改善をもたらさなかったばかりかむしろ悪化させたという現実の中で、再度政府の直接介入が必要とされた。市場原理からこぼれ落ちる貧困層の生活を給付により支えることで全体としての市場が機能する環境を保証する。第二には、国内外からの投資を促進する経済成長戦略の中で、国家として良質の労働力を提供することが必要条件となる。良質な労働力の前提となる健康な肉体の確保と労働に必要な基礎的能力の涵養は市場原理だけでは実現し難い。国家が貧困層を対象にして市場で活用しうる良質な労働力の育成の一端を担い、労働市場にそれを提供する必要がある。4Psそのものは市場原理に基づく政策ではないものの、市場を活性化し維

持していくために人的資本の再生産を補完する国家の介入政策だといえる。

　以上見てきたようにコラソン・アキノの農地改革、ラモスのマイクロファイナンス、アロヨの KALAHI、ニノイ・アキノの 4Ps などの各政権の主要政策はいずれも貧困層を何らかの形で市場に巻き込むと同時に市場機能を維持する役割を果たしてきた。

■**参加の推進**　　第三のフィリピン貧困政策の特徴は、住民や貧困層の「参加」を一貫して追求してきた点である。1990年代の社会改革アジェンダ SRAは、市民社会組織 CSO を政府機関の共同パートナーとして社会改革評議会SRC に参加することを認めた。その参加方式は1998年に設立された国家貧困対策委員会 NAPC へと引き継がれた。農民、女性、インフォーマル部門従事者など14基礎部門の NGO 代表に、大統領および省庁代表者と同席をして議論をする機会が与えられた。アロヨ政権の KALAHI ではさらに地方への権限移譲を進め、住民がバランガイ、ミュニシパリティでプロジェクトの策定から執行まで参加するシステムが導入された。ニノイ・アキノ政権で導入されたボトムアップ予算制度 BUB では KALAHI の基本内容を引き継ぎながら、NGO を通じて地方自治体行政の中で住民意見がより反映されるような改変を加えた。KALAHI はコミュニティ住民の直接参加によるバランガイ集会での討議を重視したものの、実際には地方行政官や地方政治家の介入を招いてしまった。それに対して BUB では地方自治体の開発計画策定段階および地域プロジェクト選定・実施の段階に NGO を参加させ、可能な限り政治家、行政官に左右されない住民ニーズの汲み上げを狙いとした。

　こうした政策立案、討議、執行の各過程に住民の参加を認める諸制度の法的基礎は民主化後に制定された1987年憲法に求められる。国家における民衆組織PO の存在と市民的利益を擁護する役割と、あらゆる分野、段階での意思決定への PO の参加が規定された。さらに1991年地方自治法では NGO や PO が地方開発評議会への代表権を持つことが定められた。これらの規定が盛り込まれた背景として、1986年「ピープル・パワー」の展開やそこに至るまでの労農運動、社会運動の果たした大きな役割があることはいうまでもない。しかし、そ

れ以上に民主化以降に活発に展開してきたNGOや草の根団体の地道な実践取り組みがあったことも銘記しておかなければならない。

■地方分権　　第四の貧困政策の特徴は地方分権である。プログラム執行機能の多くが地方行政に移譲されつつある。住民やNGOの政策参加を促進するのと並行して、貧困政策の地方分権化、地方移譲も同時に進められた。ラモス期の社会改革アジェンダSRAではNGOやPOと並び地方自治体LGUも社会改革関連プログラムの策定や実施のための制度構築と能力開発の過程に参加し、一定の発言権が与えられた（RoP 1996：40）。1995年までに貧困対策の重点的対象に選定された20州（「クラブ20」）は翌年までにミュニシパリティ・レベル、バランガイ・レベルでのSRAを策定することが義務づけられた。貧困問題は地方レベルでそれぞれの実情に応じた対策を講じてこそ解決しうるという発想に基づいている（SRC 1998：595）。中央政府レベルにおいても貧困対策の地方分権化をはかるための機構が整備された。国家貧困対策委員会NAPCではその構成メンバーに全国州連合会長、全国政令都市連合会長、全国ミュニシパリティ連合会長、全国バランガイ連合会長も加えられ発言権が与えられた。

　中央レベルの政策過程のみならずプログラム実施過程においても地方行政の関与が求められた。ラモス期の包括的社会サービス提供プログラムCIDSS、アロヨによるKALAHI-CIDSS、さらにニノイ・アキノによるBUBはいずれも、住民を案件決定と実施過程に参画させると同時に、中央官庁地方事務所、地方自治体がその執行に携わり、実情に応じながら地方主導で進めることが目指された。一方4Psでは地方有力者による政治利用と介入の現実に対応して、地方自治体の関与そのものを排除し、中央官庁である社会福祉開発省DSWD地方事務所に執行権限を集中した。この点においても4Psは他の政策と方向性を若干異にしている。

　こうした貧困対策分野での地方自治体LGUの積極的な関与はもう少し大きな政治枠組みの中に位置づく。1991年の地方自治法（共和国法第7160号）によって公債発行権を含む様々な権限がLGUに付与された。開発政策関係では各行政レベルでの開発評議会LDCの設置が義務づけられ、その構成員の4分1以

第4章　国家と貧困政策　　91

上を NGO 代表に与えることが定められている（第106条）。LDC は自治体の
「総合開発計画」を策定するものとされたものの実質的はあまり機能していな
かった。ところが2000年代の半ばから国際的論調としてミレニアム開発目標
MDGs の達成に向けて貧困対策を地方レベルで取り組むことが明確に打ち出
され、フィリピン政府もそれに呼応する形で対応することとなった。内務地方
自治省 DILG が2004年に MDGs 達成のための地方行政レベルでのニーズの把
握と対応計画の策定を指示した[3]。さらに2005年に UNDP は住民参加の下ニー
ズの汲み上げをする「コミュニティ貧困評価システム」CBMS の検討と普及
に取り組み[4]、2009年には DILG がミュニシパリティ・レベルでの貧困削減計画
の策定と CBMS の実施を指示した。その後、ニノイ政権下で貧困政策の地方
での実行はさらに強化された。特に 4Ps の対象地域、裨益集団の選定は地域
レベルでの CBMS 活用を通じて把握された実態に基づいて行われるべきこと
が指示されている（NAPC 2010b：27-28）。

　こうした地方分権化が、住民ニーズのきめ細かな把握と生活の実質的改善に
成功しているか否かは単純ではない。地方行政官が住民の意見やニーズを誘導
してしまったり、有力政治家が意思決定に影響力を行使する実態は前章でも見
た。地方の政治構造や政治文化の中では必ずしも中央政府の政策意図が貫徹す
るわけではなく、パトロネージ慣行によって歪められるケースも少なくない。
ニノイ政権では貧困政策の地方での実施と定着を促進する一方、市長やミュニ
シパリティ長などによるパトロネージ介入を排除し、住民による直接の意思決
定と執行の実質化を政策課題として明示せざるえないほどであった（NAPC
2010b：29）。

　地方政治の前近代的運営や中央政治に対する優位性が国家レベルでも問題視
されるフィリピンにおいて、特に選挙時の票田となる貧困層に関わる政策を分
権化することは両刃の剣でもある。地元の票田を固めて中央政界に進出した地
方政治家にとって、地方政治のパトロネージ構造にメスを入れることは、自ら
の存立基盤の解体に同意することを意味するからである。しかしながら一方で
地方分権を推進することは、民主化以降のフィリピン政治が強く要求する方向
性であり、また国際的な潮流でもあるため政治家としては無視しえないのであ

る。

　以上見てきたようにフィリピンの貧困政策は、継続性、市場志向性、参加、分権化といった特徴を有している。こうした特徴が生まれてきた背景には貧困政策に関わる諸集団の利害と国家の追求する目標がある。それらを理解するには1986年政治的民主化の文脈と、国際支援に頼らざるをえない社会状況を踏まえる必要がある。次節ではこうした貧困政策が政府によって講じられてきた政治的背景について検討してみよう。特に、いかなる政治的文脈と勢力関係の中でそれらが形成されてきたのかに注目したうえで、それら政策の持つ意義を明らかにしていきたい。

3　政策の政治力学

　フィリピンの貧困政策は長年の実践と経験の上にたって、常に新しい開発思想や手法を取り入れる形で進化してきた。これまで見てきた政策や機構、そして制度が構築されてきた背景にはフィリピンの政治状況、国際機関との関係がある。同時に、それら整備された政策や制度が所期の結果を生んでこなかった背景にもフィリピンの政治状況がある。以下ではその実態を、第一に民主化と貧困政策の関係、第二に治安対策としての貧困対策の側面、そして第三に政策実施過程における政治介入の観点から具体的に見ていこう。

■民主化と貧困政策　　フィリピンで貧困政策が国家制度として継続性を以て講じられている背景の第一に政治的民主化が挙げられる。マルコス長期政権打倒時に社会運動民衆組織の果たした役割は大きい。戒厳令抑圧体制の下で蓄積した各階層の不満は、農民運動、労働運動、学生運動などの批判的勢力による半ば階級的運動として展開されながら、最終的には1986年に多様な階層のエネルギーを集約した「ピープル・パワー」という形でマルコス追放劇を生んだ。最終盤には反体制派のみならず穏健市民団体、都市中間層、財界、軍部までもが政権の交代を望みデモに加わった。その後成立したコラソン・アキノ政権はそれら諸勢力の寄り合い所帯となったため、それぞれからの矛盾する要望に翻

第4章　国家と貧困政策　　93

弄され不安定化した。アキノ大統領の指導力の不十分さも加わって政権は7度のクーデター未遂を経験するほど混乱した。しかしマルコス長期独裁政権に終止符を打ち民主化をもたらしたという点での正統性に揺らぎはなく、いかなる勢力も民主主義原理や民主的手続きの遵守を否定することは形式的にはできなかった。

　こうした政治環境の中で貧困政策制度化の基盤が築かれていく。ひとつには新憲法制定である。反マルコス姿勢を貫いた最高裁判事セシリア・ムニョス・パルマ Cecilia Munoz Palma を委員長として1986年に設置された憲法制定委員会には、人権派弁護士、政治家、研究者などが名を連ねた。民主派委員の参画により新憲法では貧困や人々の生活条件に関わる条項が随所に盛り込まれることとなった。憲法第2章「国家政策の基本原則」第9条は「国家は公正で活力ある社会秩序の形成につとめ、国民の繁栄と自立を保障し、適切な社会サービスの供与、完全雇用の実現、生活水準の向上、そして全ての人々の生活の質の改善のための施策を講じ、貧困から解放しなければならない」としている。これはマルコス期に制定された憲法内容を引き継ぎ改定を施した条項である（Pasimio 2000：267）。1973年憲法第2章第7条では「国家は、人々の快適な生活水準を保障するために、教育、保健、住宅、雇用、福祉、社会保障の分野における適切な社会サービスを提供しなければならない」と規定する。この条項に「ピープル」の要望をより明確に反映させ「貧困からの解放」の文言を盛り込んだ。さらに第13章「社会的公正と人権」では、「社会的、経済的、政治的不平等の解消」（第1条）を謳い、農地改革の遂行（第4-6条）、都市部土地改革と住宅整備（第9、10条）、保健（第11-13条）、女性（第14条）、人権（第17-19条）への取り組みを規定している。このように民政に直接関わる具体的な条項が整理されたのはまさに民主化がもたらした結果である。

　さらに、民主化は行政運営にも変化をもたらした。草の根活動家から財界、軍部に至るまでの寄り合い所帯でのアキノ政権では閣僚人事にも配慮せねばならなかった。在野の社会運動家も閣僚として迎えられることになった。人権派弁護士ジョーカー・アロヨ Joker Arroyo が官房長官、人権派弁護士アウグスト・サンチェス Augusto Sanchez が労働雇用省長官、医師で予防医療運動に

も関わるミト・パルド・デ・テヴェラ Mito Pardo de Tevera が社会開発福祉省長官に迎えられている。民政に近い行政を管轄する省庁ポストを社会運動家や人権派に割り当てる姿勢はその後の政権にも引き継がれるようになった。ラモス大統領は、財界寄りではあるものの NGO（「社会進歩のためのフィリピン・ビジネス」PBSP）出身のエルネスト・ガリラオ Ernesto Garilao を農地改革省長官に指名し、保健省長官には「バリオ（村）の医者」として名を馳せ、NGO「フィリピン農村復興運動」PRRM の代表もつとめたフアン・フラヴィエール Juan Flavier を起用した。エストラーダ期には農地改革省長官に左翼活動家であったホラシオ・モラレス Horacio Morales Jr. が採用されている。社会開発福祉省 DSWD 長官にはソーシャルワーカー出身のドゥルセ・サギサグ Dulce Saguisag が指名された。アロヨ大統領は、DSWD 長官を NGO 活動家であったコラソン‘ディンキー’ソリマン Corazon 'Dinky' Soliman に任せている。ソリマンはニノイ・アキノ政権でも引き続き DSWD 長官を務めた。

　国家の貧困政策を直接取り仕切る国家貧困対策委員会 NAPC の実質的責任者である委員会招集者は基本的に NGO や市民活動の指導者から任命されてきた。委員会招集者は閣僚扱いの重要ポストである。**表4‐1**は歴代の NAPC 委員会招集者の一覧である。E. ガリラオや V. ヴィラヴィセンシオのように PBSP といった政治的には体制寄りの NGO 出身者もいれば、H. モラレス（PRRM）や J. ロカモラ（民衆民主主義研究所 IPD）のように戦闘的左翼反政府活動に携わった経歴を持つ人物も採用されている。ただし、モラレスが政権参画した際には左翼陣営の中でも彼の政権内協力姿勢に対する批判的な声は上がったし、ロカモラは1990年代前半の左翼内部分裂の中で共産党を離れた経緯がある。それゆえ反体制活動組織の意向そのものが政府政策に直接反映されたわけではない。しかし、貧困層、低所得層の実情を知悉する者が政策に関与してきたことの意味は小さくないだろう。

　こうして政府政策の中枢に草の根的視点を持つ人物、あるいは社会制度の抜本的転換を目指した人々が関わっているのは、フィリピン民主化の築いた遺産である。

　草の根人材の政府機関への登用の効果は、政策立案にも表れている。貧困政

表 4 - 1　国家貧困対策委員会 NAPC 歴代委員会招集者とその経歴

政　権	NAPC 委員会招集者	任　期	主　務	経　歴
F. Ramos	Ernest Garilao*	1994 - 98	農地改革長官	社会進歩のためのフィリピンビジネス PBSP
J. Estrada	Orlando J. Sacay	1998	―	農業専門官，世界銀行顧問，IRRI 副所長
	Horacio Morales Jr.	1998 - 2000	農地改革長官	PRRM 代表，NDF 左翼活動家
	Dulce Saguisag	2000 - 01	社会福祉開発長官	ソーシャルワーカー，民間人材開発
G. M. Arroyo	Teresita Quintos Deles	2001 - 03	―	女性／平和運動，PILIPINA WAND，NPC
	Veronica Vilavicencio	2004		環境 NGO，中間技術 Approtech Asia，PBSP
	Datu Zamamin Ampatuan	2005		国連 ESCAP，ミンダナオ和平
	Domingo F. Panganiban	2006 - 10	農業長官	農業専門官，マサガナ99推進者
Ninoy Aquino	Jose Eliseo M. Rocamora	2010 - 16	―	民衆民主主義研究所 IPD，左翼活動家

（出所）　筆者作成

＊　NAPC の前身「社会改革評議会」SRC 委員長

策立案は政府機関の中でも国家経済企画庁 NEDA 社会開発部門 Social Development Staff が中心となって行い、分野に応じて農地改革省 DAR、社会福祉開発省 DSWD、労働雇用省 DOLE、内務地方自治省 DILG などが責任主体となる。政策やプロジェクト立案の過程でいわゆる多様なステークホルダーとの意見調整をすることが求められている。各省庁には他の機関、基礎部門、市民社会組織との連携をはかるべく、調整担当官を設置することが義務づけられている[5]。これは SRA で14分野の基礎部門の政策立案過程への参加を制度化したことへの官庁レベルでの呼応である。

　行政と市民団体の協力がもたらした成果としてマイクロファイナンス活動の制度化と貧困指標・評価システムの開発が挙げられる。現在政府重点政策のひとつに位置づけられているマイクロファイナンスは NGO や協同組合が従来から活発に取り組み普及してきたものである。1970年代に導入された政府の少額

融資プログラム SEA 以上に、NGO によるマイクロファイナンス活動は貧困層に浸透していった。草の根組織は定期集会の開催、スタッフ訪問による金銭管理指導、融資事業運営への助言などきめの細かい対応において優位性を発揮した。その後、政府は民衆開発信用基金 PCTF を設立し（1995年）、マイクロファイナンス国家戦略の策定（1998年）、銀行法改正（2000年）に取り組んだ経緯がある（太田ほか 2011：109）。草の根活動のイニシアティブの下で挙げられた成果に立ち、のちに政府が制度化した形である。

　貧困実態を把握する手法の開発も政府と非政府機関の協力によって取り組まれた。この分野では大学や研究機関が大きな役割を果たした。例えばラモス期のフラッグシップ政策包括的社会サービス提供 CIDSS の受益者選定手段として考案された「ミニマム基本ニーズ」MBN アプローチは、ユニセフとフィリピン政府が共同で行った「子供行動計画」策定のための「地域開発行政の為の総合アプローチ」IALDM から生まれてきた。そこではフィリピン大学公共行政・ガヴァナンス学部（UP-NCPAG）、内務地方自治省 DILG、社会福祉開発省 DSWD、貧困対策大統領委員会 PCFP、フィリピン開発研究所 PIDS、地方自治体代表が集って調査研究が重ねられた。こうした議論を通じて国際機関の提唱する開発概念に加え、地域住民の生活実態を反映させる形で MBN アプローチは考案された（Bautista V. 2002：10-11）。

　貧困をコミュニティの実情に即して把握する「コミュニティ貧困評価システム」CBMS も住民参加型ガヴァナンスを進める過程で生まれてきたものである。構造調整政策が住民やコミュニティに及ぼすネガティブな影響を把握するために、MBN アプローチを進化させる形で考案されてきた。カナダ政府「国際開発研究センター」IDRC [6] が1989年に国際的に発表した手法を土台として、フィリピン開発研究所 PIDS や地方自治体、さらにデ・ラサール大学アンヘロ・キング研究所 AKI が共同で精査してきた（Reyes and Evan 2009：10-12）。CBMS は 4Ps の対象者選定に活用されている。このように中央政府と地方行政のみならず研究所、大学といった非政府機関が積極的に政策、プログラム策定に関わってきた。必ずしも行政主導ではなく研究機関や NGO の提案が政策や制度に反映されている点にフィリピンの特徴があるといえる。

以上見てきたように、フィリピンでは政治的民主化が非政府主体による貧困政策や制度への積極的関与を可能にし、また貧困対応を国家制度化する力として働いてきた。国家運営、政策過程において住民や市民社会組織の声を反映するシステムを定着させてきたといえるだろう。

■治安対策　　フィリピンの貧困政策は民主化への応答の側面とは別に、常に国家の治安対策の一環として位置づけられてきた点も見落としてはならない。そもそも貧困対策制度化の先鞭となった社会改革アジェンダ SRA は反政府武闘勢力への治安対策として始まっている。1993年9月「民衆サミット」においてラモス大統領は「経済発展強化のための社会協約」SPEED を採択した際の演説で貧困地域東サマール地方での共産党新人民軍 NPA による反政府武力闘争に触れながら「国家独立以来47年にわたる政治的対立と経済停滞が我が国をして、成長と生活水準向上を謳歌する東アジア地域の例外国たらしめている」と述べ、貧困克服、社会問題解決への協力を呼びかけた。[7] その後、全国の様々な地域の広範な組織や住民と対話を重ねていった。中でも国軍による武力鎮圧作戦の対象であり、政治的和平交渉の相手でもあった新人民軍 NPA とミンダナオ・ムスリム解放戦線 MNLF への対応はその中心をなした。反政府軍との和解を目指す NGO「国民和平会議」NPC が SRA 推進過程における重要な役割を担ったことに政府の意図が象徴的に現れている。ラモス期の貧困対策と社会改革政策の目的は、反政府武闘集団の懐柔とそれを通じた国内治安の回復、そしてそれを投資環境の整備につなげることにあった。その点で次期エストラーダ政権のアプローチは大きく異なった。貧困解消を政権の最優先課題に掲げ、貧困ケア Lingap で一定のばらまき政策を行う一方、反政府活動に対しては強力な軍事鎮圧策で対応した。アロヨ政権では主要政策 KALAHI-CIDSS が、武力闘争集団への民政的対応としても位置づけられていた。2001年策定の『全国国内治安計画』NISP で採用された「包括アプローチ戦略」では、反政府軍対策は軍事作戦に加え、政治交渉、社会経済心理的アプローチを組み合わせる方針が謳われた。その中で貧困対策は重要な役割を担わされた（Devesa 2005：38-40）。特に KALAHI は紛争地域の開発事業において成果を上げること

が期待された（Devesa 2005：61）。このようにどの政権も貧困政策と治安対策を表裏一体のものとして位置づけてきた経緯がある。

　フィリピン国家にとって貧困対策の動機は必ずしも貧困層への憐憫や民主主義に裏付けされた人権保障にあるのではない。それは、「政治的超法規殺害」Extra Judicial Killing の実態に見て取れる。政治的超法規殺害とは、裁判審理など法的手続きをとることなく政治的な目的を以て市民を殺害することである。事件の実態解明が徹底しないため犯人が不明な場合が少なくない。しかし多くは国軍、警察、武力組織、ミンダナオ独立武力闘争組織、政治家私兵、マフィアによるものである（WOAT 2003）。フィリピン大学法学部教授 Al Parreno がアジア基金および米国国際開発庁 USAID の協力を得て行った調査報告によると2010年段階で把握されている超法規殺害837件のうち、執行者の57％が「不明」である。判明しているものでは軍関係者19％、反乱軍兵士12％、警察９％、公務員１％、政治家１％、市民自警団 CAFGU　１％である（Parreno 2011：9）。市民自警団は軍の指導の下、地域の治安維持を目的として組織される民兵である。反乱軍兵士と政治家を除いた大半は国家、行政に関わる主体によるものである。つまり報告された超法規殺害の少なくとも31％が国家機構と関連する者によって実行されたこととなる。一方2010年に判明している390人の犠牲者の内訳を見てみると、社会活動家32％、政治家15％、ジャーナリスト15％、農民10％、反乱軍戦闘員８％、弁護士５％、公務員３％、宗教関係者３％、裁判官３％であった（Parreno 2011：5）。ライバル関係にある政治名望家間の政争による犠牲者も含まれるが、社会運動指導者や批判的ジャーナリスト、社会活動を支援する教会神父や農民らが主たるターゲットになっている。

　表4-2はマルコス期からニノイ・アキノ政権（2012年まで）に至るまでに、政治的理由による行方不明者として報告された人数である。戒厳令を施行し強圧的政治を行ったマルコス期にはその数が多く、その後のフィリピン社会に超法規殺人を根づかせる土壌をつくった。コラソン・アキノ政権時は６年間で総件数が825件にものぼり、マルコス期20年間の被害者数に匹敵する。民主化によって反政府運動が活性化したことと裏腹に、政府部内では軍部が発言権を増し反体制勢力に対する強硬姿勢が強まったことが関係している。コラソン・ア

表 4 - 2　政治関連行方不明者の数（人）

政　権	報告被害者数	被害確認人数	不　明	生存確認	死亡確認
F. マルコス 1965 - 1986	878	878	613	138	127
C. アキノ 1986 - 1992	825	614	407	109	98
F. ラモス 1992 - 1998	94	94	46	38	10
J. エストラーダ 1998 - 2001	58	58	16	39	3
G. M. アロヨ 2001 - 2010	339	182	58	107	17
B. アキノ 2010 - 2012	17	12	7	4	1
合　計	2,211	1,838	1,147	435	256

（出所）　ANHR 2014：17
＊　元の数値は FIDH 2008

キノ大統領も軍部の動きを阻止しうるほどの指導力を発揮できなかった。さらに目につくのはアロヨ時代の被害件数の多さである。339件の報告のうち被害確認のできていないケースが157事例ある。

　表 4 - 3 はニノイ・アキノ政権下2013年 1 月から10月にかけて人権 NGO「フィリピン不当勾留追求」TFDP が確認した人権侵害例である。超法規殺害11件が含まれ、国家が強力を以て市民を抑圧する、あるいはそれを受容する基本的構造は変わっていないことが示されている。

　政治的超法規殺害は多数報告されながらも公的機関による実態把握調査と体系的追及が行われていないため、全貌を捉えるのが難しい。[8] Parreno の調査によれば、超法規殺害の多くは政治的動機を持ち、特にフィリピン国軍によって共産党左翼運動への関与を疑われる活動家、ジャーナリスト、神父らが主たるターゲットである（Parreno 2011：33, 35）。大統領や中央政府官僚が直接これらの超法規殺害を指示したり奨励しているわけではない。しかし、一方で生じた案件に対して事実追及や取り締まりなどの行政対応を徹底しないことも事実である。Parreno 報告では2000年から2010年にかけて明確に確認された305件の

うち、起訴されたものが101件（33.2%）、
有罪判決を下されたのはわずか4件
（1.1%）に過ぎない（Parreno 2011：24）。
アロヨ政権時に件数が急増した背景とし
ては、大統領の国内治安政策があった。
2001年9/11テロ以降、フィリピン政府は
米国の「テロとの戦争」に同調し、国内
「テロ組織」への対応を強化した。関連

表4-3　記録された人権侵害事例
（2013年1〜10月）

	件　数	被害者人数
逮捕・拘留	64	99
拷　　問	37	59
ハラスメント	12	395
超法規殺害	10	11
行方不明	8	10

（出所）　Task Froce for Datainees of the Philippines

してアロヨは2002年1月「自由の擁護作
戦」Oplan Bantay Laya を発表し、5年以内に NPA 等反政府勢力を一掃する
方針を出した（ICG 2011：8）。さらに2004年アロヨの選挙不正疑惑が浮上し諸
方面からの批判が高まる中、2006年2月軍部によるクーデター未遂事件が起き
ると、直後に大統領令第1017号を発して「非常事態」を宣言した。続けて「国
家の敵」に対する対応強化を警察、軍部に対して指示し、NPA 兵士のみなら
ず合法左翼運動、政府批判活動、社会運動などに関わる活動家、ジャーナリス
トを法的手続きを経ずに検挙、勾留する実質的な権限を与えた（Jimenez
2007）。このように国家が社会活動家を逮捕・勾留、訊問し、最悪の場合は殺
害までしてしまうことを実質的に奨励してきた。

　2010年時点で把握された390名の超法規殺害の犠牲者の地域別人数を見てみ
ると、最多が中部ルソン71名、2番目がビコール61名、次に東ビサヤス55名、
西ビサヤス地方45名と続く（Parreno 2011：2）。中部ルソン、西ビサヤスは伝
統的に農民運動や左翼活動が活発に展開し、現在でも多くの社会運動組織が拠
点を置く地域である。2番目のビコール、および3番目の東ビサヤスは2012年
の貧困率が41.1%、45.2%と非常に高く、現在でも NPA の活動が活発な地域
である。こうしてみると、フィリピン国家は貧困率の高い地域、そして社会活
動が活発に展開する地域を重点的ターゲットとして人権侵害行為と政治的超法
規殺害を行っていることが明らかである。

　フィリピン国家は一方で貧困対策の制度化を通じて貧困層の生活向上をはか
る姿勢を見せながらも、他方では社会変革や現状改善を目指す批判的勢力に対

しては強力を以てでも抑圧する姿勢を崩していない。このように国家の立場からすれば、貧困政策の目的は貧困の解決、貧困者の救済そのものではなく、貧困者を懐柔し治安を維持することにこそあるといえる。従って、政策評価も貧困が解決したか否かよりも、貧困層の不満を体制内化できるか否かに置かれる。貧困政策が貧困そのものの解消につながらない背景のひとつである。

■実施過程での骨抜き　フィリピンは、早くからアメリカ型民主主義制度を導入し、法による統治枠組みを整備する一方で、実質的に有力政治家、名望家が政治を大きく左右する構造にある。そうした有力政治家、名望家は貧困対策を含む社会政策を整備する際に、自らの利権や経済的基盤が直接侵害される時には明確な反対をするものの、利害浸食が直接的でない場合にはむしろ社会的正義と公正理念の実現に与して承認する。条件によってはそれらを自らの利害に取り込むことさえする。農地改革は前者のケースであり、地方での貧困関連プログラムは往々にして後者の例となる。

　農地改革による土地配分は土地所有者である有力政治家の資産を直接浸食することとなるため、法律の制定過程そのものが難航した。伝統地主家系出身の政治家が大半を占める議会において農地改革法制の論議は、院外での広範な改革要求と高揚する民主化の雰囲気の中で、形式的には社会公正理念を掲げつつも、実質的には可能な限り地主の資産を侵害せぬよう骨抜き化が再三はかられた。地主の土地保有限度、分配除外規定の拡大、実施猶予期間の設定、法人形態農園の株式分配改革方式等をめぐって院内外において激しい論戦が繰り広げられた[10]。地主政治家の抵抗に遭いながらも、包括的農地改革法は高まる社会的公正を求める声の中で成立した（太田 2005：183-194）。

　フィリピン社会は形式的には法治主義を重視するものの、実質的な制度運用では政治が介入し目的が大きく歪められることが多い。農地改革法を実施する過程においても地主がそれを逃れる様々な方法がとられた。大規模農園の場合、農民（農業労働者）に農園を解体することなく農園法人の発行する株式を分配する「株式分配方式」SDO が導入された。形式的には株式という形で資産が分与されながら農民（農業労働者）には何ら便益がもたらされないとして

批判された。コラソン・アキノ大統領の実家の所有するルイシタ農園にそれが適用されたことでも大きな社会問題になった（太田 1995）。2004年11月16日には改善要求を掲げてストライキをする農業労働者約4,000人に対して、労働雇用省パトリシア・サント・トマス長官の指示で1,000人以上の警官、武装兵士が動員された。警察兵士側が発砲に及び、子供2人を含む14名が死亡し、数百名の負傷者を出した「ルイシタ虐殺事件」を招いた（Dychi 2010）。その後農民らの闘争は続き、2011年7月には最高裁判所は農園側に対して農業労働者6,296人への農地分配を命じている（Meruenas 2011）。

　都市近郊では分配対象となる前に、農地を商用地、工業地、住宅地へと転換する「用地転換」が頻繁に行われた。農民は強制的に、或いは不十分な保証金と引き換えに放逐された。農業センサスによると、1980年代以降に工業化が急速に進んだマニラ周辺域のカビテ州、リサール州、ラグナ州、バタンンガス州、ケソン州を含むいわゆる「カラバルソン地域」CALABARZON では1991年に70万3千ヘクタールあった農地が、2002年には58万9千ヘクタールに、2012年には49万8千ヘクタールにまで減少している（PSA 2004；2015c）。1991年から2012年にかけて29.2％もの減少である。用途転換された土地は農地とはみなされないため改革を免れる。新しく導入された「協議移転」VLT も地主に有利な形で利用されることは当初から予測された。不平等な力関係を背景に小作人は地主の提示する高い価格で土地を買い取らされた。より悪質な例では地主に近い第三者に土地を分配した形をとり、従来耕作していた小作人を放逐するケースも見られた（Borras Jr. 2007：1561）。さらに後に問題化したのは、発行された農地の権利証「土地移転証明書」CLOA が‘行政手続き’を経て取り消されたり、受益農民が分配地の代金を25〜30年かけて償還し終った後に発行された「解放証書」EP が無効化されるケースが多々生じたことである。例えば、旧地主が分配された農地を第三者に転売し、司法にも手をまわしてその取り引きを合法化してしまったり、農地分配された土地が後日そもそも農地ではなかったとして行政上の取り消し手続きを行い CLOA、EP を無効にすることが実際に行われた。2003年時点で農地改革省が認定して取り消した事例は2,000件、面積にして37万6千ヘクタールに及ぶ（Parreno 2003：18-19）。この

ように貧困政策の一環として制定された農地改革法も実施過程で政治家や地主層が様々な手段を講じて抵抗し、利益保持をはかり、貧困農民に裨益しない多くのケースを生んできた。農地改革法は既得権益との利益対立を孕み執拗な抵抗が立法過程のみならず実施過程においても見られた。

　一方、社会改革貧困対策法のように直接利害の侵害を被る集団が明瞭でない分野での政策は比較的スムーズに審議が進み制度化される。フィリピンでは1990年代以降、社会政策分野の支出を急速に増やしているにも拘らず国政レベルで強い反対の声は上がっていない[11]。政府財政のうち社会サービスへの支出が1992年に32.9％であったのが、1997年 39.1％、1998年 44.0％、1999年 43.5％と急増している（WB 1998：4）。1990年代末はアジア危機によって打撃を被った社会諸階層への対応を求められる状況にあったにせよ、この大幅な増加が社会問題化することはなかった。

　貧困対策、社会政策関連プログラムをめぐっては政治家がそれらを私的利益の獲得手段として取り込んでしまうケースも多々見られる。低所得者向けプログラムに支出された資金が政治家によって不正利用される例は事欠かない。例えば、ラモス政権時、保健省長官に任命されたヒラリオン・ラミーロ Hilarion Ramiro は1996年25億ペソの医療設備医薬品調達費の中から、架空取り引き、過大価格設定による多額の横領、さらに業者へのコミッション要求などに関わったと指摘され辞任した。長官のみならず、副長官マヌエル・ロハス Manuel Roxas も「基礎保健ケア基金」5,000万ペソの流用、地方公立病院（ボホール、セブ、ケソン市）での水増し価格による医療品購入などに関与したとされる（Corotan 2000：19-23）。農業省においても1990年から92年にかけて農地改革関連プロジェクトおよびコメ増産用肥料購入のために充てられた１億ペソの大部分が不明金となっている。入札手続きなしの契約、通常価格の３倍での物資購入、種苗肥料の架空取り引きなどを通じた不明瞭な財政支出、政治家による契約価格の10〜50％のコミッション要求などが指摘されている（Sarmiento 2000：81）。こうした貧困関連プログラムに関するあらゆるレベルでの不正事例は枚挙にいとまがない。政治家や役人の不正利得行為によって、貧困層の生活改善に資するべき財源の多くが霧消している。

財政面のみならず、プログラム選定や実施過程においても地方政治家や有力者が住民の意向を大きく支配する。アロヨ政権による KALAHI はその目的が、コミュニティや住民のエンパワーメントを通じて生活環境・状態の改善をはかることにあった。しかし、前章でも見たように、住民やバランガイ・レベルの要望や意見よりも地方政治の中核を握るミュニシパリティ長や地方行政官の意向が強く反映している状況が多く見られる（Reid 2011：64）。その結果、プロジェクト内容の大半は地方有力者や役人の利益に結びつく道路敷設、水道整備といった物理的インフラ建設が占めることとなった。このように政策やプログラムが現場で実施される過程で、地方政治家、有力者が介入し利権化してしまう構造が一般化している。それに対して、ニノイ・アキノ政権下の国家貧困対策委員会 NAPC は警鐘を鳴らした。『貧困対策プログラム 2010 - 2016』では、中央官庁の政策執行機能を強化し、地方選出国会議員や州知事ら地方政治家による介入を排除すること、またコミュニティでのパトロネージ支配を排するために、ミュニシパリティ長（市長）の関与を制限し住民間の議論を透明化することが強調された（NAPC 2010：29）。こうした目標を達成するための対応が「ボトムアップ予算制度」BUB だったわけである。発言力、交渉力、組織力を持つ NGO や PO の参加で地方政治家や行政の介入を牽制することが目的である。しかし、実際にはその意思決定に参加する NGO の認定や具体的運営そのものが行政に一任され、当初期待された住民主導の意思決定が必ずしもスムーズに行われているわけではない（Parel et al. 2015：19；del Prado et al. 2015：15-16）。

　こうした実態の背景には政治構造の問題がある。特に地方政治において有力政治家のみならず官僚、地方役人が地域住民や政治に対して大きな影響力を保持している権力構造がいまだに機能している。

4　権力構造と貧困政策

　貧困政策は当然一定の政治文脈の中で実施される。それ故、貧困政策の取り組み実態や効果の評価にあたっては、その内容やプログラム自体に着目するだ

けでは十分とはいえず、それらが政策化されてきた政治的文脈や、また実行される政治文化についての検討が必要である。ここではフィリピンの政治文脈における貧困政策について、先ず強固な地方政治支配のあり方との関係について検討し、次に国際機関の関与がもたらす影響について考察をしていこう。

■**地方政治と名望家支配**　　貧困の存在と政治権力構造には密接な関係がある。フィリピンでは特定の政治名望家が大きな影響力を持つ。家族や親戚・姻戚で、議員、地方自治体首長など複数の公職ポストを占めることは珍しくない。例えば、ニノイ・アキノ前大統領は母親コラソン・アキノが大統領、父親ベニグノ・アキノ Jr. が上院議員、伯母マルガリータ・コフアンコがタルラック州知事、叔父アガピト・ブッツ・アキノは上院議員を経験し、従弟のパオロ・バム・アキノは上院議員である。前副大統領ジェジョマル・ビナイ Jejomar Binay は、妻エレニタ・ビナイ、息子ジェジョマル・ビナイ Jr. が順次マカティ市長を務め、娘ナンシー・ビナイは上院議員を務めている。このように有力家族親族が複数の公職ポストを得ることは珍しくない。フィリピンではこうした名望家の政界支配を「政治王朝」Political Dynasty という用語で表現する。最終的には廃案となったものの2015年には名望家の政治ポスト独占を禁ずる法案が国会で審議された。それだけ広く政界に影響を及ぼしていることを意味している。

　なかん就く地方政治において名望家の持つ影響力は大きい。農地や地場産業、開発事業など地域に密着した経済基盤と人的ネットワークを掌握しているが故に、彼らの影響力は、住民の日常行動を直接支配するほどに大きい。こうした名望家が地方政治を掌握するだけでなく、国家を食い物にしていく構造は多くの政治学者によって論じられてきた（Lacaba 1995；McCoy 1994；Sidel 1999）。支配を維持する基盤を中央政府財政、事業の許認可権、プロジェクト執行権などの国家資源に求めるのか、あるいは直接の暴力行使と威嚇に依存するのかに関して議論は分かれるものの、地方政治において少数名望家がいまだに大きな権限を握っているという点では議論の余地がない。**表4-4**は、アジア経営研究所 AIM の調査による地方公職ポストに占める名望家の割合を2010

年と2013年とで比較したものである。
州知事は80％以上、小選挙区制による
下院議員70％以上、ミュニシパリティ
長（市長）は65％前後と非常に高い率
を示している。さらに、下院議員を除
いて他のすべてのポストで名望家の占
める割合が2010年から2013年にかけて
増えていることも特徴的である。

こうした名望家支配と貧困の存在に
も密接な関係が見られる。**表4-5**は

表4-4　地方公職ポストに占める名望家の割合（％）

	2010	2013
州知事	81.0	81.5
州副知事	65.9	74.7
下院議員	76.2	74.2
ミュニシパリティ(市)長	65.1	66.2
副市長	48.8	50.4
州議員	56.3	57.4
ミュニシパリティ議員	41.2	41.7

（出所）　Canare et al. 2014：6

2012年における最貧困10州の貧困率と、地方公職ポストにおける名望家の占める割合を示したものである。[12] コタバト州とサランガニ州の名望家占有率はそれぞれ22.1％、32.9％でそれほど高くない。しかし、その他の州では名望家が公職ポストの4割以上を占めている。最貧困州である南ラナオでは59.5％に及ぶ。貧困の存在が名望家の存続を支えているのか、名望家の支配実態が貧困を再生産するのかという因果関係ははっきりしないものの、一般に政治名望家は貧困な地域により広範に見られるという事実が確認できる（Canare et al. 2014：3）。

特定の名望家が政治に大きな影響力を有する実態は、行政の私物化、予算の恣意的執行、公金の横領、超法規的行動による住民支配につながる。州知事、ミュニシパリティ長などの重要ポストの権限を利用して利権拡大と政治支持基盤の強化をはかることは珍しいことではない（Lacaba 1995；McCoy 1994；Teehankee 2007）。最貧困州のひとつマギンダナオ州ではそうした名望家支配が顕著な地域である。2010年時点では54の選挙ポストのうち、アンパトゥアン家Ampatuanが16を占め、ミドティンバン家 Midtimbangが7、マングダダトゥ Mangudadatu家が5と続く。この3家族が過半数のポストを占めている（Mendoza et al. 2013：3）。一旦、地方行政の長を獲得すればその見返りは小さくないために、これら有力家族間の政争は一層激しくなる。2009年11月、選挙活動中にエスマエル・マングダダトゥ州知事候補の家族、支持者、ジャーナリストら58名が山中に連れ去られ全員虐殺されるという事件が起きた。対立する現職

第4章　国家と貧困政策　107

表4-5 最貧困10州と名望家による公職
占有率（%）

州	2012年貧困率	2013年名望家占有率
南ラナオ	67.3	59.5
東サマール	55.4	54.1
マギンダナオ	54.7	55.6
北サンボアンガ	48.0	39.5
サランガニ	46.0	32.9
コタバト	44.8	22.1
東ネグロス	44.0	42.2
北サマール	43.5	52.6
西サマール	43.5	51.4

（出所） Mendoza et al. 2015

州知事の息子アンダル・アンパトゥアン Jr. の指示によるものとされる。その後の会計監査院 COA の調査によってマギンダナオ州行政会計のうち2008年に「人件費」として支出された37億ペソの実態がなかったことが報告されている（Arguillas 2010）。

西サマールも最貧困州のひとつである。そこではタン Tan 一族が主要政治ポストを握る。2001年に病院経費として支出された1,700万ペソに物品購入実績はなかった。社会政策・開発費として支出された140万ペソが当時のミラグローソ・タン州知事 Milagroso Tan の個人的資金として流用された。2008年にもダランでの道路敷設に1,920万ペソが支出されたにも拘らず道路の敷設実態はなかった（Balea 2013）。行政ポストを得ることは財源を握ることであり、チェック機能の働かない行政全般を掌握することを意味する。

このように貧困地域では名望家支配の傾向が強く、また行政運営、開発政策や貧困対策の施行過程が私物化される実態がある。問題はなぜこうした構造が維持されるのかである。第一の要因として、皮肉なことながら民主主義の基本とされる選挙制度が挙げられる。多く得票したものが政治ポストを獲得するという民主主義ルールが伝統的な権力支配構造と結びついて現代における政治の私物化に寄与する。従来、封建的な地主小作関係の中でパトロン・クライアント関係が形成され、地主による日常の温情的対応に対して、小作人が選挙時に投票という形で恩に報いるとされてきた（Lande 1965）。時代を経て経済関係の変化、都市化、人の流動化、情報の流布、NGO など非伝統的勢力の介入、社会的価値観の変容などが旧来の温情的な関係にも変化をもたらしてきた。政治の掌握を狙う有力者はこうして変動する状況の中で浮動票をつなぎとめる必要がある。そのひとつの手段が現金による選挙票の買収である。これは選挙時に

各地でいまだに広く行われる行為である（Alejo et al. 1996；Burgos 2013；IPC 2005）。

　しかしこうした小さな利益供与だけで確実に票を確保することは簡単ではなくなっている。社会変動に加えて、特に民主化以降は NGO や市民団体によって、貧しい人々の間にも「人権」「参加」「説明責任」「透明性」といった新しい価値が浸透してきている。売買票は法的にも倫理的にも問題視されるようになってきている。Kawanaka が市長の名前をとって「ロブレド方式」と名づけたナガ市での住民意見を反映する政治実態はそうした新しい変化の中から生まれてきた（Kawanaka 1998）。ナガ市のロブレド市長は社会正義理念を掲げて、草の根組織と連携しながら選挙で伝統的候補に勝利し、民衆の生活に資する政治を行った。草の根の支持を受けて首長ポストまで獲得するケースは例外的であるかもしれない。しかし、住民の選挙票が以前にもまして浮動化していることは間違いない。こうした状況の中で選挙票を獲得するために名望家は買収のみならず物理的な「脅し」を利用する。有力政治家が私兵を囲い込み、選挙時に対立候補者や支援活動家を脅迫し、殺害することも珍しくない。暴力を背景にした脅しによって選挙民の票を確保する。マギンダナオ州や、スルー州、ラナオ州などの、より治安の不安定なミンダナオの諸地域だけでなく、セブのデュラノ家、カビテのレムーリャ家などはあからさまな脅しと暴力を使って住民および選挙票を管理する好例である（Sidel 1999）。

　名望家支配の第二の要因は選挙民の意識にある。貧しい状況に置かれているからといってすべての者がその現状を改変するために積極的な政治的行動をとるわけではないし、また抜本的な変化につながる投票行動をとるとも限らない。アジア経営研究所 AMI が票の買収が頻繁に行われるマニラ貧困地区において行った調査によると、選挙時に候補者から有権者に提供されたものは現金が22.8％、コメ等食料15.6％、就職口斡旋等の口利きや支援15.6％である。こうした買収を提示された有権者のうち88％が実際にそれらを受領している。つまり、差し出された提供物を断ったのは12％でしかない。さらに受領者の69％が金銭・物品を供与した候補者に投票したとされる。こうした投票者の80％が投票の理由を、「金銭・物品受領の対価として投票した」とはいわず、「候補者

が気に入っているから」と答えている点も興味深い（Mendoza et al. 2013：26-27）。

　マカティ市長から政治家としてのキャリアを始め、後に副大統領までつとめ、2016年には大統領選挙にも出馬したジェジョマル・ビナイはスラム出身の人権弁護士であり、学生運動家としてマルコスの強権支配と闘った経歴を持つ。社会不正に批判的なビナイはマカティ市長着任以降、腐敗行政の立て直しで手腕を発揮する一方で、やがて合法とはいえぬ政治資金作り、地域集票ネットワークの利用、暴力の使用、自身の家族親族による政治ポスト獲得など旧来伝統的政治家が行ってきた手法に手を染めていった（Gloria 1995）。ビナイの現実主義的対応ともいえるが、反面、社会や住民側にそうした慣行を期待する政治文化が頑迷に存在していることを物語っている。

　フィリピン文化研究所 IPC によると貧困者らは選挙を現状変革の手段と捉えると同時に、賭博・娯楽として楽しまれる「闘鶏」Sabong のようなゲーム感覚で捉えているという複雑な選挙観を持つとされる。そしてその行動の正邪に拘らず、貧困者と直接接する候補者を好む傾向が明らかにされている（IPC 2005：81-85）。これらを考え合わせると、貧困者は金銭提供にしろ、直接の訪問にしろ目に見える形で自らの「存在」や「尊厳」を認める候補者を支持する傾向が見て取れる。それが合法か非合法か、あるいは伝統的な政治支配構造の温存につながるのか新しい政治システムへの変革につながるのかは彼らにとって大きな争点ではない。

　貧困住民自身が有力者や名望家の支配する政治構造の維持に協力をしている状況を以て、彼らが「無知である」、「能力・判断力がない」とみなすのは短絡的である。それは提供される金銭物品の誘惑と暴力による脅しを前にした貧困者らの合理的判断に基づく有力者への「支持」だといえる。所与の限定された条件の中でより現実的な生活戦略を立てようとすれば、可能性の低い根本的な現状改革を希求するよりも、現状の中で少しでも利益ある方法を選ぶ方がリスクが低い。また提供されたものを受け取る行為は、小さいながらも確実な果実を確保する合理的な行動である。ただし、こうした短期的合理性が長期的利益につながるとは限らず、むしろ客観的には生活条件を制限する矛盾構造の継続

に自ら寄与することになる。こうして貧困者をも巻き込む形で継続する名望家支配構造が、富の再配分を妨げ、政策執行の不効率を生み、貧困を構造化しているといえる。

■国際機関とアカウンタビリティ　フィリピン政府による貧困政策は第2章、第3章で見たように緻密に策定され、政権を跨いで引き継がれるごとに改善をみている。同時に開発をめぐる国際社会の議論動向、国際機関の提唱する新概念を迅速に取り込んでいる。つまり政策の達成目標や内容は、国内実態を前提としているだけではなく、国際的な議論動向や国際機関との関係など国外的要因を多分に反映したものとなっている。

　フィリピンは冷戦期にアジア反共防波堤の一拠点として位置づけられアメリカのみならず、世界銀行など国際機関から多額の援助が供与された。マルコス期に援助受け入れ額は膨張し、政権の崩壊した1986年には対外債務総額が国民総所得GNIに対して89.9％にまで達した。その後徐々にその比率は下がったものの、対GNI比が50％を下回まわるのは2005年（45.2％）まで待たなければならなかった。2008年以降その比率は20％台で推移し、2015年時点では22.0％となっている。貧困政策では大きな影響力を持つ世界銀行からの援助は1995年（51.9億ドル）にピークを迎え、その後減じて2009年には26.9億ドルとなった。しかし再度増加傾向にあり2015年には46.6億ドルとなっている（WB 2017）。このように国際機関の対外援助に大きく依存するフィリピン政府が、好むと好まざるとに拘らず、援助機関の方針や方向性を受容することは何ら不思議ではない。

　ラモス政権時のSRAは国内治安対策としてだけではなく、1995年コペンハーゲンでの国連「社会開発サミット」に照準を合わせて準備されたものであった（OoP 1998：1-9）。その基本的理念や手法には1980年代以降世界的な民主化の波の中で広まった「参加型開発手法」の視点に加え、地域や個人に焦点をあてるミクロな開発を重視する「人間開発」の視点を取り込んでいる。もっとも、単に国際的な議論を取り入れるだけではなく、反政府活動を軍事的に制圧することの限界を認識する中で住民の意向を汲み上げる必要に迫られたとい

う国内的事情をも反映している。人間開発は、経済成長促進のために良質な労働力を育成する経済運営上の必要性と合致したものとしても受け入れられた。

　マイクロファイナンスが国家の重要政策となる契機を与えたのは1996年米国国際開発庁 USAID 支援による「国家マイクロファイナンス戦略」の策定である。それ以前から展開していた草の根レベルでの活動が USAID の関与によって国家政策として整備されることになった。ここにおいても外国機関が大きな役割を果たしている。

　アロヨ政権期のフラッグシップ政策 KALAHI は世界銀行支援の下で始まった。既に実績のあったインドネシア「クチャマタン開発プログラム」の手法をフィリピンに導入したものである（ADB 2012：1）。KALAHI で実際に追求されたのは、コミュニティ・レベルでの道路、水利施設、学校など小規模な物理的インフラ建設を進めることで、地域や住民を「エンパワー」し相互扶助と自主的な改善姿勢を増進することであった。さらにそれを通じ住民間に社会資本の形成を促して行政の役割を縮小していくことであった。2002年には世界銀行から１億ドルが融資された。[13] 2004年には米国の「ミレニアム・チャレンジ公社」MMC から１億２千万ドルの追加融資があった。MMC は9/11同時多発テロ事件、アフガン侵攻の後、貧困がテロ活動の温床だとの認識に立ち、G. W. ブッシュ米大統領が設立した機関である。アロヨ政権の『国内治安計画』NISP（2001年）はこのアメリカの動きに呼応するものでもあった。フィリピンには共産党新人民軍 NPA、ムスリム過激集団の武装闘争が展開していたため、治安対策として KALAHI を強化することになったのである。

　ニノイ・アキノ政権の主要政策 4Ps はラテンアメリカの国々で実績のあった「貧困家庭現金給付プログラム」CCT を世界銀行が採用し各国に普及をはかってきたものである。世界銀行は2002年にメキシコで、2004年ブラジル、2006年にはトルコで国際会議を開きその普及を各国に奨励した。またミレニアム開発目標 MDGs の貧困解消、健康増進、教育普及といった複数の課題を同時に追求する有効な手段としても位置づけられた（Brooks 2015：560）。フィリピンは 4Ps に関連し世界銀行から2009年に４億500万ドル、2015年にはアジア開発銀行から４億ドルの融資を受けている。

このようにフィリピンの主要な貧困政策は、基本的に国際機関の開発理念や方向性と軌道を合わせる形で進んできた。それはフィリピンの官僚が国際社会の論調を素早く取り入れて政策化する能力が高いことを示しているだけでなく、政府が国連、世界銀行、アジア開発銀行などの国際機関からの融資や援助、先進国政府の ODA を獲得するために求められる条件でもあった。出資機関の理念や手法に合わせてプログラムを提案しなければ融資は認められない。

　こうして国際機関に資金的にも理念的にも依存する体質はアカウンタビリティ上の問題を惹起する。実施される政策の結果や課題に関するアカウンタビリティは当事者である貧困層にではなく、国際機関に向けて果たされる。各事業の評価報告書が頻繁に作成されるものの、それらは基本的に融資元である国際機関への提出を前提としており、国内での政策論議や再検討を目的としたものではない。国際機関にとっては最終的に融資金が適正に使途され返済されること、またプログラムを通じて国際機関の導く方向へと政策誘導しえているか否かに主たる関心があるため、個別プログラムが目標値に照らして期待通りの結果を得ているか否かはいわば二次的問題となる。さらには、国際機関が直接交渉する相手は、現体制を維持する政治家、官僚であるため、彼らの地位を揺るがすような根本的な状況改編や権力構造の転換、さらには既得権益を侵しかねない政策は考慮の外となる。結果として貧困を再生産する政治構造を含めた現状の範囲内での政策実施を求めることとなる。

　国際機関や外国援助主体が直接、政策ターゲットの貧困者に接したり彼らの声や要望を汲み上げるチャンネルは実際にはほとんどない。国外機関が貧困者の民意を直接把握する機会がないのは、国家主権、国家政治機構の存在を前提とすれば当然のことだろう。しかしフィリピンでは国内政治システムにおいても民意を直接把握する制度が整備されているとは言い難い。一般に民意を集約して政治に反映させる役割を果たすべき政党制度はほとんど機能していない。政党は組織として存在しつつも、それはほぼ政治家の議席確保、政治ポストや予算配分上の機能を果たすに過ぎず、政治理念や政策目標を実現するための機能をほとんど持たない。[14]一方 NGO は住民に深く関与しその状況や要望を把握できるものの、それをいつも行政や政治制度に反映させるわけではない。中央

政府の貧困政策討議の過程においては NAPC に NGO の参画が制度的に認められ、地方の貧困政策に関しては地域開発評議会 LDC、地方貧困削減行動計画 LPRAP、KALAHI、BUB などへの NGO の直接参加が認められている。しかし、参加を認められる団体が行政の恣意的判断に左右されたり、逆に排除される団体もある現実の中で、NGO が一般民意を汲み上げ行政上の意思決定に反映させる役割を果たすことは容易ではない。

このように国内政治機構において貧困者や住民の要望やプログラムに対する評価、不満を汲み上げるチャンネルは必ずしも整備されていない。政策ターゲットでありプログラム当事者たる貧困者の要望や不満は顕在化することなく、アカウンタビリティは専らプログラム実施組織と援助機関との間の問題となる。予算使途については厳格な報告が求められるものの、政策効果や実態改善状況については寛容である。こうした中、政策やプログラムが予定通り実施されなかったり、所期目的が達成されなかったとしても半ば許容される体質が生み出されている。

以上見てきたようにフィリピンでは地方政治家が民主主義制度に則りながら住民支配を維持する構造が続いており、貧困政策もこうした政治構造にしばしば取り込まれる。それが貧困政策の不徹底と貧困継続の背景を成す。一方で、国際機関は新しい政策概念や手法を導入しつつも、国内の権力構造や政治状況に対しては不介入の立場をとるため、実質的に地方政治家の住民支配を追認するばかりか、プロジェクトへの資金提供を通じて政治家の裁量を高め、支配構造自体を強化する役割を果たしている。また貧困層の声を直接政治に反映させる制度もチャンネルも存在しないため、国際援助機関によるアカウンタビリティも形式的なものにならざるをえず、援助プログラムの効果が強く追求されることもない。こうした政治状況の中で貧困が再生産される。

5 国家的課題としての貧困政策

ここではもう少し視野を広げてフィリピン国家にとって貧困政策の持つ歴史的な意義について考察してみよう。各政権の取り組みや個々の政策は策定者や

実施主体の直接的意図を越えて、歴史的文脈の中で社会全体に対する客観的な作用と変化をもたらす。ここでは貧困政策を、第一に国家の資本蓄積事業との関係において、第二に国家の国民統合事業との関係において検討していこう。

■資本蓄積過程　先ず資本蓄積過程に果たす役割である。貧困政策は資本主義経済の基本条件としての土地と労働力の「商品化」commodification をフィリピンの歴史文脈において促進する役割を果たしてきた。マルクスの指摘する資本主義への移行過程に伴う「原始的蓄積」、ポラニーの述べる資本主義への「大転換」に相当する歴史的過程の促進である。とはいえ、17、18世紀のヨーロッパとは異なりフィリピンでは既に資本主義的経済制度や近代民主主義制度が導入されているため、それはあからさまな暴力的過程として進行するわけではない。現代のフィリピンでは国家による貧困政策が、民主主義的な手続きを踏みながら土地と労働力を封建的関係から引き剝がしそれらを資本、商品として資本主義経済の中で流動化させる役割を果たす。

　農地改革政策は封建的大土地所有制度を廃止して土地の資本としての利用を促進する（Briones 2000）。土地は無償で接収されるわけではなく、地主には代償として現金および債権が支払われる。受益者たる農民は年賦で土地代金を支払う。封建的な農地所有と生産関係が転換され、個人所有を前提とする農地経営が推奨される。同時に土地の流動化と所有権の売買を制度的に可能とした。地主層は改革に唯々諾々と応じたわけではなく、様々な抵抗と回避手段を講じた。接収を逃れるための農地の用地転換が多く見られた。当初予期されなかったこうした改革の回避行動でさえも、客観的には土地の封建的運営から資本主義的利用への転換の一助として機能した。つまり農地が工業用地、商用地、住宅地などの他用途に供され、商業資本、産業資本が展開する基盤が提供されたことになる。

　労働力商品化をめぐっては、地主・小作関係、独占的農園主・農業労働者関係といった封建的な人的緊縛から農民を解放して、自由に資本主義的契約の結べる労働力を創出するといった単純な過程として進んできたわけではない。フィリピンでは既に農村においても、都市においても自由で流動的な労働者は

多く存在し、むしろ多くが失業、不完全雇用状態に置かれている。つまり労働力は農村から引き剝がすまでもなく既に「過剰」な状態にある。現代のフィリピンにおける労働力の商品化とは、グローバル経済の展開する中で工業、サービス分野で外国資本を惹きつけられるレベルの良質な労働力の創出を意味する。そのためには豊富な「資源」である貧困層を活用することが有効な戦略となる（WB 1990）。実際、近年の世界の貧困政策は医療保健と教育の充実に力点が置かれ進められている。それはとりもなおさず健康な肉体とより高い能力を持つ労働力を再生産することに主眼が置かれているからにほかならない。フィリピンでは貧困者を有能な労働者として養成するための条件やサービスの提供がCIDSS、KALAHI、4Psを通じて行われてきたのである。ただし、労働市場は全ての労働者を十分に吸収できるほど大きくはない。さらにいえばすべての貧困者が雇用労働者になることは期待されていない。むしろ多くの者には既存の労働市場に頼らず自助努力によって生計を立てることが推奨される。それを促進するのがマイクロファイナンスである。つまり低所得者層に対して自己責任で生活の基盤を築いていく条件を提供する。この場合、労働者は雇用関係に入るのではなく、いわゆる自営業主としてインフォーマル部門に参入する。マイクロファイナンスは農民であった者、家庭に留まっていた女性を市場経済活動のプレイヤーとして参入させる推進役を果たしている。

　貧困政策を通じて国家は土地、労働を商品化するだけでなく、それらの市場の創出と拡大にも積極的な役割を果たしてきた。農地改革は小作農、農業労働者に土地の個人所有権を付与することで土地取り引きを可能にする前提をつくった。とはいえ農地を自由に売買することが許されているわけではない。農地改革で得られた土地や土地代金の償還が完了する前に発行される「土地権利証書」CLOAの売買や、抵当としての利用は基本的に禁じられている。しかし、実際には旧地主がそれらを「回収」し転売したり、農民が抵当に入れて借金をするなどの実態がある。農地に関するインフォーマル市場が既に機能している（USAID 2011：8）。インフォーマルあるいは非合法であるだけにこれらの取り引きの実態を把握するのは難しい。さらに農地改革逃れのために用途転換された商工業用地は既に売買の対象となり、また借地として供されるケースも

多い。農地改革が意図せず生み出した土地市場である。

　都市部貧困者地域におけるコミュニティ融資プログラム CMP や土地所有権の確定は、法的根拠なく居住する者に近代法制に基づく個人所有権を付与する過程である。資本主義は私有を基本とし、所有権の無いモノに市場的価値はなくそれらの交換も成立しない。これまで公有地に許可なく「不法」居住していたスラム住民に、対価を支払わせて所有権を与えることは、交換可能な商品として土地を位置づけ、所有権の移転とともに土地を流動化させる前提を用意したこととなる。CMP に基づき獲得された土地も、土地代の償還ができなければ接収されやがて流れる。スラム地域からの立ち退き（再定住）でさえ、都市部で「不法」占有されていた公有地を再開発の対象とし、工業地、商用地といった具体的目的のために利用していく。資本の流動化に伴う土地再利用の一環をなしている。

　低所得者層に住宅を供給する「社会住宅」プログラムは、住宅市場の拡大に大きく貢献してきたし、今後のさらなる可能性も期待されている。最大の住宅関連業界「住宅・宅地開発協会」SHDA の通商産業省 DTI 投資委員会への報告によると、2012年から2030年にかけて必要とされる住宅は全国で623万戸となり、そのうち一戸４万ペソ以下の「社会住宅」の需要は158万戸25.4％を占めるという。さらに社会住宅にさえ手の届かない低所得者の住宅需要150万戸を合わせると、４万ペソ以下の低価格住宅の需要は全体の48.7％であると推計している（SHDA 2015）。貧困対策としての住宅供与が住宅市場、不動産市場の活性化の一助となっている。

　1990年代後半以降のマイクロファイナンス制度の整備は金融市場の拡大に貢献した。2000年中央銀行法の改定で、マイクロファイナンスを制度的金融業として位置づけたことにより、従来の運営の主体 NGO や協同組合に加えて商業銀行も参入し、顧客としての低所得者の争奪戦が始まった。マイクロファイナンス団体や商業銀行から重複融資や借り換えを勧められて、結果として多重債務に陥る貧困層も生まれた（Charitonenco 2003；太田ほか 2011）。

　貧困政策の中で教育と並び保健医療分野を重視するのは世界的な潮流である。健康保健関連の貧困政策も医療分野の市場を創出拡大するのに大きな役割

を果たしてきた。東南アジア地域は世界で最も「医療の市場化」が進んだといわれる地域である。[15] フィリピンでも基礎保健、健康診断の普及、コミュニティ医療センターの整備などに取り組んできた。2003年に政府が始めた「バランガイの薬屋」Botika ng Barangay プロジェクト、翌年より始まった「国民の薬屋」Botika ng Bayan プロジェクトは貧困層に薬を廉価で普及することを狙いとした（Picazo 2012）。価格の安い薬が提供されることで貧困者は従来以上に入手できる機会が高まる。フィリピンの医薬品価格は国際的にも非常に高いため、低所得者にとって廉価で薬を提供する政府プログラムは大きな意味を持つ。こうした政策は貧困者に薬の購買を促し薬品関連市場の拡大につながる。実際、全国民の医薬品への年間支出が2008年に663億ペソであったのに対して、2015年には2,220億ペソへと7年の間で3倍以上に伸びた（Reyes et al. 2011：12）。医薬関連業界もフィリピンの人口規模と医薬品市場の伸長から将来の商機の可能性を高くみている（Pacific Bridge Medical 2014）。[16] 低所得者層を対象とした健康保健政策は医療関連市場の拡大を促進してきたといえるだろう。

　こうして国家は貧困政策を通じて農村部、都市部の土地、労働力の商品化を促進し、土地、住宅、薬品の市場創出に大きな役割を果たしてきたのである。

■国民統合　　フィリピン国家にとって貧困政策の第二の意義は、それが「国民統合」を進める重要な一手段だということである。ここでの「国民統合」とは、植民支配から独立して新国家を建設するにあたり多様な集団をひとつの「国民」としてまとめ上げていく過程とは異なる段階での「統合」である。そもそもフィリピンは20世紀初頭にスペイン植民統治からの独立を目指す過程で国民国家としての実体形成が進んだ。1897年独立革命において指導者らはルソン、ビサヤス、ミンダナオ各地域の団結と「フィリピン人」としての一体性を訴えた。その後、米国自治領統治（コモンウェルス）下の自治政府運営（1898 - 1946）約30年の間に全国を網羅する選挙制度が定着し、フィリピン国民の形成が進んだ。

　そして、戦後国民国家として独立して半世紀以上が経った現在、貧困諸政策は上記とは異なる次元での国民統合を推進する役を担っている。ここでの「国

民統合」は以下の3つの課題の克服として取り組まれている。第一に国家体制を承認する国民としての統合である。国家体制への帰属を受け入れず、それを強要する統治機構そのものを破壊ないしはそこから離脱しようとする集団を統合することを指す。ミンダナオ地域で独立闘争を展開するムスリム集団や、反体制武闘活動をする共産主義新人民軍NPAがその対象となる。これら集団による抵抗を治め、彼らを国家の構成員として統合し、同時に国家秩序の安定を実現することを目的とする。これはスペイン支配からの独立以来進めてきた国民国家創出の試みと本質的には同じで、現代的文脈の中で展開される継続的過程である。これらを達成するためにSRA、ARC、KALAHIといったプログラムが実施されてきた。ムスリム独立闘争地域、NPA作戦展開地域は貧困地帯とほぼ重なる。貧困政策は体制に不満を持つ集団への慰撫策であり、彼らの国家への服従と恭順を勝ち取ることを目的とする。それを達するために軍事作戦、超法規殺害などの暴力行使が貧困政策と同時並行的に行われることは何ら不思議ではない。

　第二の統合は中央政府機構を認め法を遵守する「国民」としての統合である。国家構成員としての帰属に対しては明確に異を唱えないとしても、多くの住民は絶大な影響力を持つ地方政治家の支配に服し、必ずしも中央政府の制度枠組みに従って生活を送っているわけではない。公職に就く地方政治家は予算、人事、政策のみならず警察、司法をも管理下に置く絶大な権限を握る。人々は国家に帰属する「国民」ではなく、地方政治家に生殺与奪の権を握られた「地域住民」であるに過ぎない。貧困関連政策はこうした構造に楔を打ち込む役割を担っている。農地改革は地方有力者の経済的基盤を解体し、住民支配の物質的条件を崩すだけでなく、地主と小作の人的緊縛とパトロン・クライアント関係を断ち切る政策でもある。1970年代マルコス期の農地改革ではそれを明確に意識してライバル政治家の農地を主要ターゲットとしてあからさまな形で行った（太田 1994）。1980年代以降は政治的民主化の流れの中で高まった農民組織やNGOなどによる社会公正実現の要求と、封建的農地の有効活用を目指す国際機関の意向が相俟ってそれを推進してきた。さらに地方レベルの意思決定過程の抜本的な改変のために、住民、コミュニティの参加制度を積極的に

構築してきた。その具体的対応が KALAHI であり BUB であった。これら貧困関連政策は、地主や有力者の支配する地方政治圏から貧困住民を解放し「フィリピン共和国」の国家機構へと実質的に組み込んだうえ、中央政府の規範と法体系に服従させるという歴史的事業の一端を担う。

　第三の国民統合は、フィリピン国家の中で応分の役割を果たす「市民」としての統合である。一般に住民は単に国家に帰属するだけではなく中央政府の制度、政策の庇護を受け、同時に義務を果たすことが期待される。しかし多くの貧困者の場合、法や制度に従って義務を果たしても生活条件が整うことはなく、また国家によって生活が保障されるわけでもない。であれば貧困者にとって国家に服従する合理的理由はどこにも見あたらない。貧困政策は生活や生計に関わるサービスを直接提供することで貧困者に権利・義務の主体としての自覚を促し、またその資質を身につけさせる手段でもある。CIDSS によって国家が貧困層の基本的ニーズを提供すること、マイクロファイナンスを通じて国家が貧困層の生産活動と収入向上の契機を与えることは、彼らの私的領域に国家が介入することでもある。それは貧困者の生活と人格を国家機構、公的領域に依存・服属させることをも意味する。生存に関わる社会権を付与することは、国家にとっては権利主体である貧困層の生存に責任を負うことを意味し、一方、社会権を与えられる貧困層にとっては権利を担保する国家制度および国家そのものを承認し、それらを受容することを意味する。さらに国家は貧困者に権利義務の主体である以上に、社会で積極的な役割を果たす「市民」としての自覚と行動を求める。こうした意図を如実に表しているのが 4Ps である。条件遵守を通じて良質で健康な労働力の創出と、国民経済に資する人材の育成を追求する。国家は貧困者が、資質ある労働者として生産活動に従事し社会に積極的に貢献することを要求する。さらに受給家庭には「家庭改善セミナー」FDS への出席を義務づけ、家族の役割、家計改善の方法、子育てのあり方などの、社会的規範と規律の受容を求める。これらが参加者に受け入れられているか否かは別として、その政策的意図は、貧困者に対して因襲的慣行や怠惰を改め近代社会制度に合致する市民意識と行動規範を共有させ実践させることにある。こうして国家は貧困政策を通じて貧困者を、実質的な権利義務主体とし

て、また社会的役割を果たすべき近代国家の「市民」として統合、包摂してい
くことを追求している。

　このように貧困政策は単に社会正義理念の実現、社会的要求への応答として
機能するだけではなく、一方で資本蓄積と国民統合というフィリピン国家の歴
史的事業を促進する役割を担っている。

6　む す び

　フィリピンにおける貧困対策は、政治社会状況と無縁に実務的手法として取
り組まれてきたわけではない。むしろ現実の政治社会的文脈に組み込まれる中
で具体的な機能を果たしてきた。貧困政策は国家権力関係の重要な争点のひと
つであると同時に国家構造改変の契機のひとつでもある。

　貧困政策は、第一にフィリピン国家機構の中枢を担ってきた既得権益集団で
あるエリート政治家、地主有力層による権益の維持確保と、貧困層による生活
基盤の確保という従来の利害対立を前提として、民主化という政治動向の中で
勢力バランス上の変化を伴いながら駆け引きが展開されてきた領域である。民
主化は低所得者の参加や発言の機会の拡張に寄与してきた。国家は民主化と同
時に進行した経済のグローバル化、自由化への対応として貧困層を排除するの
ではなく、むしろ彼らを労働力として積極的に取り込み活用する方向で対応し
てきた。そして国家は貧困層の不満の表出としての反体制運動を貧困対策を通
じて懐柔し治安を回復して、投資環境整備につなげる役割をも果たしてきた。
民主化に加えて低所得者の生活向上を後押ししたのは国際機関である。世界銀
行などの国際機関は資金提供と同時に新しい開発理念や制度、手法の導入を迫
り貧困克服や貧困層の生活改善を求める。しかし一方で、国際機関は被援助国
の政治状況には立ち入らないという姿勢を貫き、潤沢な資金で実質的に既得権
益集団を政治的にも経済的にも支えることになる。結果として貧困政策は現状
改変を掲げながらも、既存の政治勢力関係を強化することになる。

　民主化の流れはこうした状況の中で必ずしも貧困層の権利を擁護拡大する方
向で一方的に作用してきたわけではない。そこには既得権益集団による反発と

抵抗があり、また様々な制度逃れや政策の私的利用があった。法治主義の定着や選挙民主主義の普及とは裏腹に、インフォーマルな圧力や暴力による政治支配や名望家による地方政治の掌握が構造化されている。貧困プロジェクトは貧困層の生活改善に資すると同時に、その執行に付随する資金と権限が既得権益に利用され、従来の政治構造を支える役割をも果たしている。こうして既得権益集団と貧困層が、それぞれ国際機関や国内外NGOの支援を利用・活用しながら国家の枠内で抗争し合う領域が貧困対策、貧困政策である。

　第二に、とはいえ貧困政策は権力関係の変更を迫る契機をも提供する。伝統的政治家やエリート層が地方政治および国政の中核を支配してきた中で、開発プロジェクトの意思決定や実施過程への貧困層の参加は一種の新風である。フィリピン国家は諸制度・政策を形式的には整備していながら、その執行能力が高いとはいえず、むしろ「強い社会」を構成する個々の地方政治家が制度や資源を恣意的に利用することを許してきた。近年の貧困政策は、そうした政治家の経済基盤の接収（農地改革）や、地方プロジェクトに関する意思決定への貧困層の参加（KALAHIやBUB）を通じて、政治権力関係の変更をはかろうとしている。そもそも名望家に簒奪される国家に政治的正統性はない。貧困問題への対処は既得権益の「実質的支配」と貧困層の「理念的正統性」が闘わされる領域だともいえる。こうして貧困政策は従来の政治構造を改変する契機を提供する。

　経済のグローバル化、自由化に対応するうえでも貧困地域の構造的な政治経済問題を解決して治安の安定化をはかることは喫緊の課題でもある。貧困政策は旧来の社会制度に埋もれたままの土地と労働力の商品化を進め、それらの新しい市場を創出して、経済構造転換と資本蓄積過程を推進する国家事業の一角を担う。さらに貧困政策はこれまで排除されてきた貧困層を「国民」「市民」として国家制度の枠組に組み込み統合する事業でもある。

　グローバル社会において、弱いながらもフィリピン国家は貧困政策の遂行を通じて、こうした歴史的課題に取り組んでいるのである。

第5章

貧困と市民社会
——参加と政治文化

1 はじめに

　フィリピンでは貧困やそれに関連する社会問題に対して国家や行政から独立した市民やNGOなどの自主的な活動が深く関与をしてきた。それらの活動や運動が貧困層の生活環境の改善に果たしてきた役割は小さくないうえ、フィリピン政治体制の転換や制度構築にも大きな影響を与えてきた。しかしそうした市民活動の活発さがいつも貧困層にとって肯定的な結果をもたらしてきたわけではない。市民活動自体の進展や社会条件の変化、政治文脈の変容によってその役割は複雑化してきた。

　本章では民主化以降のフィリピンにおける貧困問題と市民社会の関係について、市民社会組織 CSO: Civil Society Organization の動態と役割に着目して検討していく。「市民社会」に関する議論は時代の変遷とともにその焦点と論点も大きく変化してきた。市民社会は歴史的には階級対立の枠組みで論じられた。国家と家族を仲介する中間領域として、封建社会では進歩的役割を、資本主義社会では搾取・抑圧的役割を果たすものとされた。しかし戦後、欧米諸国の高度経済成長期以降、生存や生産関係に直結しない人権、環境、アイデンティティといった社会問題をめぐる「新しい社会運動」が展開してきたことに加えて、1990年前後の冷戦崩壊過程が東欧社会主義諸国の市民運動を契機としてもたらされたことから、階級論に必ずしも拘泥しない市民社会論が主流となってきた。そして政治的民主化の「第三の波」（ハンチントン）の流れに合流する途上国の政治的変革の推進勢力として都市中間層や彼らが担う組織運動が

123

市民社会論の焦点となってきた。[1] 本章ではフィリピンの貧困問題のあり方に深く関連する CSO の活動とその役割に焦点をあてて貧困と市民社会の関係についての検討をする。

　フィリピンは「NGO 大国」と称されるように CSO の活発な活動が政治体制の民主化や、市民参加型政治制度の構築と運営に大きな貢献をしてきた。しかし皮肉ながらそれらの積極的な活動と寄与自体が、NGO の保守化を促進し、貧困を再生産する現在の政治構造を補完する役割さえ演じている。本章ではこうした貧困問題をめぐる CSO の実態に焦点をあてながら、新しい市民社会の動きと従来の政治構造が「接合」する状況について検討していく。

　以下では先ずフィリピンにおける CSO の全体像を概観したうえで、1980年代以降それらが貧困問題に対してどのように関わってきたのかを整理する。さらに民主化後に変化しつつある CSO の役割について論じ、政治との関わり、国家との連携について検討を進める。

　なおここでは政府行政組織とは別に活動する主体を市民社会組織 CSO と呼び、そこに NGO や PO、相互扶助を目的とした協同組合、慈善団体などが含まれるものとする。一般には民間企業を CSO に含めることがよくある。しかし、営利を目的とする企業は社会的課題を任務に掲げて活動する組織とは視点や活動形態が異なるためここでは CSO から除外して論じていくこととする。

2　市民社会組織の隆盛

　フィリピンの NGO 活動は1990年代に「途上国の中で最も規模が大きく、かつ良く組織さている」と評されていた（Clarke 1998：68）。その後アジア開発銀行 ADB もフィリピンを「世界で最も NGO が発達し、制度化された国のひとつ」であるとしている（ADB 2007：3）。フィリピンの政治や社会運営でも NGO を含む CSO は、その存在を抜きにしては語れぬほどに大きな役割を果たしている。

　CSO の実数の把握は難しい。全てが行政や管理団体に組織登録されているわけではないことに加え、CSO を一元的に統括したり統制する機関も存在し

ないからである。また機関や論者によってその「定義」もまちまちである（ADB 2013：2）。Cariño は様々な形態の非営利 CSO の数を24万9千から49万7千と大きな幅を持たせて推計している（Cariño 2002：84）。

　CSO は政府機関からの活動許可・認可を受ける必要はなく文字通り自由に活動することができるものの、外部資金の獲得、税金控除、政府関連事業の受託などの便宜を享受したり、一般市民からの信頼を得るために組織認証を受けることが多い。政府の証券取引委員会 SEC に「非営利部門」として登録をする団体は多い。2008年3月時点で76,512団体が SEC「非営利部門」の認証を受けている（CODE-NGO 2008：23）。その他、団体の事業活動内容によって、農地改革省、保健省、労働雇用省、社会福祉開発省、国家貧困対策委員会など関連する官庁の直接認証を受けることもある。認証は政府事業への参画、実施事業の受託などの前提条件となる。

　行政による登録・認証とは別に、組織・活動の公正さや社会からの信頼を保持するため自主的な認証制度が開発系 NGO の連合体である「開発 NGO ネットワーク連盟」CODE-NGO によって運用されている。認証を受けるには組織実態、活動実績、会計報告の提出など厳格な条件が求められる。CODE-NGO は12の CSO 連合と地域連合によって成り立ち、人権や貧困、社会公正の実現を促進、強化する役割を担い、また政府へのアドボカシー活動を通じて公共政策の改善を目指している。2016年時点で1,600団体を組織している。[2]

　CSO は数が多く活発に活動を展開するだけではなく、実際に政治動向や社会運営にも大きな影響を与えてきた。前に見たように NGO は1987年憲法によって社会運営や政府政策の策定・遂行過程に参画する主体として位置づけられ、1991年地方自治法では各自治体「地方開発協議会」に代表を送る権利が認められている。さらに NGO 出身者が農地改革省、保健省、社会福祉開発省等の民政や貧困問題に直接関連する省庁の長として任に就き、政府運営に携わる。

　こうしてフィリピン社会で市民権を得てきた CSO の内実は多様であり、全てが社会問題に取り組み貧困改善に関わるわけではない。自らも実践家である David は NGO を大まかに図5-1のように分類している（David 1998：27-31）。

第5章　貧困と市民社会　125

図 5-1 フィリピンの市民社会組織 CSO の分類

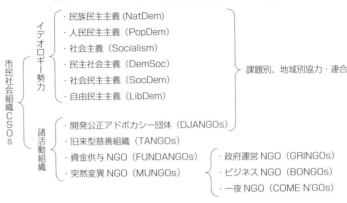

(出所) David 1998：28 Figure 1 より

先ずは左翼運動にみられる政治的理念に基づく「イデオロギー勢力」と、草の根レベルでの住民生活、福利、健康保健、コミュニティ活動などに関わる「諸活動組織」に分けられる。前者の中でも掲げる理念が共産主義、民族民主主義、社会民主主義、自由民主主義であるかによって類別される。非合法地下活動を展開しながら同時に合法的運動を組織する団体も少なくない。David による「諸活動組織」の内訳は多様性に富む。開発 Development、公正 Justice、アドボカシー活動 Advocacy に関わる団体を DJANGOs と呼ぶ。これらは貧困、コミュニティ組織、女性などに関する組織活動や政策提言活動を展開する。一般に NGO 活動といった時にはこの DJANGOs の実態を指すことが多い。それに対して突如の困窮や災害被災など火急の課題に直面した個人や家族を対象に、モノやサービスを供与する組織を「旧来型慈善組織」TANGOs：Traditional NGOs と分類している。TANGOs は DJANGOs と協力共同するものの、住民間やコミュニティで継続的組織活動をせず一時的な物資供与で終わることが多い。一方、草の根活動や PO に対して活動資金を提供する組織を「資金供与 NGO」FUNDANGOs：Funding Agency NGOs と呼ぶ。企業や海外 NGO からの財源をもとにして、実際に運動を展開する NGO を財政的に支援する。さらに政治的民主化以降、国際機関、外国政府、海外 NGO から多く

の資金提供がなされるに及び、それらを獲得することを目的として多数の団体が現れた。これらを David は「突然変異 NGO」MUNGOs：Mutant NGOs と呼ぶ。中には政府が主導して組織された「政府運営 NGO」GRINGOs、企業や財界が主導する「ビジネス NGO」BONGOs が存在する。さらには実質的な活動実態はないにも拘らず資金獲得を狙う詐欺的な「一夜 NGO」COME N'GOs も少なくない。以上 David が分類するように、CSO にもその理念や形態、目的や戦略が様々で、必ずしも貧困是正や社会公正実現などの社会的目的を追求する組織ばかりではない。資金獲得のみを目的とする団体もあれば、語義矛盾のようだが政府主導非政府組織さえ存在する。

　そうした多様性を持ちながらもフィリピンでは CSO が常に政府とは異なる課題を提示し、貧困者の視点に立って社会正義を体現する駆動力、社会変革の旗手としての役割を果たしてきた。それ故に一定の市民権をも得てきた。こうした社会における信頼が逆に政府や財界、政治家に利用されていく要因にもなったし、CSO 自体の変容をも生んできた。

3　貧困問題と市民社会組織

　市民社会組織 CSO は貧困問題に対してどのように関わり、いかなる影響を与えてきたのであろうか。ここでは CSO の政策策定過程への関与、行政運営への制度的参画、政府プログラムの実施過程への協力、そして独自展開活動について検討してみよう。

　第一に貧困に関わる具体的政策策定への関与である。これは民主化後のコラソン・アキノ政権期に、新しい政治制度づくりが模索されるプロセスで進んだ。特に農地改革、環境問題、人権、地方分権、健康保健、ジェンダーの分野では NGO が先導的役割を果たす場面が多く見られた（Aldaba et al. 2000：673）。例えばフィリピンにとって戦後最大の社会的課題ともいえる農地改革の法制化は、農民団体をはじめとする様々な CSO によって展開された大々的な運動がその推進力となった。「フィリピン農民運動」KMP、「全国農民運動連合」PAKISAMA など13の農民団体ナショナルセンターが結集し1987年5月に

第5章　貧困と市民社会　127

結成した「民衆農地改革会議」CPAR は、1992年の解散まで議会内外で大々的な運動を展開し、政府政策の策定に大きな影響を与えた。当初は CPAR の独自案を市民派下院議員ボニファシオ・ギリエゴらを通じて国会に提出し、農民に益する改革の制度化を企図した。法案は議会の多数を占める大土地所有議員らの反対に阻まれ廃案となった（Villanueva 1997：89）。しかし院内外でのCSO の積極的な意思表示と運動の展開は、地主層が多数を占める議会からも一定の譲歩を引き出すことになった。制定された「包括的農地改革法」（共和国法第6657号）では過去の政策に比較して農民に有利な条項がいくつか盛り込まれた（Villanueva 1997：89）。従来コメとトウモロコシ栽培地に限定されていた改革の対象を全作物栽培地に拡大したこと、個人所有農地のみならず法人所有農園、プランテーションをも分配対象としたこと、地主の土地保有限度を従来の7ヘクタールから5ヘクタールに抑えたこと、受益者に農業労働者も加えたことなどである。

　都市スラム政策においても CSO の果たした役割は小さくない。スラム住民組織を束ねた「都市貧民組織会議」NACUP が政府による強制立ち退き政策に対する抗議活動、居住権を求める運動を活発に展開したことが、1986年に政府をして「都市貧民対策大統領委員会」PCUP を設置せしむるに至った（Carroll 1998：122）。常設機関 PCUP の発足は政府が都市スラム問題に対して場当たり的にではなく体系的、継続的に対応する方向づけをした。政府スラム政策の基本となる「都市開発住宅法」UDHA（共和国法第7279号）の成立にも CSO は大きな役割を果たした。教会系 NGO「司祭・財界会議」BBC などの活発なロビー活動、さらに法案策定の為に結成された「都市土地改革準備会」ULR-TFが下院の「都市計画開発委員会」に対して積極的に働きかけた。こうした運動の結束が「不動産・建設業界会議所」CREBA など業界、財界の強い抵抗を抑える形で1992年3月 UDHA の制定につながっている。多くの都市貧民が当初望んだ土地所有権の付与は実現しなかったものの、立ち退き手続きの法制化と厳格化、立ち退き代替補償措置の明確化、社会住宅の提供などが法的に認められたのは CSO 活動のもたらした成果であった（Carroll 1998：126-128）。都市貧民政策に関しては地方レベルにおいても CSO が積極的役割を演じた事例がい

くつかある。南カマリネス州ナガ市では「ナガ市都市貧民連盟」NCUPF のロビー活動が、1989年ナガ市庁における「都市貧民関連局」の設置を実現している。また NCUPF は中央政府のコミュニティ融資プログラム CMP 関連条例の整備と実施を市行政に迫っている（Angeles 1997）。ナガ市ではこうした活発な CSO 活動が行政と住民との定期的な対話の土台をつくり、住民の意向を積極的に取り入れる開明的な市政を実現し、行政と NGO や住民との定期的対話が定着する一端を担った[3]。以上のように民主化後1990年代までの制度揺籃期には CSO が積極的な活動を展開して実際の国政・地方政治の政策に大きな影響を与えてきたことがうかがえる。

　第二の特徴は、CSO の行政関与が制度化されたことである。長い間 CSO は、言論活動、デモや集会、政治家へのロビー活動などを通じて行政や議会といった正式な意思決定機構に外から圧力をかける存在であったのに対して、1990年代のラモス政権以降は CSO が行政の意思決定過程に直接関与することが制度化されてくる。1994年に始められた社会改革アジェンダ SRA で政府は14分野にわたる NGO の代表を社会改革評議会 SRC に参画させ政府役人らとの直接協議を制度化した。後にそれは社会改革貧困対策法に基づく国家貧困対策委員会 NAPC に引き継がれ、大統領や関連各省庁担当官と同席し意見交換する恒常機関となった。NAPC は政府機関の策定した政策を CSO の意見をもとに再検討したり、プログラム遂行にあたって行政と CSO の協力のあり方を模索する機能を果たす。限定的とはいえ、こうして政府の討議過程に CSO が定期的に関わり、行政と意見を交える機構が設置されたことは画期的であった。地方行政においても1991年地方自治法により地方行政レベル（州、ミュニシパリティ）の地方開発協議会 LDC に NGO、PO 参画の権利付与されたことは既に見た（第106条）。CSO の活動形態には中央レベルでの制度参画よりも地方レベルでの参画制度の方がより大きな変化をもたらした。地方自治法実施にあたり23の NGO 全国ネットワークが「全国地方自治調整会議」NCCLG を結成して CSO の地方行政への有効な関与のあり方を検討した。同時に地方自治法は、行政計画や開発プロセスにおける協力関係を築くために行政による CSO の「認証」を推進した。地方行政に参加する資格を得るために内務地方自治省

DILGへの認証申請をしたCSOは全国で数千に及んだ。結果としてそれまで在野にあった多くのCSOに法的地位を与えることとなった（George 1998：229）。つまり、CSOは「非政府組織」として行政とは一線を画し自律的な活動をする存在であったものが、政府・行政に協力参画することでより大きな公的責務を負うと同時に行政機構の一端に組み込まれ、完全な自律的存在であることを放棄することにもなったのである。

　制度整備がなされたとはいえCSOの地方行政参加が必ずしもスムーズに進んだわけではない。地方開発評議会に参画するCSOが州知事やミュニシパリティ長など地方有力政治家の意向を受けて選出されたり、そもそも地方開発協議会が開催されないケースも少なくない（George 1998：229）。CSOの中でも行政への参加の是非をめぐって意見が分かれた。CSOに対して政府行政への参加の門戸が開かれた1990年代前半は、フィリピンの社会運動に大きな影響力を有したフィリピン共産党CPPや左翼運動の内部でも路線対立と分裂が進行したため、連動してCSO界でも相互不信や対立が広がった。門戸を開いた行政に積極的に参加をして漸次的改革を目指す主張と、あくまで行政とは一線を画して体制の根本的変革を追求する主張とに別れた[4]。それ故、地方行政においてCSOがどれほどの影響力をもたらしたのかは、地域に拠点を持つCSOが行政にどれほど積極的に働きかけたかという要素だけではなく、それ以上にその地域におけるCSO間の抗争や力関係に左右されるのが実態であった。

　近年は、貧困政策の中でCSOの役割が再度見直されてきている。NAPCの重要政策ボトムアップ予算制度BUBは、NGOやPOに住民の要望を取りまとめそれを意思決定過程に反映させる役割が期待されている。有力政治家や行政官に左右されない住民の要望をまとめ上げ、それをプロジェクト案件に反映させられる存在として地域NGO、POが評価されているのである。

　このようにその内実に課題があるにせよ、貧困層や住民の意を代弁し、また彼らの利害を実現する仲介者としてCSOが、貧困に関わる行政や政策決定過程に恒常的関与をする機会が制度化されてきている。

　貧困問題とCSOの関係における第三の特徴は、CSOが行政の貧困対策プログラムの実施過程、特に地域に根差した社会サービス提供行政に広く関与して

きたことである。中でも健康保健分野は1991年地方自治法によって地方分権が最も進んだ領域である。490の公立病院、1万2,850にのぼる農村保健センターRHUsやバランガイ保健センターBHSsが中央政府保健省の管轄から地方治自体に移管された。保健省の地域医療職員の75％にあたる4万5,945人がバランガイ、ミュニシパリティ、州レベルの職員として配置換えとなった（Atienza 2004：32）。こうした地方分権の動きを支えたのはCSOによる草の根レベルでの活動であった。フィリピンでは1960年代初めから「コミュニティ保健プログラム」CBHPsの取り組みが始まり、それは後に「プライマリー・ヘルス・ケア」PHCと改称されて現在も続けられている。世界で最もラディカルな保健行政の地方分権化事例であるフィリピンの実態を支えたのはこうしたCSOの貢献である（Atienza 2004：28）。自治体によっては知識と経験が不足し分権化された保健行政に対応しきれない場面もあった。行政の手が回らない部分の多くをCSO活動が補完することで保健事業が維持された例は少なくない。ソルソゴン州のミュニシパリティ、イロシンIrosinやブラカン州のミュニシパリティ、バリウアグBaliuagといった保健行政分権化の成功自治体ではその最も重要な要因がNGOやPOによるきめの細かい住民への対応であった（Atienza 2004：50）。住民の生活に密着した領域でCSOの果たす役割が大きいことを物語っている。

　農業分野では、農地改革コミュニティARCの例が挙げられる。ARCはもともとCSO実践の実績の上に立ってラモス期にSRAの一環として制度化された経緯がある（WB 1996）。ARC組織運営では地域NGOの関与を前提としており、実際その役割も小さくない（ADB 2012：4）。農地改革に限らず農村全般の改善に関してもCSOが大きな役割を果たしてきた。知識と経験、技能を蓄積するCSOが、行政による農村での貧困対策、農業政策、住民組織に関連して貢献してきた。例えば1952年に設立された「フィリピン農村復興運動」PRRMは農民組織分野で豊富な経験を持ち多くの実績を残してきた。時に反体制勢力の一角を担い政治動向にも大きな影響を及ぼす存在であった。2011年時点でPRRMの地方支部が2つの行政区開発評議会（Region）、4つの州開発協議会（Province）、3つの市開発評議会（City）、20のミュニシパリティ開発評

議会に参画し、さらに PRRM と協力関係にある PO が 2 つの市開発評議会、13のミュニシパリティ開発評議会に参画している（PRRM 2011：8）。地域状況や住民生活に精通した CSO が行政機構に参加することで農村の実情を行政計画に反映させるだけではない。長年の経験から蓄積してきた住民組織やプロジェクト運営のノウハウでは行政にない高い専門性を備えている。加えて、PRRM は外国 NGO との交流や国際会議への参加も積極的に行っているため、農村開発や住民組織に関する国際議論動向にも明るい。CSO は地方自治体や担当行政官に不足した知識や視野、技量や経験を以て先導的役割を果たしてさえいる[6]。

　社会的弱者や貧困層へのプログラムを多く実施する社会福祉開発省には2009年時点で約700の CSO が登録をし、実際のプログラム実施過程で協力をしている。マニラ首都圏で関与する CSO は児童青年の福祉分野で122団体、女性分野7 団体、家族・コミュニティ分野37団体、高齢者分野 2 団体、障害者分野13団体を数える（DSWD 2009）。貧困層の現金収入を向上させるためのマイクロファイナスに近年は地域銀行、大手商業銀行も関わるようになってきたものの、いまだ大部分が NGO や地域協同組合など CSO によって担われている。このようにフィリピンでは CSO が貧困対策においてますます不可欠な執行主体として位置づけられ、大きな役割を果たしている（Aldaba 2000：674；ADB 2007：3）。

　貧困層の基本的ニーズがいかなるものであるのかを同定する作業においても CSO は重要な役割を果たしてきた。前に述べたように、貧困者の多面的な生活実態と複雑な生活条件をより現実に則して把握しようとするコミュニティ貧困評価システム CBMS は貧困対策の地方分権化方針に沿うツールとして政府に採用されている（Reyes and Evan 2009：27）。CBMS の運用そのものが住民の調査者としての参加を前提としており、その実施過程で地域 NGO、PO が貧困者自身の明瞭に意識し表明しないニーズを明確化し、それらの実現を促進する役割を果たす。

　以上、貧困に関わる様々な政府政策に関連して、CSO は知識、ノウハウなどにおける優位性を発揮して行政に協力をして重要な役割を果たしてきた。

第四の CSO の貧困問題への関与は、政府や行政とは関係を持たずに自主的に住民や貧困層を組織する独自活動である。フィリピンのすべての CSO が行政との関係を持ったり、助成を受けて活動しているわけではない。政府との関係を持たずに独自の理念と手法で活動を展開する組織も少なくない。ひとつにはラディカルな立場から政府に批判的な姿勢を誇示しながら独自活動をする左翼系団体がある。例えば「フィリピン農民連盟」KMP、「５月１日運動」KMU、「ガブリエラ」（女性団体）等の共産党系 NGO は政府 NAPC の対話の機会、労働雇用省の政労使三者協議などにも敢えて参加せず、独自にコミュニティや住民の組織活動に専心する。さらにもうひとつはキリスト教会系のグループである。カトリック教会は一般に潤沢な財政基盤を有するため、慈善活動として災害被災者への支援などでは大きな役割を果たす。サマール、レイテを強襲した2013年台風ヨランダの際にも教会は慈善物資を多く被災者に提供した。カトリック系 CSO である CARITAS は国を越えた教会ネットワークで欧米諸国からの多額の資金援助に加え、活動上のノウハウも学びながら全国規模で支援活動を展開する。こうした教会系の活動は継続的な組織活動よりも、緊急物資やサービスの提供、学校等施設建設など短期的関与をするケースが多い。貧困者、低所得者にすれば特に困窮した際の救援の持つ意味は大きい。このように行政とは無関係に活動を展開する CSO も少なくない。

　以上見てきたように、CSO の数が増え、またその活動領域が広がることにより、貧困問題への取り組みも多様化している。全体の傾向として CSO は政府政策と連携する方向で展開してきた。政策やプログラム作りへの積極的関与、政府行政への制度的参加、そして政府プログラム実施過程での協力、さらには独自理念に基づく自主的活動など多様な関わりが、貧困を社会問題として主流化させることに貢献してきた。しかし、さらに大きな文脈で見てみると CSO の実態と役割は国内外の政治状況の変化とともに変容してきており、それが必ずしも貧困問題の解決を促進しているわけではない実態を生んでいる。次節ではその問題を検討していこう。

第５章　貧困と市民社会

4 市民社会組織の変容と体制内化

　市民社会組織 CSO 大国フィリピンが他の国と異なっている点は、CSO がコミュニティ・レベルで活動のみに終始するのではなく、政治状況に積極的に対峙していこうとする政治関与姿勢 Political Activism にある（ADB 2007：3）。特に戒厳令下のマルコス大統領期に各分野の CSO は積極的に政治活動、反政府行動を展開した（Cariño and Fernan 2002）。こうしたフィリピン CSO の政治関与は、他の東南アジア諸国ではあまり見られない。タイ、マレーシア、インドネシアなどでも数多の CSO が存在し活躍をしてきた。しかしその多くは厳しい抑圧の中で、体制との直接対決を避けて地域開発、環境保護運動といった「非政治的課題」に活動領域を求める傾向にあった（太田 2013）。フィリピン CSO の政治関与の積極性は、スペイン植民地支配への抵抗の歴史的遺産、「解放の神学」に見られるカトリック教会の急進性、持続的共産主義運動等の歴史的流れに位置づけることもできよう。ここでは1980年代以降の民主化後の政治動向の中で、政治課題に敏感な CSO がどのように変化してきたのかに焦点をあてて検討したい。

　フィリピンでは貧困等社会問題の解決、社会公正の実現に取り組む CSO の活動が、国家政策や行政制度の変更を迫るまでの影響力を持ってきた。しかし皮肉なことにそうした貢献自体が逆に CSO の理念や目的、さらには活動形態に変化をもたらすという複雑な状況を生んできた。特に CSO が政府行政と関わりを持ち体制の一部を担うことになったことの持つ意味は大きい。以下ではその具体的な変容を CSO の官僚化、活動の専門化、「言説」の創出という観点から検討していこう。

　第一に CSO の官僚化である。数多の CSO が多くの分野で活動を展開するようになると、前節で見たように必ずしも社会的問題に取り組むことを目的としない組織や、補助金・助成金獲得のみを目的化する組織まで現れるようになってきた。実体のない組織、社会規範から逸脱した組織が CSO の名を語り始めると、政治的民主化の旗手であり、社会正義実現の駆動力であるというこれま

でCSOが勝ち取ってきた信頼や「市民権」が揺らぐことにもつながりかねない。さらにCSOが政府のみならず海外からの援助を直接受けるようになると、組織運営や資金使途の透明性を強く求められるようになった。こうしたことを背景としてCSO自ら、組織の規律や信頼を維持するために自己管理の動きを見せ始めた。1991年に全国12のNGOネットワークで結成された「開発NGOネットワーク連盟」CODE-NGOは団体相互の連携をはかり、政府政策への関与や市民社会におけるリーダーシップを強化し、開発問題への効果的対応を協議することを目的としている。あわせてNGOとしての権利・義務の確認、組織運営や資金運用における説明責任の明確化などを定めた「行動綱領」をも採択している（CODE-NGO 1991）。NGOが社会からの信頼を勝ち取り、それを保持するために自主的に構築した管理機構であり、こうした取り組みはアジアのNGOでは初めてであった（ADB 2007：4）。それは一方で、制限を受けることなく各組織がそれぞれに独自性を以て自由に活動してきた状況から、相互に監視し合う状況に変じてきたことを意味する。

　このようなCSOの自主的な管理体制に対して、政府が税務上の観点から介入することになった。NGOと称して税金逃れをする組織があるため、政府はNGOや非営利団体に対する税制上の優遇措置を撤廃する旨を1995年に発表した。[7]それに対してCSO界は激しく抗議し反発した。財務省は次善策として、各組織の活動と資金運用の実態を開示するメカニズムの構築を要求し、それに応えたのが「フィリピンNGO認証評議会」PCNCの設立であった（1998年）。PCNCはCODE-NGOや助成財団連盟AFなど6つの全国ネットワークの合意と協力によって立ち上げられた。[8]より厳格な書類審査を行い税制措置を受けるに値する活動団体のみを認証することとなった。PCNCはNGOの自発的な運営連合体であるCODE-NGOとは異なり、国家税制との関係にその組織化の端を発していること、さらに役員会構成員のうち2名は社会福祉開発省DSWDと国内歳入局BIRからの官僚を迎え入れなければならない点において、国家機構の一端に位置づけられるものである。国家はCSOが全くの自主的組織として活動することを放任しているのではなく、政府政策遂行に有用と判断すればその積極的な関与を求めるし、状況によっては政治的に規制をしようとす

第5章　貧困と市民社会　135

る。実際、アロヨ政権は社会秩序維持を口実に CSO や社会運動を統制する動きを強め、PCNC 機能を政府機構に直接取り込むことを試みている。2007年10月行政命令 EO 第671号では税金逃れの隠れ蓑になっていることを理由として、CSO、非営利団体の認証機能を半官半民の PCNC に任せるのではなく、DSWD と科学技術省 DOST が直接行うことを一方的に通達した。PCNC を廃止して国家が全面的に CSO を管理しようとする動きであった。これに対して国内 CSO のみならず海外 NGO も強く反発をした。その結果、政府は翌2008年4月に行政命令 EO 第720号を発行し、行政命令 EO 第671号を撤回せざるをえなくなった。その後も2009年に、行政寄りの下院議員ルフス・ロドリゲス Rufus Rodriguez が大統領管轄「国家 NGO 委員会」を創設して国家が一元的に CSO を管理することとする法案 HB6572 を提出した。これも多くの反対にあって不成立に終わったものの、こうした国家による CSO 管理の動きは常にある（Clarke 2012：89）。

　CSO 活動の隆盛が逆に CSO の官僚化を招いていることは以前から指摘があった（Silliman 1998：68）。しかし PCNC の件に見られる政府の管理的姿勢はその後の CSO のあり方に大きな変化を生んだ。国家による CSO 管理の試みに対抗して、税金控除資格をも含めた社会的信頼を自ら確保するため、CSO は規範遵守と相互規制を強化する方向へと動いた。相互監視をすることで CSO 界全体の規律化をはかろうとしたのである。こうした方針は CSO が不安定な活動条件に置かれた中で生き残るためにはやむをえざるものであったにも拘らず、CSO 界全体を統制する官僚主義を助長することになった。各々の CSO が本来持っているはずの自主性と独自性そして多様性を揺るがすという予期せぬ結果を招いた。また官僚化は、CSO 活動が中央政府の政策や制度への関与やアドボカシー活動に収斂して行くことを促した。逆に CSO 活動の原点でもある、地域や住民に密着する姿勢から乖離する傾向を生んだ。近年 CODE-NGO も、NGO 官僚化への危惧を表明している。「ガヴァナンスや政治、評価事業、開発行政に積極的に関与することと、市民社会組織としての自主性を保持することのバランスをとることが重要」であると述べ、現実の難しさを示している（Macasaet 2010：5-6）。

変容する CSO の役割の第二は専門化である。長年にわたる地道な CSO の活動が一定の成果をおさめるようになると住民や地域からの信頼を得るだけでなく、私利私欲ではない社会的道義を追求する組織として社会一般からの期待も高まる。こうした諸方面からの評価を得る中で、さらなる活動内容の質的向上、つまり専門化を CSO 自らが追求するのは当然の経緯であろう。また政府行政政策の一端を任される機会が増え、プログラムを効率よく実施する力量や技能が求められるようになる。住民組織化、社会サービスの提供、医療保健プログラムの普及等、請け負う仕事を所定の期間内に一定の質を維持しながら遂行しうる専門性の高さが要求されるのである。しかし皮肉なことながらそのこと自体が CSO の組織としての自主性ばかりか、それに関わるメンバーの自由な発意に基づくボランティア精神をも揺るがす（David 1998：46）。経験に基づき体系化、マニュアル化された手法を実践しようとする姿勢が、現場の多様な条件に応じて模索的に問題解決策を探ろうとする創造的姿勢を相殺してしまうからである。つまり確立された手法を訓練によって修得したスタッフが現場の異なる条件を軽視してプログラムを遂行しようとする体質を生み、同時に状況に応じた臨機応変な対処と工夫を二次的なものとみなすことにつながる。

　ここではドナーの NGO に対する専門化要求も大きな要因として働いてきた。ドナーは資金提供時に NGO に事業遂行能力、資金管理能力を具体的に求める。例えばコミュニティ・レベルでのプロジェクトを多く遂行する国連開発計画 UNDP の『市民社会組織との協力マニュアル』では、事業を共に行うパートナー NGO に対して求める詳細な条件を設定している。それは法的認証の取得、年次報告書の発行、基本政策の提示、ウェブ情報の公開、役員会の構成、定期会議の開催、会議議事録の公開、長期ビジョンと具体計画の策定、財務情報の開示等々に及び、組織運営の整備と透明化を求めている（UNDP 2006：20-26）。NGO は活動資金を得るためにこうしたドナーの条件に合わせながら、一般企業のように整序だった組織運営を追求することとなる。国連環境計画 UNEP は NGO の専門的技量を期待する領域として次の 6 分野を挙げている。井戸、トイレ、住居等住民に密着した設備の整備、新プログラムや政府政策の試験的執行、住民の生活様式や能力の把握、文化的背景に配慮した意思

疎通、草の根レベルでの技術技能の供与、プロジェクト評価と調査、住民の声の汲み上げと政策への反映、がそれである（UNEP 2003：4-6）。つまり政府や行政機関では対応することが難しい分野において NGO の専門性に期待しているのである。

　国際機関のみならず同じ理念とスタンスを共有しているはずの先進国 NGO でさえも協力関係を結んだり、資金提供を行う際に、現地 NGO に対して専門性を要求する。プログラムの効率的遂行と資金の厳格な運用を求めるのである。こうした海外ドナー NGO の関与が現地 NGO の独自理念や活動の基盤を揺るがす要因にさえなる（Pearce 2010：630）[9]。現地 NGO は事業遂行、財務・人事、広報宣伝等において、一般企業並みの厳格な活動形態を求められ、海外 NGO の方針や手法をほぼそのまま受け入れ活動することが重要な課題となる。ドナーの要求と条件に対応することに多大なエネルギーを消耗し、自由な発想と工夫を以て展開してきた独自の活動形態そのものが後景に退く状況を生んでいる。

　専門性を高め組織に資金が潤沢に流入して、スタッフに安定的な報酬が保証されるようになると CSO も社会から「職場」のひとつとしてみなされるようになる。このことがさらなる矛盾を招く。実際にフィリピンでは CSO は若い学卒者によって一般企業と並ぶ就職先のひとつとして捉えられる傾向にある。必ずしも高邁な理念や志を持たぬ者が一定の収入を得ながら少しでも社会貢献できる職場として CSO を選択肢のひとつに考える。彼らは理念や使命に強く縛られていないので給与や労働条件においてより良い機会が他にあれば「転職」することもやぶさかではない。

　このように組織や事業の専門化が CSO 存立の基盤であった理念の共有や目的の遂行が二次的なものとしてしまう状況を生み出している。

　第三の CSO の役割は社会における「開発言説」Development Discourse の創出である。CSO は政府政策の限界を超えて、貧困層を含む周縁集団の利益を擁護する言説の先頭に立ってきた。国際連帯活動の中で、新しい社会課題や開発への視点を積極的に取り入れ、自らの活動領域でそれを実践するだけでなく、国内政治におけるアジェンダ設定においても先駆的な存在であった。政府

の軽視する社会問題を政策課題として取り上げるよう働きかけてきた。コミュニティ開発、人権、女性問題、先住民問題では主導的な役割を果たしてきた。特にラモス大統領期には政治課題の再定義につながる言論活動と実践が繰り広げられた（Silliman 1998：61；ADB 2007：3）。CSO は自ら接しうる限られた範囲の貧困者や社会的弱者を啓蒙するだけでなく、むしろ国家の意思決定に関わる高官や政治家に対して新しい認識と視点を以て「教育」してきたともいえる（Isagani n. d.：9）。

　ところがこのような社会における言説を主導する先駆的役割も、CSO が政府機構に制度的に参画をし、社会の中で市民権を得ていくに従って変化し始めた。かつてマルコス期までの権威主義体制の下では、多くの CSO が貧困層の人権擁護、農地獲得、労働権確立など生活に関わる条件整備を標榜し、既存の政治制度や権益に対抗する「反封建」「反資本」「反体制」といったラディカルな言説を構成しまたそれを実践した。ところが政治的民主化過程で CSO が国家の制度設計と運営に直接参画し、政府の社会サービス提供政策に積極的に関与することで、CSO は「体制」の一角を支える存在となった。こうして国家機能の一翼を担うようになると言説も変化してくる。

　従来からの CSO の主張が政府政策に採用されたことは、在野からの言説を国家運営に反映させることに成功したことを意味する。しかし実態はもう少し複雑である。外部資金に依存したり国家プログラムに関与することで CSO の主張にも変化が生じてきたからである。いくら高邁な理念を掲げ社会正義を実現しようとしても財源がなければ CSO も活動が持続できない。多くが外部資金に依存することとなる。住民の視点に立つ海外 NGO のみならず、先進国政府や国際機関でさえも、民主化を促進する現地 CSO に対して積極的な資金提供をしてきた。こうした CSO の財源実態を正確に把握することは難しい。Aldaba らは NGO の外部資金依存度を50％から95％と見積もっている（Aldaba et al. 2000：675）。高い比率で外部資金に依存せざるをえない NGO はドナーから活動内容や方向性の制約を受ける。NGO としてはドナーの求める条件や方針が、自身の活動理念と多少ずれていたとしても、財政基盤の確保を優先しそれらに順応するより方法がない。こうして NGO は自ら組織する活動やコミュニ

ティへの注力よりも、ドナーに対する組織実績のアピールに重点を置くように
なる（ADB 2007：5）。加えて政治的民主化後、内外ドナーは体制内で改革を志
向する穏健な NGO を支援する傾向を強めたため、政府を批判するラディカル
な NGO やましてや反体制を掲げる共産党系 NGO は排除される傾向にある
（Silliman 1998：70）。こうしてかつて国家制度や体制の枠組みにとらわれぬ多様
な言説を提示してきた NGO 界はますます体制内化するだけでなく、特に海外
ドナーへのアカウンタビリティの必要性から、海外の開発言説を率先して導入
し普及、実践する役割を演じてきている。

　より具体的には CSO は国家の諸政策が依拠する新自由主義イデオロギー言
説を貧困層、市民およびフィリピン社会に普及する大きな役割を果たしてき
た。例えば、住民や貧困層のエンパワーメントは今日草の根組織活動が追求す
る共通の基本目標のひとつにさえなっている。これは住民や貧困者に「力をつ
け」、国家や行政の支援に頼ることなく自身の置かれた困難状況を自力と相互
協力によって克服することを求めるものである。世界銀行が2000年の『世界開
発報告——貧困とたたかう』で示し広く普及した概念である（WB 2001：99-
134）。エンパワーメント自体は住民や貧困層の自覚と意欲を高め、生活条件改
善に対する積極的な姿勢を涵養する肯定的な側面を持つ。しかし国際機関の意
図は、新自由主義的政策を遂行する中で市場原理の徹底と政府機能の縮小を実
現し、市場から落ちこぼれる貧困層を国家が直接救済するのではなく、貧困者
自身が自己責任において対処しうるように導くことにあった。多くの CSO は、
意識するとしないとに拘らず、エンパワーメント活動を展開して新自由主義言
説の貧困層への浸透の一翼を担ってきたといえる。同様に多くの CSO 組織活
動の中で掲げられる「参加」も政治的な意味を有する。自ら生活する社会空間
における意思決定や制度運営に参加することは、住民・貧困者の要望や利害を
反映させることにつながるため、民主主義的なアプローチとして礼賛される。
しかし実際のコミュニティ内での力関係、権力構造が実質的で自由な「参加」
を保証するとは限らない。従来社会運営から排除されてきた者が「参加」を通
じて自身の意見や要望を明確に表明できるとは限らない。特に上位者と利害の
対立する事項に関して、意見を明示することには大きなリスクを伴うためより

慎重になる。明確な対抗戦略と覚悟がない限り、上位者の意見には同調するか沈黙を守る方が賢明である。政治家や権力保持者は「参加」手法を通じて住民から「同意」を取りつけて自らの利権の維持拡大を正統化することが可能になる。つまり「参加」は必ずしも変革の手法となるとは限らず、場合によっては既存の権力関係を温存する手法となる。そうした状況は前章で見たようにKALAHI-CIDSS プログラムでも多々生じた。「参加」は、一方で排除されていた貧困者や住民に発言権を与え社会運営の主体とする可能性を持ち、他方では彼らを既存の政治運営制度、権力構造に絞りつけることをも意味する。それは既存の社会条件、権力構造への反抗の芽を摘むことにもつながる。こうしてCSO の参加実践は貧困層という社会的周縁集団を国家機構の成員として位置づけていく役割をも果たしているのである。

　経済分野における CSO 言説の役割を見てみよう。CSO が主導してきたマイクロファイナンスは事業経営や商行為とは縁のなかった低所得者に起業家姿勢 entrepreneurship を身につけさせ、経済的苦境を自己責任と自己リスクにおいて克服していくことを支援するものである。貧困層を市場の行為主体に育て上げ、ひいては市場活動全体の活性化をはかるものである。またマイクロファイナンスは低所得層に、雇用吸収力の低い正規の労働市場に依存せず生計を維持することを促す形で、就労（失業）問題を緩和する方途としても機能する。

　CSO は「エンパワーメント」「参加」「マイクロファイナンス」などの理念やスキームに基づく組織活動を展開することで、社会に広く新自由主義的言説と行動様式を浸透させる役割を果たしているといえる。

　さらに CSO は言説だけでなく、自らの組織運営においても新自由主義的市場原理に取り込まれつつある。かつて多量に流入した外部資金も2000年代以降減少し、それに伴い CSO の数も減った。例えば SEC に登録された非営利組織は2002年に15万2千を数えたのに対して、2007‐08年には8万9千に減じている。資金不足が大きな要因である（Macasaet 2010：2）。提供資金が減じる中で CSO は少ないパイを取り合いドナーの意向に沿うように競ってアピールをする。ドナーの意向を直截に受け入れる傾向が強まっている。CSO 独自の活動展開よりも外部ドナーに管理された組織活動が中心となっていく。もうひとつ

の重要な CSO の生存戦略は自己資金調達である。近年はこの自己資金調達が CSO の主流にさえなりつつある。CSO 自体が利益を生む経済活動に携わるようになる。CSO の「専門性」を生かして知識やノウハウを供与する有料セミナー、コンサルタント事業を展開して資金源とする。信用供与も CSO の重要事業のひとつとなる（David 1998：46）。こうして CSO 自らが「商業化」し、かつて貧困層を搾取し貧困問題を再生産する主体であるとさえ批判してきた営利企業や財界に対する敵対心が緩和されてゆく（Aldaba 2000：678, 681）。中にはリスクの高い冒険的な営利活動に走る団体も生まれ（Isagani n.d.：4）、徐々にかつて掲げていた社会正義の実現という理念から遠ざかることとなる（Aldaba et al. 2000：680）。こうして社会運動さえも営利活動に取り込まれていき、同時に市場原理の浸透に一役買うこととなるのである。

　さらに資金獲得が疑惑を招く方向へと展開することもある。2001年に貧困対策のために政府の起債したゼロクーポン「貧困削減撲滅10年債」PEACe 債に関わる一連の動きがそれである。政府が市場から調達した資金に、年利12.75％の利息を付けて10年後に一括償還するという債権である。額面100億ペソに対して10年後に350億ペソを償還することになる。財政難の政府が当座の政策資金を市場から調達する方法である。しかしここに NGO の連合体 CODE-NGO が深く関わったことで多くの疑惑を生じた。財務省財務局の発行した PEACe 債を政府証券取引認定機関 GSED のひとつに指定された商業銀行「リサール総合銀行」RCBC が入札業務を請け負い公募を行った。落札した CODE-NGO はそれをすぐさま市場で8つの金融機関に転売をした。落札価と転売価の差額によって CODE-NGO は瞬時にして14億ペソの資金を手にした。[10] 14億ペソの1割にあたる約1億5千万ペソが CODE-NGO の運営資金に充てられ、9割にあたる13億ペソは「平和公正財団」PEF に寄付された。PEF は約9年間に約11億ペソを NGO や PO の執行する1,215の貧困対策プログラムに支出し、それによって32万世帯、150万人の貧困者が裨益したと報告している（CODE-NGO 2010）。

　PEACe 債は政府が財政難の折、また海外からの援助も減少する中で市場から資金を調達する新手法として称賛された（Habito 2010）。一方で、多くの批

判も招いた。そもそもNGO連合体であるCODE-NGOが落札額100億ペソもの大金を有していること自体に疑念が生じ、当時のアロヨ政権との癒着も噂された。というのも2001年エストラーダ大統領が「ピープル・パワーII」で追放された後、副大統領であったアロヨが大統領の座に就いたのはCSOの強い支持があったからで、その後もアロヨと一部のCSOとの間には深い関係があったとされていた。PEACe債の落札はこうした政権獲得時の貢献に対する「報償」だったと批判された。その疑惑はCODE-NGO代表であったソリタ・モンソドがアロヨ政権発足とともに社会福祉開発省長官に任命されたという事実や、PEACe債発行時のCODE-NGO代表マリサ・カマチョ・レイエスが当時の債権発行主体の財務省ホセ・イシドロ・カマチョ長官の妹であった事実によって補強された。政治ネポティズムだと批判された。フィリピン大学経済学部ベン・ジョクノ教授は、PEACe債による資金調達手法そのものが疑惑の根源であり、CSOの公的資金への依存が社会貢献意識や献身的な活動姿勢を減退させる元凶であるとさえ述べている（Diokno 2013）。債権償還期限となった2011年に再度政治的議論となり議会でも疑惑が追及されることとなった。同じCSOでも活動の独立性と批判的姿勢を堅持する「債務解消連合」FDCは、PEACe債は腐敗した行政とCSOおよび企業の癒着の中で起きたレント・シーキング行為であり、国民の税金の略取であると痛烈な批判を加えている（FDC 2011）。

　以上見てきたようにCSOはその活動が社会に定着してきたが故に、官僚化、専門化の傾向を強め、そのことが体制内化、保守化を促すこととなった。その結果、従来掲げてきた理念や姿勢が徐々に弱まり貧困者の生活条件改善という大義からも離れ、さらには政治と結びつく形でモラルハザードともとられかねない状況を生んできたのは皮肉である。

5　市民社会組織とフィリピン政治

　ここではCSOがフィリピンのもう少し大きな政治的文脈と政治文化の中で果たしている役割について検討してみよう。第一に貧困層の政治的代弁者とし

ての役割であり、第二に政治家の資金取得の隠れ蓑としての役割である。

■貧困者の政治的代弁　　まず第一の点から見ていこう。フィリピンでは大統領制、二院制議会、自由選挙など基本的にアメリカ型の民主主義制度が施行されている。しかし、有権者の意向を取りまとめそれらを政治に反映させる機能を果たすべき「政党制度」は機能していない。明確な政治理念や具体的政策を掲げ、党員や支持者を持つ政治組織としての近代政党がフィリピンでは実質的に不在である。戦後、二大政党制を支えた自由党 Liberalista も国民党 Nacionalista も伝統的な地主エリートの視点に立つものであり一般有権者の声を代弁するものではなかった。政党は予算、政治ポスト、権限等を分配するための組織であるに過ぎず、理念や体系的な政策を共有しないため、選挙も実質的な政策論戦の場になることはほとんどない。政党に政治家を拘束する党則もない。選挙はたいてい個人的影響力や人気を争う機会であり、議席確保のための集票機能を果たすのみである。それ故、選挙後に少数派で当選した議員が政治的分け前を得るために大統領や有力政治家の所属する多数派政党に党籍を変更する「転籍」が頻繁に起こる。こうした状況の中では、選挙や政党、議会が形式的に存在しても、社会的マイノリティや政治的発言権を持たぬ周縁集団の意見や要望が政治に反映される可能性は低い。1980年代民主化後そうした政治制度の不備を是正し、周縁集団の要望を汲み上げるシステムとして「政党名簿」Party List 制度が導入された。1987年憲法にその理念が謳われた後、1995年「政党制度法」（共和国法第7941号）で具体化された。そして1998年国政選挙から導入されている。下院の20％を上限とする議席が得票数に応じて登録政党に割り当てられる。登録政党が議席を得るには全有効投票数の最低2％を得票することが条件とされ、1政党につき最大3議席が与えられる（Tuazon 2010）。「市民第一」Bayan Muna、「労働の子供たち」Anakpawis、女性政党「ガブリエラ」Gabriela、「市民行動」Akbayan 等左翼系政党や「我らビコール人」Ako Bikol 等の地域政党、「教師連盟」ACT Teachers、「高齢者」Senior Citizens など特定の社会的属性に依拠する政党が議席を得ている。「退役軍人自由党」VFP などの右派政党も当選者を出している。割り当てられる議席は総議

席数の20％に限られているためその主張が議会決定を左右することは制度的にありえない。また議会に反映されにくい周縁集団の声を汲み上げるという趣旨に反して、しばしば利権集団や伝統的政治家の政治基盤を固める隠れ蓑としてこの制度が利用されることも少なくない（Manalansan 2010）。2007年の選挙に出た「生活党」Buhay は新興宗教団体エル・シャダイの後援を受けた政党である。1-BAP の第1候補者シルベストレ・ベリョは元司法法長官であり、ドゥテルテ・ダバオ市長（当時）の親友であった（Fifi 2013）。イロイロの地域政党 Abyan Ilonggo はロレックス・スプリコ Rolex Suplico 元下院議員などトゥパス Tupas 一族が候補者に名を連ねる。同じくイロイロに拠点を持つ Aambis-Owa はガリン Garin 一族が議席を確保するための政党となっている（Burgos 2016）。このように伝統政治家や地域有力者が選挙出馬するための隠れ蓑として利用されることは珍しくない。少数者の意見を汲み上げるという本来の趣旨から逸脱して運用されるケースが多い。

　このような政治制度の限界の中で、CSO は貧困層、低所得集団の意見を代弁する重要な役割を果たしてきた。貧困層は生活条件や現状に不満を持っていても個人で意見や要望を行政や議会に訴えることは難しい。貧困者は様々な政治的圧力をかけられているため自ら声を挙げることに対して恐れを抱いている（Rosales 2015：1835）。表出しない貧困層の声を集約して政治・政策論議の俎上にのせる政党もごく限られている。また個々の政治家も独自の政策や理念を有していることは少なく、得票を意識する選挙期間以外で住民や貧困層の意見を汲み上げる活動は多くない。こうした状況の中で CSO は主として二様のアプローチをとる。第一に、貧困者の不満とニーズを汲み上げ、独自の地域プロジェクトを通じて状況改善を目指すものである。現金収入事業や農業技術改良指導、コミュニティ事業などの実施である。これらが奏功して生活環境が改善されれば貧困を敢えて政治課題とする必要はなく、政治に民意が反映されないことを問題視する必要もない。第二のアプローチはアドボカシー活動である。草の根レベルで日常的に貧困層に接する CSO が彼らの声を代弁してそれらを社会問題化し、政治課題とする役割を担う。政党が貧困層の声を汲み上げる可能性の低い中で CSO が住民の要望を集約し政治家に陳情したり行政に訴えた

第5章　貧困と市民社会　　145

りする。場合によっては貧困者らを動員して集会やデモを行い広く社会に対して問題を知らしめ、政治世論の形成に努める。周縁集団の声を反映させることが難しいフィリピンの政治制度の中でCSOは弱者の声を政治政策につなげる役割を果たしている。

　ここで「住民の声」「貧困層の要望」についてはもう少し考えてみる必要がある。第一のアプローチも第二のアプローチも、政治家や政策担当者などの外部者が耳を傾けるべき貧困者の声や不満が実際に存在していることを前提としている。しかし実際には貧困者自身が自分の抱える課題や、その解決方策を客観的に明瞭に自覚しているとは限らない（Chambers 1997）。貧困状況にある者はそれを常態として受け入れているかもしれないし、また現状に対して不満があってもそれを明瞭な言語で表明しうるとは限らない。当事者である貧困層は外部者であるCSOの持ち込む異質な情報と視点に接触する中で、自らの問題に「気づき」、その解決をはかろうとする、いわゆる「意識化」conscientization の過程を経験する（フレイレ 1979）。CSOは貧困層の持つ声を汲み上げるだけでなく、貧困者の曖昧で不明瞭な要望や課題を整理し新しく認識させる教育的な役割を果たしてもいる（Isagani n.d. 6）。

　このように貧困層など周縁集団の声を政策に反映させる政治制度が機能していない状況の中で、先ずCSOが貧困層の要望を「意識化」し、コミュニティ内の実践の中で解消する、あるいはそれらを政治課題の俎上にのせる役割を果たす。皮肉なことながら前者の場合は、政治領域に立ち入らず政府批判をしないという点において、後者の場合は既存の政治制度や仕組みを承認したうえでそれらに訴えて問題の解決をはかろうという姿勢において、貧困層が現政治制度を受容し、その成員となることを促す作業を行っていることになる。その意味ではCSOが貧困層の不満と貧困問題そのものを体制内化する役割を演じているといえるだろう。

■**政治資金の隠れ蓑**　フィリピンの政治文脈におけるCSOの役割の第二は不明瞭な資金を獲得するための隠れ蓑である。CSOの実績が社会的に認められ助成金、外部資金、受託事業などを得る機会も増えた。そうした状況を受け

て、実際には助成金目当てに設立される組織も多く存在した。これがほんの一部の例外的な存在であれば、何らかの形で是正は可能かもしれない。しかし、贈収賄、腐敗行為が広く行われているフィリピンの政治文化の中で、CSO が国家制度や政治構造の中枢と結びついて利用されるケースは珍しくない。その好例が2013年に発覚した「PDAF 疑惑」である。フィリピンでは国会議員に一律給付される裁量経費「優先開発支援経費」PDAF がある。各上院議員に年間２億ペソ、下院議員に年間７千万ペソが支給され、その資金で国政では網羅されない地域の小規模インフラ整備、地域プロジェクトが実行される。市民、住民のために国会議員が裁量権を以て執行する経費である。米国統治時代から続く「ポーク・バレル」である。

　2013年の PDAF スキャンダルは、実業家ジャネット・リム・ナポーレス Janet Lim Napoles が架空に設立した NGO に対して多数の政治家が PDAF 資金を支弁した形をとり、実際には政治家本人が自由に使える裏金として還流させるという行為であった。ナポーレスはそこで手数料を得る。動いた金額が大きかったこと、国政の中枢にある多くの政治家が関与したこと、さらには関係者誘拐など刑事事件に発展する事態を招いたことで社会問題化した。2013年会計監査院 COA が発表した報告によると、2007年から2009年にかけての３年間に、提出書類の不在、調達物資内容不明、プロジェクト実態がないなどが理由で否認された NGO は82にのぼった。総額62億ペソを充てたとされる772件の生計プロジェクトの実態も確認できなかった。上院議員12名、下院議員180名がこれら疑わしい NGO にポーク・バレル資金を支出していた（COA 2013）。82の NGO のうち10団体がナポーレスに関係した団体であり、中でも「農民のための社会開発プログラム基金」SDPFFI は５億９千万ペソという巨額を受領している。資金提供者としてラモン・レヴィーリャ Jr. 上院議員（拠出額１億７千万ペソ）、ジンゴイ・エストラーダ上院議員（同９千億ペソ）、フアン・エンリレ上院議員（同６千万ペソ）と国政でも影響力のある政治家の名前がリストとして公開された[11]。

　こうした CSO の関与する不正や疑惑は絶えず[12]、しかもそれが国家制度や公的資金と関連し有力な政治家や実業家が関係して引き起こされる。CSO 職員

や活動家が進んでそうした不正に関わるわけではない。むしろ CSO がフィリピン社会の中で勝ち取ってきた「社会公正の体現者」、「社会的弱者を代弁する組織」という信頼と社会的地位を政治家や実業家が悪用し、一種の「マネーロンダリング」のチャンネルとして利用しているのが実態である。CSO がフィリピンの政治文化に取り込まれる一面である。

　以上のように CSO は整備されぬ政治制度の欠陥を補う形で貧困者の声を代弁することを通じて、結果として国家体制を支える役を担ってきた。また CSO はフィリピンの政治文脈に取り込まれ、政治家の資金作りの隠れ蓑に利用されるなど、当初予期しなかった役をも演じている。いずれも CSO がフィリピン社会の中で築いてきた実績と社会的信頼から発した新しい事態の展開である。

6　国家と市民社会組織

　ここでは CSO が貧困問題をめぐって国家といかなる関係にあるのかを検討しておこう。フィリピンの CSO はその政治的動員力を通じて、マルコス打倒劇、エストラーダ追放など政治体制転換の結節点において歴史的歯車を回す重要な役割を果たしてきた（ADB 2013）。そして国家に対して積極的に働きかけ、CSO の視点を政治的争点とし、草の根アプローチの制度化を実現してきた。こうして CSO は貧困者や周縁集団の利害を国家運営に反映させる役割を果たしてきた。

　しかし、国家の側から眺めてみると別の構図が浮かび上がる。1990年代ラモス政権以降、政府は CSO に対して事業の一部を委託したり、その代表を社会改革評議会 SRC や国家貧困対策委員会 NAPC、そして地域開発協議会 LDC に迎え入れてきた。これらは CSO が国家機構の一部に「編入」されることを意味する。理念や組織原理の異なる CSO が国家機構と利害を共有することになる。国家による CSO の取り込みと管理の動きは常にある。アロヨ政権期のフィリピン NGO 認証評議会 PCNC 廃止と政府による直接管理の試みはその最たるものであった。ニノイ・アキノ政権においてもその傾向は見られた。「良

い統治と腐敗防止閣僚部会」CCGGAC による『2011 - 2016行動計画』では腐敗のない透明性ある行政体質をつくるために内務地方自治省は CSO との連携を強める必要があると謳う（CCGGAC 2012）。特に地方の貧困対策過程におけるボトムアップ予算制度 BUB では CSO が公的予算による案件選定とその運営において重要不可欠な役割を果たすことが期待されている。その一環で予算管理省 DBM では「市民社会組織 CSO デスク」を設置した（ADB 2013：3）。

　しかしこれらの制度化によって CSO が国家を牽制・監視する緊張関係が出来上がったわけではない。そもそも国家は協調的改革志向の CSO を歓迎はしても、国家に対し強い要求を突き付ける組織や、ましてや反体制姿勢を明確にする団体の制度的参加は歓迎しない（Silliman 1998：64）。多くの CSO の目指すところは社会の漸次的民主化や改革であって、国家体制の根本的な変革ではない点にも国家がその編入を許容しうる要因がある（Silliman 1998：19）。さらにオリガーキーの支配する国家は民主化の段階で CSO の理念や活動を形式的には受け入れながらも、実質的には国家機能を支える存在としてその変節を迫ってきた（Putzel 1998：101）。CSO が国家制度に参加することでエリート支配構造が容易に転換されるわけではない。改革を目指す CSO は徒労に終わらざるをえない政治家との交渉に膨大なエネルギーを割き続けるか、逆に CSO 自身が変節をして既存の国家構造に迎合しそれを支えていくことになる。いずれの場合にも CSO が目指していた貧困住民支援やコミュニティ組織や、政府政策にとらわれない独自姿勢が大きく揺らぐことになった（David 1998：47）。CSOの「非政府」的視点による自由な発想や裁量が後退してきたわけである。CSOによる国家への「参加」は国家による CSO の「懐柔」とさほど大きな違いを持たなくなる（David 1998：44）。

　さらにいえば、CSO はグローバリゼーションへのフィリピン国家としての対応を補完する役割をも果たしてきた。新自由主義的なグローバリゼーションは世界銀行や IMF を通じて国家が経済政策のみならず社会運営への介入からもできるだけ手を引くことを求め続けてきた。貧困対策分野では、国家の関与を可能な限り小さくするために、その補完的役割を CSO に求めた。それが国家貧困対策事業の CSO への委託であり、政府貧困プログラムへの CSO 参加で

第5章　貧困と市民社会　149

あった。国家機能を縮小しながら貧困問題に対処する為に CSO はいわば不可欠な存在であった（Putzel 1998：84；Silliman 1998：12）。多くの CSO は民主的な外皮で覆われた新自由主義イデオロギーの協力者でもあった。

こうして多くの CSO は貧困問題を根本的に是正し社会変革を志向する運動主体から、受託プロジェクトを効率よく住民に提供する機関へと変貌してきた。貧困対策や開発政策を、プロジェクト内容の精緻さと執行過程の効率性を問う「実務的問題」として論じ、それらが立案、実行される政治的文脈や政治経済構造とは切り離された非政治的行為であるとする貧困の「脱政治化」de-politicization 言説を広める役割を果たしてきたといえる（Pearce 2010：625）。政治経済構造に触れることなく貧困を実務的問題として対処することは既存の国家体制と偏倚した分配構造の維持に貢献することを意味する（Petras 1997：14；Pearce 2010：623）。言い換えれば CSO は貧困を絶えず再生産する構造を維持する過程に自ら参加しているのである。

こうして CSO は国家に編入されたが故に体制内化し、貧困問題の背景にある構造を温存する役割をも担ってきた。

7　む す び

フィリピンの CSO は貧困をはじめとする社会的課題に対して、長い間、地道に取り組んできた。その政治関与の積極性は権威主義体制による弾圧とも果敢に対峙し、社会変革の旗手としての役割を果たしてきた。また政治的民主化後の政治体制・機構への制度的参画の道を拓いた。しかしそれは一方で、CSO自体の役割における大きな変化の幕開けでもあった。

CSO は個々のプロジェクトにおける実績だけでなく国家機構や政策運営への参加によってさらなる社会的責務を負い、より大きな信頼を勝ち得てきた。しかしそのこと自体が皮肉にも従来の CSO の存立条件と理念を変えつつある。組織事業を拡大展開する過程で CSO 自体が官僚化、専門化、ビジネス化の方向へと向かい、従来の自発性、独自性、住民密着姿勢から乖離する状況を生んだ。また国家機構への参加を通じて貧困層や周縁集団の声を政策に反映させる

役割を演じる一方で、CSO が体制内化し、批判的姿勢や国家制度にとらわれぬ自由な発想を失いつつある。それにとどまらず、CSO は意図せずしてグローバル社会や国家の推進する新自由主義的なイデオロギーを普及する役割すら引き受ける。エンパワーメント、参加など住民の視点に立った重要な開発理念も、現在の市場原理を推進する潮流に搦み取られている。同時に周縁集団の意向が政策に反映しにくい政治制度、有力政治家が汚職を含め多様な方法で国家財源を私物化する政治文化の中で、CSO が必ずしもそれらを是正する役割を果たしえているとは限らず、むしろ逆に、利用され既存の政治システムを支えることにすらなっている。

　公正の実現を追求してきたフィリピンの CSO が積み重ねてきた実績と信頼は広く認めるところである。しかしこうして市民社会に蓄積されてきた実績・信頼と旧来の政治構造・政治文化との「接合」は、貧困問題に対処しつつ同時に貧困を再生産する仕組みを支える従来にない構図を生み出した。長らくフィリピン社会で貧困が解消されない要因のひとつとなっている。

第6章

貧困と市場
——グローバル化と国内条件

1　はじめに

　貧困者といえどもいつも政府政策や市民団体による支援活動に依存して生活しているわけではない。むしろ自らの生産活動を通じて生活を維持している。農村に住む人々も自給自足ではありえず何らかの形で市場との関わりを持ちながら生活を営む。自家生産できない都市部住民においてはなおさらである。

　市場と生活福祉の関係では第一に労働市場での「商品化」による賃金獲得の条件と、第二に民間会社を通じた保険・年金の確保が取り上げられる（Esping-Andersen 1990：79）。フィリピンの貧困を考えるとき、第二の民間部門を通じた生活の維持は大きな要素とならない。近年の経済好調を背景に生命保険会社への加入率が急速に伸び、2009年人口比14.1％だったのが2013年には25.0％となったとはいえ、利用者のほとんどが中間層以上であり、低所得者、貧困層は民間の社会保障事業からほぼ排除されている（AIR 2014）。つまり貧困者が保険年金市場に関わりながら生活の安定をはかる可能性は皆無に近い。専ら第一の労働市場との関係が重要となる。労働市場に関しては制度的規制を受ける部分とそうでない部分が混在する中での商品化の課題、またグローバル労働市場と連結する状況、さらには貧困層の多くが携わる農業と市場の関連を抑えておく必要があるだろう。フィリピンの特徴は導入される新制度が従来条件と接合するだけではなく、グローバルな要素とも接合する形で独自の形態を生み出している点にある。

　先ず生産活動に関わる「接合」概念について、かつて周辺資本主義論争で展

開された「接合理論」を現代の新自由主義的グローバル化の文脈に位置づけて
整理しておこう。生産様式に関わる接合理論は、途上諸国（低開発諸国）周辺
経済の資本主義分析、封建社会から資本制社会への移行をめぐる議論の中から
提起されてきた[1]。フランクの「低開発の開発」やエマニュエルの「不等価交
換」は、周辺資本主義の中枢資本主義への従属を主として流通交換関係に着目
して分析するものであった。それに対してアミンの周辺資本主義社会構成体論
や周辺資本主義社会における生産様式論が展開され、その延長上に「接合理
論」が位置づいた。接合理論は主にアフリカやラテンアメリカ等の周辺社会に
おける搾取と収奪のメカニズムを説明する議論としてピエール－フィリップ・
レイなど経済人類学者らから提起されたものである[2]。周辺資本主義社会におい
ては資本主義的生産関係が支配的であるものの、封建的生産関係をはじめその
他の非資本主義生産諸関係が併存する。それは単に共存しているのではなく、
非資本主義的関係が資本主義的関係と結びついた一体として機能する。例えば
資本主義的雇用関係にある労働者は賃金のみで生活を維持するのではなく、封
建的土地所有に基づく廉価な食料供給と非経済的強制による労働報酬に一部補
完されながら自らを再生産する。つまり労働者は雇用賃金だけではなく、農耕
や農業労働からの収入にも依存して生活する。労働者は賃金以外に生活を維持
するための資源を持つため、賃労働関係においては再生産レベルを下回る低賃
金が可能となる。資本にとっては非資本主義的諸関係の存在が低賃金条件を維
持する前提となる。こうした生産諸関係の補完と統合を周辺資本主義の常態と
してみるのか、非資本主義から資本主義への過渡的段階とみるのか、あるいは
その過程で暴力の介在が不可欠か否か等をめぐってかつて論争が展開された
（Foster-Carter 1978：56-63）。

　接合理論が提起した生産諸関係補完の視点は、いまだに封建的農耕やイン
フォーマル経済など非資本主義的活動の比重が高い途上国の実態の分析には示
唆的である。しかし1970年代とは国際政治経済環境が大きく異なる現在、それ
は新しい文脈の中で論じられる必要がある。第一に、周辺諸国の国際的位置づ
けが変化した。従属理論や接合理論が盛んに議論された1960－70年代は旧植民
地が宗主国から独立して間もない時期であり、新たな形で展開する帝国主義の

第6章　貧困と市場　153

経済的支配（新植民地主義）を歴史的にどのように位置づけ、理論的にいかに解明するのかに焦点があった。対して1990年代以降、新自由主義的なグローバル化が進行する状況では、国境、地域の垣根が低くなり中枢経済と周辺経済の融合・統合が進んだ結果、国民国家を単位とした支配 - 従属構造が不鮮明化した。資本のさらなる流動化は外国資本と国内資本の協力と融合をも生み出してきた。グローバル化は経済面のみならず政治においても大きな変化をもたらした。市場原理がより広い範囲に適応される一方でその推進役としての国家の役割は逆に強まっている。市場原理の徹底と小さな政府の実現という観点から「国家の後退」が叫ばれながら、市場の創出、市場ルールの制度化と管理において国家が時には強権を行使する。市場を効率的に機能させるために国家は限定的ながらも強い権限を持つに至った。雇用関係、労働市場にも積極的に介入してきた。

　第二に新自由主義的な市場の拡大が改めて途上国の農地所有、農業生産のあり方にもたらしてきた変容がある。農地改革は封建的土地所有関係を転換して資本主義的個人所有権を設定し、土地を流動化させ市場の商品化を促す過程でもある。市場原理に基づく農地改革を世界銀行は推奨してきた。[3] 一方で途上国では全体として工業化、サービス産業化と同時に「脱農業化」が進行する（Hall 2012 : 1201）。近年そうした状況を受けグローバル化時代における「原始的蓄積論」が再燃している。アジア、アフリカでは暴力的、非経済的強制による所有関係の転換、農民の囲い込み、賃労働者の創出といったヨーロッパの歴史的経験とは異なり、農民自らが進んで土地を手放し、都市労働者へと転ずる実態が見られる。資本や国家にはむしろ労働コストの削減の観点から、「脱農業化」を阻止し封建的生産関係の温存をはかる動きさえ見られる（Hall 2012 : 1196）。新しい原始的蓄積論は単に封建的生産関係からの転換のみならず、資本主義社会におけるジェンダー、人種など社会的に組み込まれた属性を利用した非資本主義的労働力の再生産にも注目する。グローバル化の進展に伴って途上国では新しい搾取のプロセスと手法が進行している。

　以上のような新しい条件の下での接合理論の視角を援用し、以下ではまず多層化したフィリピンの労働構造の特徴について概観し、次節で経済自由化に

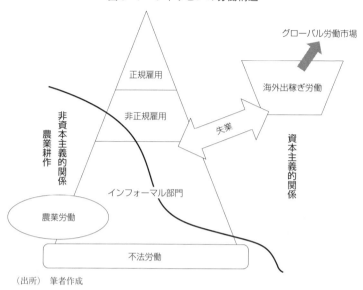

図6-1 フィリピンの労働構造

(出所) 筆者作成

伴って労働権が後退している状況について検討する。次にインフォーマル部門が労働力の再生産において果たす役割、グローバル労働市場と結びついた出稼ぎ労働、さらに半商品としての児童労働、非商品としての臓器販売について考察を加えていく。さらに多くの貧困層が依拠する農業がグローバル規模の自由化の中で、競争力を失い生活基盤を十分に提供できていない実態について検討をしていく。

2　労働構造

フィリピン労働市場の特徴として、失業率の高さ、海外出稼ぎ者の多さ、インフォーマル部門の比重の高さが挙げられる。これらの現象はそれぞれ固有の要因を背景に生じている一方、相互に「接合」しながら有機的な一体構造を形成している（図6-1）。

フィリピンでは失業率が一般に高い。表6-1に見られるように1990年以降

表6-1　失業率の国際比較（％）

	2000	2002	2004	2006	2008	2010	2012	2014	2015
フィリピン	11.2	11.4	11.9	8.0	7.3	7.4	7.0	6.6	6.3
タイ	2.4	1.8	1.5	1.2	1.2	1.0	0.6	0.8	0.2
インドネシア	6.1	9.1	9.9	10.3	8.4	7.1	6.1	5.2	6.2
マレーシア	3.0	3.5	3.5	3.3	3.3	3.3	3.0	2.9	3.1
ベトナム	2.3	2.1	—	—	2.4	2.6	1.8	1.9	2.1

（出所）　*ILO Statistics 2012, 2017*

9〜11％台で推移し、2000年代後半に8％を下回るようになった。2006年以降の低下は統計上の「失業」の定義に変更が加えられたことにも起因している[4]。GDPは2000年以降緩慢とはいえ3〜7％の成長を遂げていたにもかかわらず、失業率に大きな改善は見られなかった。「雇用なき成長」といわれる所以である。他の東南アジア諸国に比べてもフィリピンの失業率は高い。インドネシアが比較年によっては高い数値を示しているものの他の国の失業率はフィリピンを下回る。タイやマレーシアでは隣国からの移民労働者を受け入れて労働力不足を補っているほどである。フィリピンで失業率が高い理由としては1980年代隆盛となった繊維縫製、電器関連の軽工業部門が十分な展開を遂げる前に資本が大量に中国へと移転してしまったこと、さらに他のアジア諸国のように軽工業の展開が重工業の振興に連動することなく、サービス部門主流の産業構造へと展開したことが挙げられる（Sicat 2004：6）。製造業、特に重工業部門はサービス部門に比べ雇用機会を多く生み出すだけでなく生産性が高いため、その後の蓄積さらには産業展開にも大きな影響を与える。フィリピンではこうした過程が十分でなかったため、雇用機会は拡大せず高失業率が常態化した。

　高い失業率以上に「不完全雇用率」の高いことが一般の生活には大きな影響を与えている。不完全雇用者とは職に就きながら労働時間が週40時間に達せずさらなる労働を必要としている者（visible underemployed）、および週40時間以上働きながらなお収入を必要としている者（invisible underemployed）を指す（BLES 2003：397）。つまり就労しながらも十分な収入を得ておらず、家計を支えられない労働者を指す。不完全雇用率は総労働人口に対する割合である。

フィリピンでは失業率に並びこの不完全雇用率が高い。1990年代以降、17〜22％で推移している。この傾向は失業率が下がり始めた2010年代半ば以降でも変わらない（表6-2）。職を得ている者の5〜6人に1人が十分な収入を得ていないことになる。

こうした事実と密接に関連するのが、1990年代に本格的な経済の自由化が進む中で急速に広がった雇用の柔軟化 flexibilization、いわゆる非正規雇用化である。派遣労働、契約労働、短期雇用、見習い工、歩合制給与、業務の外部化と下請け化など様々な形態を導入して、解雇の難しい正規雇用を回避し、市況に応じて労働者数を調整できるシステムを多くの企業・工場が取り入れた（Sandana 1998：70）。フィリピンの労働法によれば雇用主は労働者を6か月以上雇用した場合、正規に雇用しなければならなくなる。このため特に技能の習得や蓄積を必要としない小売業関連業種では、従業員の9割以上が6か月未満で契約を解除される（Macaraya 1999：230）。雇用主が正規採用義務の発生する6か月以上の雇用

表6-2　失業率と不完全雇用率（％）

年	失業率	不完全雇用率
1990	8.4	22.4
1991	10.6	22.5
1992	9.9	20.0
1993	9.3	21.7
1994	9.5	21.4
1995	9.5	20.0
1996	8.6	21.0
1997	8.7	21.9
1998	10.3	21.6
1999	9.8	22.1
2000	11.2	21.7
2001	11.1	17.2
2002	11.4	17.0
2003	11.4	17.0
2004	11.8	17.6
2005	7.8	21.0
2006	8.0	22.6
2007	7.3	20.1
2008	7.4	19.3
2009	7.5	19.1
2010	7.4	18.8
2011	7.0	19.3
2012	7.0	20.0
2013	7.1	19.3
2014	6.6	18.4

（出所）　PSA, 2016, *Yearbook of Labor Statistics 2015*

を避けるためである。労働者にとっては昇給、昇進の機会を奪われる。1990年時点で契約労働を採用しているか、業務の一部外注化など柔軟化スキームを取り入れている企業は、電器産業で46％、縫製産業で74％とすでに高い率となっていた（Sandana 1998：72）。両産業とも1990年代までフィリピンの輸出産業、

第6章　貧困と市場　　157

図6-2　雇用形態別割合（%）

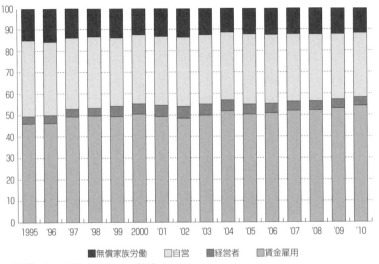

■無償家族労働　□自営　■経営者　■賃金雇用

（出所）*Decent Work Indicator 2012*

工業部門を主導した花形産業であった。いち早く柔軟雇用を取り入れ経営の合理化をはかることで国際競争力を高めていた。柔軟化の慣行は多くの企業に急速に広まり1997年には法制上も合法化されることとなった。

　さらにフィリピンではインフォーマル経済活動に従事する者の割合が非常に高い。統計上インフォーマル部門は、「自営業者」および「無償の家族労働・手伝い」と定義される。1990年代半ばまで総労働人口の半分以上を占めていたが徐々に減少する傾向にある。しかし2010年時点でも4割以上がこのインフォーマル部門に従事をしている（図6-2）。一般に途上国ではインフォーマル部門の比重が大きいといわれるが、フィリピンは他の東南アジア諸国に比べてもそれの占める割合が高い。露天商、行商、靴磨き、修理屋、トライシクル運転手（輪タク）、屑拾い、メイドなど低資本、低技術で営める生業が多い。都市貧困地域や路上でこうした露天商や運転手が目立つためインフォーマル部門は都市居住民の従事する分野だと捉えられがちである。しかし実際にはインフォーマル部門従事者のほとんどは農業労働者や家内工業従事者として農村部に存在する。労働雇用省DOLEはインフォーマル部門従事者の66.2%が農業

関連であると推計している（Soriano and Sandana 1998：33）。2008年国家統計局
NSO の調査によればインフォーマル部門従事者1,050万人のうち、農業関連
41.3％、漁業関連者も合わせれば48.4％であった（NSO 2009）。インフォーマ
ル部門の経済上の貢献度を数値で把握することは難しい。国家統計調整委員会
NSCB の試算によれば1987 - 93年までの約7年間の GDP の45％がインフォー
マル部門によるものだという。その内訳は工業部門で22％、農漁業部門30％、
そしてサービス部門は48％となっている。このようにフィリピン経済にとって
インフォーマル部門は不可欠な役割を果たしている。

　インフォーマル部門は多くの人々に雇用機会や生業の場を提供する。特に貧
困層にとってインフォーマル部門での経済活動は確率の高い選択肢である（So-
riano and Sandana 1998：27）。さらにフォーマル部門で働きながらも柔軟化措置
によって不安定な条件下にある者は、一旦解雇されればインフォーマル部門に
参入し、そこでの経済活動で生活を支えざるをえない。こうしてインフォーマ
ル部門は不安定なフォーマル部門を補完する重要な役割を果たしている。逆に
いえばインフォーマル部門の存在がフォーマル部門における低賃金、短期雇用
等の労働条件を可能にしているわけである。特に不況時や経済危機ではイン
フォーマル部門が低所得労働者を吸収する「緩衝機能」をも担う（Soriano and
Sandana 1998：37）。

　フィリピンは出稼ぎ大国である。国際的に比較してもその数は多い（表6 -
3）。海外出稼ぎ者 OFW: Overseas Filipino Workers は年々増え続け2005年
に年間出国者数が100万人を突破して以降その伸び率は急速に高まっている。
2012年には年間出国者数が180万人を超えた（図6 - 3）。出稼ぎ先としてはサウ
ジアラビア、アラブ首長国連邦を中心とする中東諸国が最も多く、ついでアジ
ア地域である。2011年、香港とシンガポールへそれぞれ13万人、14万7千人が
渡航し、アジアへの出稼ぎの8割以上を占めた。かつて「じゃぱゆき」ともて
はやされた日本への出稼ぎは近年では年間1万人を下回る（DOLE 2012）。

　就労、婚姻を問わず海外に在住するフィリピン人の数は、2013年で累計
1,023万人である（PSA 2015）。単純に在外フィリピン人数を国内総人口1億人
で除すると約10人に1人が海外で何らかの生活基盤を得ている計算になる。[5]さ

第6章　貧困と市場　　159

表6-3 海外出稼ぎ10大国（2013年）

	送り出し国	出稼ぎ労働者（千人）
1	インド	13,900
2	メキシコ	13,200
3	ロシア	10,900
4	中国	9,700
5	バングラデシュ	7,600
6	パキスタン	6,200
7	フィリピン	6,000
8	アフガニスタン	5,600
9	ウクライナ	5,600
10	英国	5,200

（出所）World Bank, *Migration and Remittance Factbook 2016*

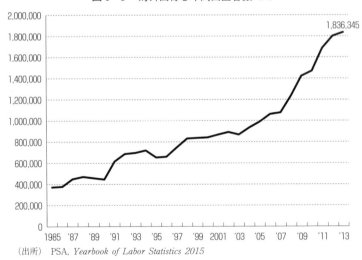

図6-3 海外出稼ぎ年間出国者数（人）

（出所）PSA, *Yearbook of Labor Statistics 2015*

らに海外在住者の労働市場参加率を低く見積もり国内同様約65％と前提すると650万人が海外で就労していることとなる。これは2013年の国内総労働人口6,441万人の9.9％に相当する（PSA 2015）。同年の国内失業率7.1％を相殺して余りある数値である。仮に海外出稼ぎがなかった場合、他の条件が同じだとすればフィリピンの失業率は現在数値の倍以上となるであろう。海外出稼ぎは国内労働需要を吸収する重要な役割を果たしているといえる。

　以上見てきたようにフィリピンの労働構造は失業率、不完全雇用率が高いだけでなく、雇用の柔軟化が急速に進み労働者にとっては不安定な雇用関係が構造化している。こうした不安定要因がありながらも労働構造が全体として一定の「安定」を保っているのは、フォーマル労働市場とインフォーマル部門、海外出稼ぎが接合して機能するからである。インフォーマル部門は雇用の安定しない層や貧困層に生業の機会を提供し、労働市場全体の緩衝的領域として機能する。一方、海外就労は労働者がリスクを個人で負いながら、より高い賃金をグローバル労働市場で得ることを可能にする。条件のある労働者を就労機会不足、低賃金など国内労働市場の矛盾から解放する役割を果たしている。

　構造的にはインフォーマル部門や海外出稼ぎなどの補完的労働市場の存在が国内労働市場の矛盾に対する不満を軽減し、問題を専ら労働者の個人的責任と選択の問題へと転嫁する機能をも果たしている。

3　労働権保護と放縦

　フィリピンでは自由主義的な労働法制の伝統と活発な労働運動が、新自由主義的グローバル化という新しい環境の中で、逆に労働者の権利を揺るがす作用を及ぼしている。労働者自ら獲得してきた権利が浸食されているにも拘らず、労働者からの異議の申し立ても強いわけではない。

　フィリピンは米国統治の影響下、自由主義的労働権を早期から確立してきた。1951年に最低賃金法（共和国法第602号）が定められ、1953年には結社の自由、団体交渉権と労使間の合意形成を制度化する「労使協調法」（共和国法第875号）が制定されている（Imperial 2004：38）。独立間もない途上国としては過

度に先進的な法制度だったとも評される。しかしフィリピンはアジア地域では1950年代まで日本に比肩するほどの経済先進国であり、他のアジア諸国も及ばぬ経済水準であったことを勘案すれば、この期に自由主義的労働権が確立されたことも故なきことではない。

　導入された制度がいかに運用され、どのような効果を生むのかは社会条件と政治状況による。アジアにおける民主主義模範国といわれたフィリピンも1972年にマルコス大統領が戒厳令を施行した後1980年代半ばまで強圧的な権威主義体制を経験する。その間、労働者の権利は大きく制限された。一産業一組合原則、全国労働運動の管制組合「フィリピン労働組合連合」TUCPへの統合、さらに政府・経営者・労働者の三者協調体制の確立が目指された。マルコス大統領を頂点とする権威主義的コーポラティズムの構築が政策的目標であった。バタアン輸出加工区などの外資を優遇する工業特別地区では争議規制や労働者管理が徹底して行われた。

　こうした抑圧的労働管理も民主化によって大きく変更を迫られ、労働権強化の方向へと向かった。1986年にマルコス政権を倒したピープル・パワーの勢いは、労働法制、労使関係、労働権における改善を強く求めた。労働組合の自由化、争議権を含めた労働権行使の保障、三者協調体制における労働者権限の強化などである。しかし労働者がこうして獲得した権利や制度が、経済グローバル化の中で逆に労働者の権利を揺るがすことになる。

　フィリピンでは地域、職種によって最低賃金が規定される。国家賃金・生産性委員会NWPCによる生産性、物価、インフレ率等に関する算出を受けて、政府・経営者・労働者の三者代表が構成する地域別の地域賃金・生産性三者委員会RTWPBで毎年具体的な賃金を決定される。その水準は都市・農村の別、産業部門別に設定される。これは1989年賃金合理化法（共和国法第6727号）、1990年生産性向上法（共和国法第6971号）によって導入された制度である。労働代表の参加により賃金に労働者の意見が反映される枠組みが確立された。しかしながら、実際の決定は当事者間の力関係による。労働者は自らの立場を強力に主張できるほどの影響力を持っていない。2013年のマニラ首都圏NCRにおける最低賃金は非農業部門で1日当たり466ペソと決められた。[6]その水準が高

いか低いかの判断はいかなる基準と比較するかに依るため単純ではない。ここでは人々の生活レベルと比較をしてみよう。左翼系シンクタンクである IBON 基金によれば、6 人家族が快適な生活を送るのに必要な「家族生活賃金」は 1 日1,051ペソである[7]。IBON 基金は最低賃金466ペソが家族生活賃金のほんの44％にしかならないと批判している。ただ NWPC は家族内に働き手が 2 人いることを想定している。家族のうち 2 人の被雇用者がいることが失業率の高いフィリピンにおいて現実的であるかどうかは措くとしても、最低賃金466ペソは 2 人の稼ぎ手がいても家族生活賃金に達する水準ではない。国民の平均所得と比べてはどうであろうか。2012年のフィリピン国民の平均年間所得は20万6000ペソである。これを 1 年365日で除すると564ペソとなる。働き手が 1 人であり就労日数がひと月30日以下という現実的な条件の下で考えれば、最低賃金額466ペソは確実に国民平均所得水準を下回る。さらに貧困基準と比較してみよう。2009年政府の定める貧困線は年間 1 人当たりの収入で、マニラ首都圏において19,802ペソである。これを 6 人構成の家族の 1 日当たり所得で計算すると325ペソとなる。最低賃金は都市貧困の水準を上回る水準ではある[8]。しかし、営業不振企業、従業員10名以下の小規模小売業は、最低賃金法の適用対象から除外されているだけでなく、実際には職場で最低賃金額が支払われていないケースも多い。最低賃金は「目標賃金」となっているのが現実である。加えて行政がそれを厳しく監督徹底する姿勢も弱い。Sicat は賃金労働者の34％は最低賃金以下の報酬しか得ていないと試算する。その34％に失業者およびインフォーマル部門従事者を加えれば、就労人口の約半数は最低賃金水準すら得ていないことになる（Sicat 2004 : 3）。

　こうした低賃金状況の背景に雇用の柔軟化がある。フィリピンの労働法は労働者の雇用を強く保護している。それは労働者自身が運動の結果として勝ち取ってきた権利である。しかし、雇用の保護が新自由主義的グローバル化の中で、企業競争力を減じるとされ、雇用の柔軟化を招いた。雇用主は競争が激化する経済環境の下、労賃を削減すると同時に景気による労働力調整を容易にするため長期正規雇用を避け、契約労働、短期雇用などの様々な就労形態を導入した。一旦正規の無期限雇用をしまうと、調整、つまり解雇が容易にできなく

なるからである。このように労働者の権利を保護する労働法制が逆に雇用の柔軟化を促進することとなった。労働保護法制は結果として、一部の正規雇用労働者の雇用や賃金を手厚く保護する一方で大部分の労働者を不安定的な条件に置くという皮肉な現実を生んでしまった（Sicat 2004：10）。

　こうした状況に労働運動はどのように対応してきたのだろうか。フィリピンの労働組合は歴史的には非常に活発な運動を展開してきたし、その成果として労働権を強化する労働法制を勝ち取ってきた。しかし1986年以降民主化の中で労働組合活動が自由化されると、政治イデオロギーの違い、戦略上の対立、主導権争いなどから多元化と分裂が進み、統一的組織行動が難しくなった。登録された労働組合数は1986年 2,217、1990年 4,292、1995年 7,283、2000年 9,430、そして2010年には 16,132にまで増えているのに対して、全賃金労働者数に対する組織率は1986年に24.6％であったものが、1994年には31.0％にまで上昇した。しかしその後、低下傾向にあり2000年には27.2％、2005年 11.7％、2010年には8.7％にまで急落している（PSA 2015）。現在ではナショナル・センターも10に分裂をし、しかも大半の個別労組はナショナルセンターには結集していない。マルコス期に国家と協力関係にあったフィリピン労働組合会議 TUCP は現在も最大の組織率を誇る。反体制的な 5 月 1 日運動 KMU は1980年代まで一定の影響力を有していたが、1993 - 94年の左翼陣営分裂に伴い、フィリピン労働者連盟 APL、フィリピン労働者 BMP などが分派し全体としては影響力も低下した。キリスト教的自由主義に基づく自由労働者連盟 FFF は長い伝統を持ちいまだに一ナショナル・センターの一角を占めている。戦略や方向性の違いを持ちながらもこうした労働組合が共通に抱える重要課題は、雇用の柔軟化に伴う組織率の低下と、労働運動の新しい方向性の模索である。正規雇用者が減少し短期雇用、契約労働が増加したため、労働者は一つの職場にとどまることなく流動化する傾向にある。そのため職場を前提とした組織化が困難になりつつある。さらに短期雇用者、契約労働者は組合活動に関わることで契約停止や更新拒否等の不利益を被ることを恐れ労働組合への参加を躊躇する。こうして労働組合の組織率は減少し続け、企業との交渉力も低下する。労働組合はこれまでに築いてきた労働権を守っていくだけの勢力を保ちえてい

ないのが現状である。

　そのうえ、企業単位の経営労働協議会 MNC が組合とは別に労使間対話を促進し、雇用主に有利な企業環境を作り出している。そもそも MNC は労働者が経営に参画し企業・工場の生産性向上に寄与しつつ利益の一部を受けることを目的に、1980年代民主化の流れの中で制度化されてきたものである。しかし現在では MNC が、組合に代わって労働者の意見を集約し経営に敵対せぬ関係を構築する役割を果たしている。そこに労働者の切実な要求が反映しているかどうかは疑わしい。

　このようにフィリピンでは労働者の権利保護を謳う制度が逆に労働権を侵害する事態を招いている。そして多くの労働者は必要水準を下回る賃金、生活費を十分に稼げない不完全雇用、短期雇用を促進する柔軟化、失業による無収入など非常に不安定な状況に置かれている。労働運動に参加して自らの権利を主張する労働者も減少してきた。政府は1990年代以降、「社会保障制度」SSS を充実させ、より広範な人々を加入させる方向で動いてきた。しかし低所得者層は支払い掛け金が負担であるとして多くが加入をしていないし、そもそも SSS に失業保険機能はなく失職しても手当てはない。こうした不十分な保障制度の下で不安定な状況に置かれた労働者はどのように生計を立てているのだろうか。別言すれば、十分な賃金を得ずして労働力がどのように再生産されているのだろうか。インフォーマル経済領域と出稼ぎ労働が不安定な労働者層、低所得者層の再生産を可能としている。その具体的なあり方を以下で見てみよう。

4　インフォーマル経済

　フィリピンでは経済や労働市場におけるインフォーマル部門の比重が非常に高い。それが実質的な労働力の再生産を可能とし、労働者の収奪を構造化している。ここではインフォーマル労働市場、草の根市民活動、グローバル商品の売買の3つの観点から検討してみたい。

　第一にインフォーマル労働市場についてである。インフォーマル部門には都市における経済活動と農村における活動がある。都市では低資本、低技術を前

提とした個人、家族、あるいは数名程度による経済活動であり、そこには契約に基づく雇用関係は基本的に存在しない。文字通りの日銭稼ぎであり、運が良ければ収入を得ることができるが、それは不確実で生活は安定しない。多くが露天商、修理屋、自動三輪（トライシクル）運転手、ジープニー（乗合ジープ）運転手、家事手伝いなどサービス部門によって占められている。Soriano らの見積もりによれば1986 - 96年にかけての約10年間でサービス産業のインフォーマル部門は約50％増加した（Soriano and Sandana 1998：33）。フィリピン経済全体にとってもサービス部門は製造部門以上に重要な位置を占めている。そのサービス部門の半分近くがこうしたインフォーマル部門によって担われている。製造業においてもインフォーマル部門の果たす役割は小さくない。多くの輸出向け製造業が生産コスト削減のため、柔軟雇用の採用と同時に生産工程の外部化をはかっている。生産工程の一部を下請け、孫請けといった下位の生産階梯に請け負わせる。その最底辺には原材料の提供を受けて出来高に応じて報酬を受け取る数名規模の作業場労働や家内労働（内職）が位置づく。こうした生産形態は主として、革製品、縫製、電子産業、玩具、工芸品、食品加工、パッケージ、家具製造などの軽工業でよく見られる（Soriano and Sandana 1998：34）。国際市場に廉価品を提供する輸出産業も国内のインフォーマル部門を重要な製造工程に組み込んで、コストを削減し競争的環境で伍しているケースが多い。

　インフォーマル労働力の約半分は第一次産業に従事する。農村部では農業労働者や、サトウキビ大規模農場で収穫期のみ働く季節労働 Sacada などのような雇用関係にあるものから、地域の労働交換慣習に基づく報酬獲得や親族間の互助活動、さらには運搬、行商などの非農業経済活動まで多様である。重要な点は、必ずしもすべてが近代的な意味での雇用に基づくものではなく、人間関係や協力に基づく伝統的労働形態も多いことである。しかも自地を耕作して収穫を得る者が、一方で他人の土地で農業労働者として報酬を得る、あるいは行商など非農業活動に従事するといった複数の収入源を持つことが多い。こうした労働形態は雇用関係のみに依存せぬ労働力の再生産を可能とし、フォーマル部門に対して安い労働力を提供する前提となる。あるいは農村を出て都市部イ

ンフォーマル部門に携わる者が、完全に出身農村との関係を断つまでには時間を要し、その間は家族間での金銭授受や、都市と出身地間のつながりを保持し続け、都市インフォーマル部門との補完関係を保つ。このように農村部インフォーマル部門は伝統的慣習や封建的所有に基づく非資本主義的な生産様式を有するだけでなく、それがフィリピンの資本主義生産様式を補完する役割を果たしているといえる。

第二に草の根レベルでのインフォーマル活動である。草の根運動、NGO活動の近年の傾向は貧困層の経済的自立や生計向上プロジェクトを推進することである。女性団体による縫製品・工芸品の製作と販売や、マイクロファイナンスを通じた商行為支援がその例である。フィリピン経済で「雇用なき成長」が続く中、既存の労働市場での雇用拡大が望めないため、インフォーマル領域における低所得者の「自助努力」に活路を見出そうとしていることにほかならない。フォーマル労働市場に参入できない貧困層が生産活動や販売活動を通じて市場と関わりながら、経済生活基盤を確保する活動である。

慣習に基づくインフォーマルな金銭授受も重要な要素である。困窮した際の日常的な借金である。低所得者は金銭的に困窮すると先ず親族など身内から借りる方法を探る。さらに「インド人」Bombayとか「ファイブ・シックス」5－6と住民から呼ばれるインフォーマルな高利貸から高い利子を払って借金をし生活費にあてる。経済的に不安定な状況に置かれた人々は、身内・友人間の社会資本やインフォーマルな金貸しに依存して生計を維持する。こうして資本主義的関係とは別の領域で労働者、あるいは労働者予備軍の再生産が担保されている。

インフォーマル部門のさらなる外縁に「不法経済活動」が存在する。これらは大抵グローバル市場と結びついている。貧困者はひとつの経済活動から十分で安定的な収入を得られることはほとんどないため、多くが収入源の多角化をはかる。農家と雖も農業収入だけで生計を立てることは難しく、家族のうちの誰かが賃労働あるいは内職業、非農業活動に関わるなど、複数の収入源を持つことが多い（長坂 2009：193-207）。収入源の多角化はより多くの所得を得ることだけではなくリスク分散の意味も持つ。つまりある収入源を断たれたとして

も他の収入源を確保していれば、最悪の事態を避けることができる。より厳しい状況下での生存戦略には、合法的経済活動だけでなく、違法ドラッグの取り引き、物乞い、窃盗、売春等非合法とされる生計活動も重要な選択肢に含まれる。近年の特徴は「商品」としての条件を満たさない「半商品」、社会通念・倫理の観点から認められない「非商品」の売買がグローバル市場・経済と結びつき構造化されていることである。これらを児童労働と臓器売買を例に見てみよう。

■児童労働　　2011年の国家統計局NSOの調査によると、5歳から17歳の子供総数の18.9％にあたる549万人が雇用労働に携わっている。2001年調査ではこのような子供労働者数は420万人とされていたので、10年の間に30％増加したことになる（InterAksyon. com 2012）。そのうちの55.1％にあたる303万人が児童労働にあたる（NSO & ILO-IPE 2011）。フィリピンでは「子供虐待・搾取・差別に関する特別防止法[9]」によって14歳以下の子供の雇用労働を「児童労働」とみなし原則として禁じている。ただし保護者の同意があり、労働条件・環境が整備され健康、道徳上の問題がなく、また本人の発育発達を阻害しないことを条件として14歳以下の子供にも労働が認められる。労働時間、賃金その他の条件に関しては、一般の労働基準に従うべきこととされる（共和国法第9231号）。しかしNSO調査によると実際には児童労働に携わる98.9％、299万人が危険あるいは有害な環境下での労働を強いられている。産業別の児童労働者の割合は農業が58.4％、工鉱業7.0％、サービス業34.6％であり、半分以上が農業に携わっている。その内容は、各家庭における無賃労働とプランテーションでの雇用労働とされる。南・北アグサン両州のパーム油プランテーションでの「労働組合人権センター」CTUHRの調査によると、全労働者の24％が17歳以下の子供であり、収穫、運搬、積入れ等ほぼ大人と変わらぬ作業に携わっている。その85％が1日8時間のフルタイム労働者として働く。中には12時間労働を課せられている子供もいる。86％の子供が最低賃金を下回る報酬しか得ていない（CTUHR 2012）。

　小規模鉱山も児童労働が多く見られる分野である。ミンダナオ、ミンドロ、

ビコールといった地方では家族単位で携わる金の小規模採掘が盛んに行われている。そこでは子供も重要な労働力である。狭い鉱脈では体の小さな子供は大人以上に重宝される。NGO「ヒューマン・ライツ・ウォッチ」の報告によれば、粗末な工具と酸素ポンプをたよりに地下20〜30メートルの採掘鉱で24時間シフトの過酷な労働に関わることも珍しくない。河床の金粉を採集する作業では、少年がコンプレッサーから送られる酸素を頼りに1〜3時間継続的に水中で砂泥を汲み上げる工程に携わる。子供でもできる単純作業だとされている。またアマルガム法による金精錬にも子供が関わり、その工程で水銀に直接触れたり、蒸発した水銀を吸い込むなど、健康上の危険を伴う作業が日常的に繰り返されている（HRW 2015）。高度な技術や機械を駆使した大規模鉱山ではなく、家族単位で行われる小規模鉱山業においてこのような危険な児童労働が一般化している。

　貧困層にとってみれば収入を得るためには、違法であるか、危険であるかは二次的な問題である。より良い労働条件を求めて現金を得る機会を失うよりも、不法・不利であってもすぐに何がしかの収入につながるのであれば、後者を選択する方が生計戦略にとっては合理的である。フィリピンの労働構造の最底辺を支えるのは、法や規制の及ばない状況下で労働力の再生産条件も満たさぬ低賃金と引き換えに「半商品」を売らざるをえない最貧困層だといえる。

■臓器売買　　貧困に関連して違法な臓器売買もしばしば行われる。生活のために健康な成人が非合法に臓器を売るケースが特定の貧困地区で報告されている。緊急の入用や借金の返済のために腎臓を1つ2,000〜3,000米ドルで提供する。ケソン州ロペス村では127人の若者が腎臓の摘出と販売をしていることが報道された（del Mundo 2012）。臓器仲介人が村単位で"買いつけ"を行うため、同じ地域・地区に多くの提供者が存在するケースがよくある。提供者は臓器摘出後の後遺症に悩まされたり、健康を損ねてその後の生産活動にも支障をきたす例が多い。フィリピンは世界保健機関 WHO によって、インド、パキスタン、エジプト等と並ぶ移植用臓器の不法取り引き国として名指しされるほどに臓器売買が闇で横行している（Shimazono 2007：957）。インド政府が1994年

「生体移植法」によって臓器売買を禁止するに至って、逆にフィリピンでの生体移植は増加することになった。フィリピンの法律でも生体臓器売買を禁じている。2008年アロヨ政権時にすべての腎臓生体移植を禁ずる通達を出した。さらに2010年に保健省は「生体提供は自発性と真の博愛精神に基づくもの以外は認めない」との行政指導を行った。[10]

　しかしその一方で、グローバル規模の経済自由化に対応する中でフィリピン政府は外国人富裕層をターゲットとした医療産業振興戦略をも同時に進めている。2004年に「フィリピン医療ツーリズム計画」PMTP を発表し、官民協力の下、生体移植を含めた高度医療提供に向けた取り組みを行っている（Picazo 2013：2）。既に年間推定 6 ～10万人の患者が海外から訪れ、新しい産業として拡張しつつある。2010年にはフィリピンの医療ツーリズムは規模において世界11位にランクされ、アジアではタイ、シンガポール等についで第 5 位の位置を占めた。こうしたグローバル産業として需要の高まる移植事業への臓器供給は「自主性と博愛に基づく提供」だけでは追いつかない。法的には「人身売買禁止法」（共和国法第9208号）において「腎臓の生体移植は医療ツーリズムの対象としない」と明確に規制してはいるものの、実態としては闇市場が成立している。むしろ闇の臓器売買なしには政府の医療ツーリズム産業が成り立たない。貧困者による闇市場での臓器提供という選択肢は生活苦を打開する生活戦略のひとつとして構造化されているといえるだろう。

　貧困者の生存戦略としての児童労働も臓器販売も、グローバリゼーションの文脈に埋め込まれたフィリピン経済の競争力を支える構造的要素としての役割を担わされている。児童労働は、労働力の再生産を可能とする賃金水準を前提としない「半商品」としてインフォーマル市場において売買されるものであって、社会的にも、倫理的にも規制をされている行為である。しかし、それらがフィリピン農業、鉱業の生産構造を最底辺部分で支えているのも事実である。一方、取り引きされる臓器は法的にも禁じられている「非商品」である。しかし需要と供給、売り手と買い手、仲介者、さらに政府産業振興政策が結合する中で、その闇市場における取り引きが構造化され不可欠な要素として機能を果たしている。このように生活に窮する貧困者は、児童労働力、臓器といった

「半商品」「非商品」の売り手として自由化されたグローバル経済と結びついている。

　以上見てきたように、フォーマル部門とインフォーマル部門の融合する補完的労働市場、草の根運動による現金収入促進事業、慣習的な社会関係、さらには非合法なグローバル商品買売といった諸要素の「接合」がフィリピンの生産関係を作り出している。貧困層はその中で報酬が少ないながらも可能性のあるあらゆる選択肢を利用して生計獲得基盤を確保する存在として位置づいている。

5　グローバル労働市場

　海外出稼ぎ者の存在はフィリピン経済、社会にとって不可欠となっている。海外に住むフィリピン人が家族や親戚に送る金額は莫大であり、近年のフィリピン経済好況は海外送金の堅調な伸びと国内における消費が支えている。世界銀行統計によれば海外送金額のGDPに占める割合は年々増加し、2000年に11.5％、2005年にはピークを迎え13.3％にまで達した。その後若干減るが、2010年 10.8％、2015年 10.2％と約1割を占める（WB 2017）。統計上の数字は政府の把握可能な正規ルートによる送金額である。実際には送金手数料を節約するために出稼ぎ者自らが国内に現金を持ち込んだり、知人に託して「送金する」ことが多く、その額も合わせればフィリピン経済の相当部分が海外出稼ぎによって成り立っているといえる。

　フィリピン経済を支える出稼ぎ労働を、近年政府は国家戦略、産業政策の一環として明確に位置づけた。そもそも海外出稼ぎは1970年代マルコス期に国内不況を乗り切る一時的な手段として政府が推奨したものであった。1982年には現在のフィリピン海外雇用庁（POEA）の前身となるフィリピン海外雇用局が設置された。1990年代に入って世界経済の自由化もいよいよ進み、労働力を送り出すフィリピンにとっても追い風となる。政府は1995年に共和国法第8042号「移民労働者及び在外フィリピン人法」を制定し、出稼ぎ労働者および送り出し家族の保護、福利の保障を規定した。2010年には同法を改定し海外労働者の

権利保護と労働条件確保をさらに強化した（共和国法第10022号）。政府の認める労働基準に満たない約40か国に対してはフィリピン人労働者を派遣しないことも決めている。このようにフィリピン経済・社会にとって出稼ぎ労働は急場をしのぐ一時的対応、例外的就業形態ではなくむしろ通常の就労形態として位置づけられることとなった。

　しかしフィリピンの国内法でいくら出稼ぎ労働者の権利保護を謳っても実際には受入国の労働慣行や制度に従うしかない。労働者は国境を越えたグローバル労働市場で自国政府の庇護や支援のない状況に置かれることになる。海外での労働および生活上のリスクがフィリピン政府の対応によって軽減されることは少なく、専ら労働者個人に帰せられる。

　海外出稼ぎ労働市場の存在は国内労働市場の低条件での「安定」をも担保する。年間200万人近い労働者が海外に職を求めて出国する。もし彼らに海外出稼ぎという選択肢が閉ざされ国内にとどまっていれば、失業率もさらに高いものとなるであろうし、雇用、労働条件に対する不満も高まるであろう。職を得られなくとも、その不満は労働運動や労働権行使という形では現れず、むしろ個人レベルでより良い雇用環境を海外に見出すことに向かう。海外出稼ぎ者の大半は貧困層ではない。高卒あるいは大卒といった高学歴者が多くを占めるし、所得においても渡航資金を用意できる階層であり、必ずしも最底辺層から出てきているわけではない。海外出稼ぎは一定の教育的経済的背景を持つ階層の生活戦略である。それは高度な専門的知識や技能を持つ人々が多く渡航する実態とも整合する。例えば表6-4に見られるようにフィリピンは多くの医師を海外に排出する。それに関連して、フィリピンでは学歴が高いほど失業率が高い事実を指摘できる。2011年時点で、全失業者のうち高校卒業者が45％、大学卒業者42％であるのに対して、小学校卒業者は13％と低い（ILO 2012：14）。これは高学歴者ほど賃金、労働条件において納得しうる機会を求め、それがなければむしろ待機つまり「失業」をして内外問わず満足しうる機会を得ようとすることを示している。

　海外での賃金水準は多くの場合フィリピン国内よりも高い。先進国で働けば、同じ労力で何倍もの賃金を得ることができる。例えば一般賃金工の1か月

の賃金が、日本（横浜）では3,306ドルであるのに対して、フィリピン（マニラ）のそれは301ドルである（三菱 UFJ 2013）。単純に比較をすれば日本の賃金はフィリピンのそれの11倍である。こうした国際賃金格差が、多くを海外出稼ぎに向かわせる背景にある。翻って海外の高賃金水準へのアクセスの可

表6-4　医師の海外出稼ぎ大国(2004年)

（人）

1	インド	71,290
2	フィリピン	20,000
3	カナダ	18,635
4	英　国	17,759
5	南アフリカ	16,433

（出所）　IRDES, 2014, *Questions d'economie de la Sante*, n 203

能性は、フィリピン国内における賃金水準への無関心につながる。フィリピンの賃金水準が高いか低いかに関する議論は分かれるにしても、実際に生活に困窮する人々はより高い賃金を要求する。しかし一定の技術技能、知識、経験を持つ人々は就労機会を海外に求めるため、国内賃金水準に対する関心は薄れる。こうして賃金評価をめぐる労働者内での分裂が生ずることになる。

　以上のようにフィリピンでは海外出稼ぎ労働が経済・社会全体に根づき重要な領域を構成している。10人に1人が海外で働く状況を生み出した。これは、ほぼすべての国民にとって家族か近い関係者に必ず海外出稼ぎ者がいることを意味する。場合によっては家族や関係者は海外からの送金の恩恵にあずかり生計を立てている。ここにも賃労働関係のみに依存せず労働力の再生産が可能となる条件がある。

　以上見てきたようにフィリピン労働市場は、資本主義的生産様式と非資本主義的生産様式、国内のフォーマルな労働市場とインフォーマル経済、そしてグローバル市場が「接合」する形で構成されている。こうした労働構造が、労働者個人にリスクを負わせながらフィリピン経済・市場の競争力を維持する前提となるだけでなく、貧困層の労働条件、生活条件の改善を阻む要因として働く。学歴等参入資格を持たない多くの貧困層はフォーマル労働市場から排除される。貧困層は労働力を「商品化」する機会すら与えられず不安定なインフォーマル市場、農村生産活動、不法行為等を通じて生存を維持することを強いられる。貧困が再生産される構造である。

第6章　貧困と市場　173

6 農業と市場

　貧困者の多くは農村部で生活をする。農村に住むすべてとまでいわぬまで
も、その大半が何らかの形で農業に関わる。ここでは農業と市場の関係につい
て検討しよう。

　フィリピンでは全労働者のうち農業に従事するものが2005年で31.7%、2010
年 29.1%、2015年 25.7%と徐々に減少してきている（PSA 2016）。一般に都
市よりも農村での家族員数が多いことを勘案すると農業に依存する人口の割合
は若干多くなる。しかしフィリピンの農業は既得権益を擁護する体質の中で効
率的な生産と流通の発展が阻害されてきたうえ、1990年代以降の急速な自由化
が農業従事者の生活をより不安定化する条件を生み出してきた。

　フィリピンでは封建的土地所有関係と国家による強度の管理制度が相俟って
農業生産の非効率を生んできた。1980年代までフィリピンの重要産業であり主
要な輸出品目であった砂糖およびココナツは現在、生産においても国際競争力
においてもかつての地位にはない。砂糖の栽培加工は長年ラウレル・ラング
レー協定に基づく米国の輸入割当制度によって支えられていた[11]。協定が1974年
に失効すると、砂糖貿易は国家砂糖取引協会 NASUTRA の管理の下に置かれ
た。1986年マルコス政権崩壊まで砂糖産業は国家の管轄下に入ると同時に、
「砂糖貴族」と呼ばれた有力農園所有者らが利権集団化し、マルコス・クロー
ニー（取り巻き）として政権と癒着した（David et al. 2007：10-11）。国家に保護
され技術的経営的革新を怠ってきた砂糖産業は、1970年代の一次産品ブームが
去り1980年代初頭の国際価格暴落で壊滅的な打撃を被った。そのうえ、大規模
農園も農地改革の対象となり一大生産地であったネグロス島では砂糖産業は一
気に衰退した（永野 1990）。1980年に31万トンだった生産量は2014年には25万
トンにまで低下した。国内需要をタイやオーストラリアからの輸入で充足する
ほどである[12]。

　ココナツは果肉を乾燥させたコプラ、加工用のヤシ油などとしてかつては
フィリピンの重要な輸出品目を構成していた。ココナツ栽培地は、全農地の約

3分の1を占め、低所得地域と重なる。農家の中でもココナツ栽培者に貧困層が多く見られる。2015年の生産額はコメ（3,110億ペソ）、バナナ（1,365億ペソ）に次いで第三位（952億ペソ）と高い。ところがこのココナツも1990年代以降その生産技術に改善をみず、相対的に国際競争力を低下させた（PSA 2016）。土地1ヘクタール当たりの単収で見てみると1990年に3,837キロであったのが2000年4,133キロ、2010年4,337キロ、2014年4,197キロと微増にとどまる。対して、インドネシアではそれぞれ5,360キロ、5,881キロ、6,040キロ、6,050キロと着実な上昇を見ている（FAO STAT）。制度・技術的対応の遅れがもたらした結果である。

　農業生産の停滞は輸出品目、商品作物に限ったことではない。貧困層の生活にも不可欠な主穀物コメでも同様な状況がみられる。コメの単収は高くない。1980年1ヘクタール当たり2,211キロの単収は、1990年2,979キロ、2000年3,068キロ、2010年3,622キロと上がってきた。しかしそれはベトナムやインドネシアなど他の東南アジア諸国に比べて高いとはいえない（図6-4）。単収ではフィリピンよりも低いタイは、耕作面積の拡大によって生産高をのばし世界でも有数のコメ輸出国となっている。対して、フィリピンでは1970年代に耕作地の外延的拡大はほぼ頭打ちとなり、加えて急速な人口増加に伴い拡大したコメ需要を国内米のみで賄うことはできない。1990年代後半以降は恒常的に多量のコメをタイやベトナムから輸入をしている。

　このような農業生産における停滞は必ずしも従来からの封建的体質のみから説明できるものではない。1990年代以降本格化する経済と貿易の自由化政策がもうひとつの要因をなした。

　フィリピンは1981年に世界銀行、IMFの構造調整プログラムに基づく「貿易改革プログラム」に取り組み始めた。輸入代替工業化戦略と利権構造の転換をはかることが目指された。実際の改革は1986年コラソン・アキノ政権の成立以降に本格化する。貿易障壁の関税化と、段階的関税削減がその内容である。東南アジア地域でも1992年「アセアン自由貿易地域」AFTAによって域内ゼロ関税化が目指されることになった。1994年にはGATTウルグアイ・ラウンド合意によって、フィリピンにもコメの低率関税によるミニマム・アクセスが

図6-4　1ヘクタール当たりのコメ単収（キロ）

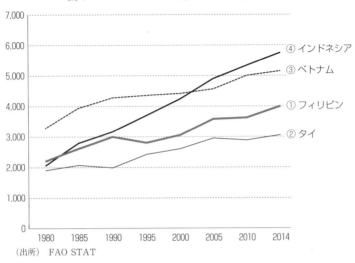

（出所）　FAO STAT

導入されることになった（Cororaton and Corong 2006：7-8）。

　フィリピンは他の東南アジア諸国に比べても早い段階から急速な貿易の自由化が進められたため国内農業は輸入品に対抗できず、農産物の輸出国から輸入国へと転じることになった。安価な輸入穀物の大量流入は都市部消費者、非農業部門労働者を利するものではあった一方、農民には大きな犠牲を強いることとなった。破綻するトウモロコシ栽培農民も多く出た（Borras et al. 2007：158-160）。長年国際市場から隔絶され競争的環境に置かれてこなかったうえ、特定集団が利益取得構造に安住して技術革新に怠ってきたことの弊が、急速な自由化によって露呈する形となった。

　こうした状況に対する政府の対応が1997年「農業漁業近代化法」AFMAであった。技術開発、インフラ整備、信用供与等を通じて農漁業の生産性を高め、農漁民の所得保障と食料供給の安定を図ることを目的としていた。しかし実際の執行は限定的であった。例えば全耕作地のうち灌漑の整備された農地は法律制定10年を経た2006年でも8.3％、2011年で9.3％と高くない。機械化の進展も緩慢である。2000年におけるトラクター普及状況はタイ43万9千台、ベトナム16万3千台に対して、フィリピンは5万9千台であった（WB 2017c）。

Amongo らによる南カマリネス、イロイロ、レイテ、東ミンドロの 4 州での2012年調査によると、ハンド・トラクターは調査対象農家の90％、脱穀機は80％に普及しているのに対して、精米機は18～74％、ポンプ10～21％、乾燥機 2～ 5 ％と高くない。政府は2013年に農漁業機械化促進法（共和国法第10601号）を制定し、技術・機械の普及、農業機械産業の振興、信用供与を制度化した（Amongo and Larona 2015：4-8)。

　中小農民の生産条件改善と農業競争力の向上を目的として設けられた基金も十分に機能していない。競争的農業促進基金 ACEF は1995年農業関税化法（共和国法第8178号）によって設立されたもので、ミニマム・アクセスによる輸入関税収入を小農漁業民、関連中小事業者への信用供与に使途し、生産性と競争力を向上させることを狙いとした（Israel 2012：5-6)。しかし約200億ペソの基金の供与先が小農漁民ではなく大企業である実態や、返済率が非常に低いことなど様々な問題を生んできた。政策目的である小農漁民の保護と生産性の向上はもたらされていない。基金運営は2008年までの期限が設けられていたが、2008年および2015年にそれぞれ延長し2022年までの存続が決定されている（Magno 2015；Romero 2015)。

　経済の自由化は当初、生産と流通における旧態依然とした既得権益構造や政治的癒着を是正し、市場原理を徹底することで効率化をはかることにその目的があった。しかしフィリピンの農業は自由化によってそうした利権構造が払拭されたとはいえない。コメの生産では農地改革の一定の進展によって大地主所有者による封建的な直接支配は多く改善された。しかし、コメの流通では「コメ・カルテル」が隠然と影響力を持ち公正な取り引きが歪められている。タイの中央平原とフィリピンのヌエバ・エシハ州におけるコメの流通過程を比較したDaweらのДawe らの調査によると、農家買取価格と小売価格の差である総流通付加価格がフィリピンは 1 トン当たり67ドルでタイ16ドルの約 4 倍である。精米費はタイの1.8倍、運送費1.8倍、倉庫保管費5.7倍とほとんどの工程でフィリピンは割高である（Dawe et al. 2008：458)。これらは閉鎖的な生産流通機構の中で独占業者が大きな影響力をもつことの結果である。高い中間マージンは消費者価格に転嫁される。こうした農産物市場の歪みが食料価格高につながり、貧

困者の生活を圧迫している（Diokno 2016）。

　流通価格の操作や海外からの闇輸入も大規模に展開している。2008年に世界的な食糧危機と食料価格の暴騰が生じた際、フィリピンのコメ価格も上昇した。しかしそれはコメの絶対量の不足よりも、価格高騰を見越したカルテルによる買い占めが大きな要因だったとされる。その背景には緊急時のみならず日常的にコメの流通が一部の販売業者によって操作される実態がある。コメ・カルテルの現状と全容を把握するためアロヨ大統領は「買い占めおよび密輸取り締まりチーム」を設置して調査に乗り出した（Head 2008）。しかしその全貌はつかめず、その後も大量の買い占め、密輸、価格操作が続いている。農業省がたびたび対策チームを立ち上げたり、議会において「コメ・トウモロコシ買い占め取り締まり法案」が審議されながらも法制化されないでいる。コメ・カルテルの暗躍は政府役人や政治家との癒着関係を伴うため規制することも難しいのが実態である。

　以上1990年代以降の貿易自由化はフィリピン経済を一気に国際競争にさらす形となった一方で、生産と流通を支配する従来の利権構造と政治癒着問題、またそれらに基づく非効率性が払拭されることなく存続する条件を提供してきた。ここでもグローバル自由化の要素と従来社会の抱えてきた諸要素と体質が「接合」する形で現在のフィリピン農業の実態が形成されているといえる。

7　む す び

　フィリピンでは生活基盤に関わる労働市場や農業が貧困を構造的に再生産している。最後に市場に関わる「接合」について整理をしておこう。第一は国内要素とグローバル環境から持ち込まれた新しい要素との接合である。労働市場では保護された労働権がグローバル化する環境の中で柔軟雇用を促進し多くの労働者を不安定な状況に置いた。一方インフォーマル経済などの非資本主義的生産関係は自由化の進展とともに解消されるのではなく廉価な労働力を提供する労働市場を支える新しい機能を果たしている。農業分野では過剰な保護と権益集団の存在が生産と流通の非効率を従来から生じていた。グローバル自由化

の波は、生産向上政策が奏功せず権益構造の是正も徹底しない中で、産業としての農業基盤を揺るがしてきた。こうした状況は農業従事者の生計を十分に保障しない。労働市場においても農業においても、従来からの国内的要素と自由化が進む中で新しくもたらされたグローバル要素が「接合」し、貧困者にとってはより不安定な環境が生み出されている。

第二の「接合」は資本主義的生産関係と非資本主義的生産関係の統合によるフィリピン特有の経済構造である。競争的な経済環境の中で生き残りをかけるフィリピン経済は内外の資本に対して有利な労働条件の提供に努めてきた。それが労働市場自由化であり雇用の柔軟化である。フィリピンの労働市場は、賃金のみで生活を維持できる少数の保護された労働者と大量の不安定な非正規雇用で構成されるフォーマル部門に、自己経済活動を基本とするインフォーマル部門、そして国内労働矛盾の緩衝としての海外労働市場が接合する形で構成されている。それは低賃金と自由な雇用調整を資本に可能とする半面、労働者、生活者には脆弱な生計基盤を強いることを意味する。

近代化されない農業は商工業部門と接合し労働市場における低賃金を可能とする条件を提供する。封建的生産と利権構造による非効率的な生産流通体系を持つ農業が、経済と貿易の自由化によってグローバル規模の競争にさらされた。しかし旧態依然とした生産流通構造は是正されることなく農業生産性もさほど向上していない。廉価な輸入食料の流入は国内農業を犠牲にしつつも、都市労働者の低賃金を支える条件を提供する。さらに低生産性ゆえに農業だけで生活できない多くの層がインフォーマル労働市場に参入することで労働構造全体を底辺から支える機能を果たす。

フィリピンではこうした市場をめぐる国内要素とグローバル要素の接合、生産活動に関わる資本主義的生産関係と非資本主義的生産諸関係の接合によって経済競争力を維持している。生活上の犠牲を強いられる貧困層はそうした市場構造を底辺から支える存在である。

第7章

家族・親族の生存戦略
――貧困者の主体性

1　はじめに

　貧困者の生活状況や貧困への対応を考える際、国家による政策や市場を通じた生産活動、CSO の組織活動に加えて、彼ら自身の生存戦略の検討を欠かすことはできない。フィリピンをはじめ多くの途上国社会では、人々が国家制度、市場での生産活動、外部支援者主導の社会組織活動に必ずしも全面的に依存して生活を成り立たせているわけではないからである。むしろそれらの領域に頼らず、独自の生活形態や慣行、ローカルな制度に依拠した生存戦略がより重要な役割を果たす場面も多い。

　貧困者は往々にして救済の「対象」であり、政策の「受益者」とみなされがちである。しかし、実際に生命を紡ぐ者はいかなる困難な状況にあろうとも、選択肢がすべて封じられない限り自身で懸命に生存の糸を手繰り寄せようとする。それをセンは誰しもが内に秘めて持つ「潜在能力」capability として捉え、開発論における新しい地平を切り拓いた（Sen 1992：2000）。チェンバースは、外部者の持ち込む理念や手法にではなく、貧困者や住民の持つ認識や智恵を重視して、現場の条件や当事者の主体性に依拠して対応をすることが問題の解決につながると主張した（Chambers 1997）。ドイルとゴフは貧困者を、所与の生活条件に順応しニーズの充足を目指す存在としてのみ捉えるのではなく、生活条件や社会環境そのものを変革する積極的な主体として捉えている（Doyal and Gough 1991；太田 2009）。政治人類学的な観点からは、サバルタン研究の流れを汲むチャタジーが貧困スラム住民の持つ独自の世界観と慣行、さらには

生活戦略が、必ずしも近代国家制度に搦み取られるのではなく、むしろ国家や近代制度を選択的に取り込み利用しながら生活を主体的に維持する前提となっていることを論じた（Chatterjee 2006）。フィリピンの都市貧困層を調査分析した日下は、彼らの持つ世界観と生活領域を「大衆圏」と呼び、近代的政治制度に規定される「市民圏」と区別して、その主体的な行動展開を論じている（日下 2013）。このように社会的経済的に周縁化され抑圧された貧困層は生活資源を十分に確保できない状況でも、いつも施しや政策的恩恵に依存する受け身的存在でいるわけではない。むしろ何らかの形で生活の糧を自ら獲得し、生存の道を探ろうと能動的に行動する存在である。彼らの生活戦略や行動は必ずしもマジョリティの社会制度や規範とは合致しないかもしれないし、ことによっては「前近代的」であり「因襲的」であるかもしれない。さらには「不法」「不道徳」と評されるものかもしれない。しかし生存の淵に立たされた者にとってそうした区別はむしろ二次的なものでしかない。彼らは与えられた条件を利用しつつ生存の契機と資源の獲得を追求しているにすぎない。さらに彼らは生産活動に従事して生活基盤を築くだけでなく、不安定な生活条件の中で生存基盤を破壊しかねない災厄や出費などのリスクを軽減する日常的社会関係や相互協同関係を構築し共有する。それらは困窮時にいつも機能するとは限らないものの、生存戦略の中では重要な位置を占める。

　本章では、フィリピンにおいて生存のため貧困者が家族・親族を中心としてどのような生存戦略を実践し、またいかに生活上のリスクを分散しながら生計を維持しているのかを検討して行く。以下では、第一に生活におけるリスク分散で最も重要な役割を果たす家族・親族の実態を論じる。第二にコミュニティや社会レベルで共有される「分かち合い文化」と、それらの慣行や行動を支えるフィリピンの価値感について検討する。第三に貧困プログラムや社会政策など外部から持ち込まれる制度や組織活動に対する貧困者の主体的な関わりについて考察をしてゆく。

2 家族・親族のリスク分散機能

　生産活動、経済行動に従事することで収入を得て生計を立てていくことと並行して、フィリピンでは生活上のリスクを軽減し生存を維持するシステムが機能してきた。ここでは家族・親族の構成と機能に着目して、それらが生活においていかなる役割を果たしているのかについて検討してみよう。

　一般にフィリピンでは家族・親族の結びつきと絆が非常に強固で、階層を問わずそれが社会生活、経済活動、政治行動にまで大きな影響を与えている。エリート階層における家族紐帯の堅固さと家族への利益誘導、縁故主義（ネポティズム）が、「国家」の公的役割を制限し一般国民の便益を犠牲にしているという分析、つまり「強い社会」としての強固な家族と「弱い国家」の組み合わせがフィリピン政治の脆弱性の根底にあるとする議論は政治学において広く共有されている（McCoy 1994）。その場合「家族」とはどういう組織を指すのか。フィリピンでは血縁の比較的遠い者が一つ屋根の下で一緒に暮らすなど家族の境界が曖昧である一方、同居をしながらも家計や台所を別にするように「世帯」としては融合していないケースも見られる。あるいは外国人と結婚をして異国で別世帯を構成しながらも、結婚後も母国の親に仕送りをして実家と「家計」を共有するケースも多く、家族形態と実態は単純ではない。

　強固な家族関係は、国家によっても一定の機能を期待される正当な社会単位として位置づけられている。1987年フィリピン憲法は第15章「家族」第1条において「国家は家族を国民の基礎とみなす。従って、国家は家族連帯の強化またその全面的な発展を積極的に推進する」と述べる。民法第216条では「家族は基礎的な社会制度であり、公共政策はそれ（家族）を繁栄させ保護しなければならない」とする。日本で戦前の家族、いえ制度が封建的遺物として見直されたのとは逆に、フィリピンではむしろ社会の基礎的な単位、公的政策の対象として積極的な位置を与えられている。実際、人々は支援を必要とする時、国や行政にではなく先ず家族および親族に援助を求める。そして家族はそのように機能するし、社会もそうした家族の役割と位置づけを共有している。台風や地

震などの自然災害に見舞われた際に人々は行政や外部組織の救済や支援に期待する前に、先ず親族に助けを求めることも報告されている（Medina 1991：51-52）。このように社会観念の上においても、日常の行動においてもフィリピン人にとって家族は大きな意味を持つ社会組織単位である。

　ただし血のつながった家族が自然に相互扶助の原理を共有したり、家計を共にする世帯構成員がいつも親和的であるとは限らない。家族や世帯には常に一定の時代環境と社会条件の中で果たすべき具体的機能が与えられまた期待されるものであり、文化的価値や規範といったイデオロギーによって規定される「文化的構築物」だからである（鈴木 1995：22；Yanagisako 1979）。生活する場の自然環境、社会条件によって家族や世帯の構成、さらにはそれらに求められる役割や意味づけも変わってくるのである。

　以下ではフィリピンの文化的構築物としての家族・親族と世帯がどのように[1]編成され機能し、生活の困難さや貧困への対処にいかに寄与しているのかを検討していこう。フィリピンの家族・親族に関する社会人類学分野の研究蓄積は多い。ここではそれらに依拠しつつ生存戦略の観点から家族、世帯について考察してみたい。

　フィリピンの家族・親族の特徴は、堅い絆と深い愛情によって結ばれた強固な関係にあるとしばしばいわれる。実際、多くのフィリピン人にとって家族関係は幸福であるか否かを左右する最も重要な要素である（Romulo et al. 2011：4）。しかしその社会的機能を詳細に見てみると実態はそれほど単純ではない。フィリピン家族・親族の特徴は明瞭な境界を持つ強固な集団ではなく、伸縮自在でゆるやかな血縁ネットワークであるという点にあり、そのネットワークの構築と維持には「情」のみならず「実利」の追求が根底的動機として強く働いている。むしろフィリピンの家族・親族は、生存戦略行動の最小単位として実利的に構成され機能しているともいえる。

　フィリピンの人々の社会関係形成の基礎は、個人を中心とした二者関係とそれを結びつけたネットワークの形成にある（菊池 1980；中根 2002：333-340）。個人は家、親族、地域などの社会集団に強い帰属意識を持ち、それらに依存して社会関係を構築するのではなく、あくまで「個」を中心とした一対一の関係

を基礎として血縁、地縁その他の諸関係を結合集積する形で多様なネットワークを構築してゆく。そのネットワークは確固たるものではなく比較的緩やかで、むしろ状況によって大きく変化をする。またネットワークの内と外の境目は必ずしも明瞭ではなく、血縁の何親等までが日常的な生活条件を共有する範囲であるかといった境界もはっきりしない。つまり状況に応じてネットワークの範囲は伸縮する。一見、拡大家族の様相を呈するそのネットワークは固定的ではなく、日常的交流を重ねることで維持をされているに過ぎない。逆に一旦築かれたネットワークも交流の欠如とともに消滅しうるし、世代交代や関係性の変化により大きく変容する。Kaut はそうしたフィリピンの家族・親族関係の特徴を、確固として形成された「社会集団」social group ではなく、「社会集団化」social grouping の一様相として捉えた（Kaut 1965)。つまり血のつながりを前提としながらも、その中で常に新しい集団の形成を模索し続ける実態を指している。菊池はフィリピンの家族・親族を、確立した成員権 membership を前提とする関係としてではなく、絶えず自由に改変しうる「集団籍」group domicile として理解した（菊池 1980 : 58)。個が特定の強固な集団に固着するのではなく、緩やかで大きな集団に属しながらその中で流動的、可変的な関係を結んでいる状況だと捉えた。いずれも家族・親族ネットワークが状況に応じて、常時変化の過程にあるという点で共通した理解である。個人の観点から見れば家族・親族関係は常に流動する社会関係の一過程であるに過ぎない。

　このような緩やかなネットワークとして家族・親族を捉えた場合に問題となるのは、第一に個人が具体的に何に依拠してそのネットワークを構築していくのかという点と、第二にいかなる動機を以てネットワークの形成と維持を追求するのかという点である。まず前者から考えてみよう。個人が関係性を築くとき親子、姉妹兄弟といった血縁を出発点としそれを核とすることはいうまでもない。そしてフィリピンでは、東南アジアに広く見られるように双系制が親族関係の基本である。つまり個人は父系と母系の双方に平等なつながりを持ち、どちらか一方に強い帰属意識を持つことなく両系に広く関係を結ぶ（菊池 1980 : 53-68)。実際には父系、母系と均等につながるわけではなく、双方との

関係可能性の中から状況に応じて意味ある関係構築を選択することになる。例えば、結婚後の住まいは夫方の両親の家であることもあれば、妻方の実家であることもある。それは双方の家族状況、住環境、将来計画などによって決められる。また、ある個人が死んだ際に、死者を父方と母方のどちらの家系の墓に葬るのかに関しても確固たるルールがあるわけではなく、故人がより強い関係を生前に結んでいた親族系統の墓地に埋葬されるケースが多い（高橋 1972：156）。このように個人は状況に応じて父系からも母系からもより有利な条件を引き出しながら実際の関係を結ぶことが可能となる。

　個人にとって関係形成をする領域は父系、母系のつながりの中にあるだけでなく、血縁が必ずしも濃いとはいえない遠い親戚にまで及ぶ。タガログ語の「血族」に相当する kamag-anak は字義的には「子供たちのつながり」を意味し、自分と配偶者、および子供、両親、祖父母、曾祖父母の兄弟姉妹、その子孫まで含む第四イトコにまで及ぶ広範囲にわたる。日常用語の中では第一イトコも第四イトコも区別されることなく pinsan と呼称され、血縁の濃淡はあまり意味を持たない。そうした広範囲の人々とのつながりを持つとしてもすべて平等に日常的な関係を維持することは不可能である。近くに住んでいる、日ごろ行き来がある、子供同士の仲がよい、お互いに気が合うなどの諸条件によって関係性に濃淡が生ずる。経済的に依存できる親戚や社会的影響力を持つ親族を選択して、より強い関係を意図的に結ぶことも珍しくない。こうした親族ネットワークが広範囲にわたったとしても、あくまでその中心には夫婦と子供からなる核家族が存在する。この核家族の持つ意味は大きく、同居する「親族」であっても、ともすれば台所を別にするといったケースすらある（玉置 1982）。それを越えた親族関係は父母双系の血族をたどりながら諸条件や好みによって選択されてゆく。

　第二の考察点はこうしたネットワーク形成の動機である。非常に緩やかで可変的なネットワークが何を求めて変化するのかという問題である。明瞭な境界線を持たないネットワークの強弱は個人の意思や好みに基づき、そこには一般的な原理が見出せないとして Kaut はネットワーク形成を「不確定の原理」に基づくと説明した（Kaut 1965）。はたしてそうであろうか。単に血縁だからと

第7章　家族・親族の生存戦略　｜　185

いってその関係性が長期にわたって同じように維持されるわけではない。その関係性の維持には日常的な関係形成行動が伴わなければならない。例えば日ごろの物品・金銭の相互融通や労働交換、誕生日や祭事などの行事における共食や交流を重ねることによって関係はつくられ強化される。血縁関係の遠近よりも、日常的な交流と互助行動、緊急時援助の授受、共同作業などを通じて結びつきを絶えず確認をすることがネットワークを維持する上で非常に重要な役割を果たす（玉置 1982：268-269）。逆に血縁関係がいくら近くても日常的互恵関係を疎んじればネットワークは弱まりその関係性は徐々に忘れられる。実質的な意味を持ちうる親族の結びつきは単に血縁のみによるのではなく、日常の交流と協同実践によって確認・維持されるのである。常に変化する生活条件の中で有意の関係を維持することは、絶えざる駆け引きと不確かさとの戦いでもある（Turgo 2016：65）。

　こうして見てくると、非常に広範囲にわたって形成されるフィリピンの家族・親族関係は、それぞれ個人の生存維持という強い動機を基礎としており、双方にもたらす実質的利益が関係維持の条件だといえる。心情的な相互承認だけではなく、食料の融通、子供の預かり、金銭の貸借や、病気・災害時の助け合いなどといった具体的なモノやサービスのやり取りを前提としてネットワークが形成維持されているのである。

　以上のような関係はフィリピンで程度の差異がありながらも地域や階層を超えて広く共有されている。特に生活に余裕のない貧困層が生存を維持するうえで家族・親族ネットワークは非常に重要な役割を果たす。家族・親族ネットワークを維持することで困窮時のリスク軽減が行われるからである。

■**儀礼親族関係**　　親族ネットワークの生存戦略の特徴は、フィリピン社会に広く見られる「儀礼親族関係」Compadrazgo に如実に表れている。もともとコパドラスゴは宗主国スペインによってもたらされたカトリックの慣行に基づくものだとされる。洗礼、堅信礼、結婚等、人生の重要な節目において儀礼オヤが立てられ、本人との間に霊的（精神）関係が結ばれる。儀礼オヤは儀礼の子に対して信仰上の教導をすることが期待される。例えば洗礼の際に、生まれ

た子供の生みの親は、2組から数組の教父 Ninong、教母 Ninang を選定し、子供 Ina-anak の一生にわたる精神的指導、宗教的教導の役割を依頼する。儀礼オヤは儀礼の子に対する宗教上の導きだけでなく、世俗的な世話をも期待されることが多い。子供の誕生日やクリスマスに儀礼オヤが贈り物をしたり、子供の教育上の支援をしたりする。現実には信仰上の教導よりもこうした世俗的な役割、生活上の支援を期待して儀礼オヤを依頼することが多い。自分と社会的地位や経済的状況が同等かあるいはより上の者に儀礼オヤを依頼することが多いのは、物品供与、金銭融通、就職斡旋などの生活基盤を固める諸資源を期待しているからにほかならない（高橋 1972：160-62；菊池 1980：41-44；玉置 1982：271）。宗教的な様相を呈しながら、実質的には人々の生活戦略上の重要な要素として組み込まれているのがフィリピンの儀礼親族関係である。

　さらにフィリピンの儀礼親族関係で重要なのは、それが結ばれた儀礼オヤと儀礼の子の間における関係だけではなく、それ以上に生みのオヤと儀礼オヤとの間に成立する関係である。子供を介して実父母と儀礼オヤ同士が強く結ばれ、お互いを男性の場合であれば kumpare, 女性間であれば kumare と呼び合う深い関係になる。一旦この関係が成立すれば子供を介在させることなくお互いが疑似的な親族として親しく交わることになる。むしろ子供への教導支援よりも親同士の関係の方が重要なものとさえ捉えられる。

　洗礼、堅信礼、結婚、それぞれの機会に同じ儀礼オヤを立てる場合もあれば、別の儀礼オヤを依頼することも許される。さらに子供が複数いれば、実際の血縁関係を超えた儀礼親族関係と人的ネットワークは相当に広がることになる。自身が他者から支援協力義務を期待される儀礼オヤを引き受けることもあるのでネットワークはさらに拡大する。

　この儀礼親族関係も血縁関係と同様に一旦結ばれれば常に機能するというわけではない。日常的な交流や協同などを通じて相互確認しながら実態を形成していかなければならない。それ故、相互間の日常的接触や交流を広く持つこと、社交的な行動は重要な要素となる。このような儀礼親族関係は、フィリピンではもはや宗教的な意味合いが薄まり、貧困者にとっては困窮時や必要に迫られた際に、物品、情報、斡旋などの諸資源を獲得し生活上のリスクを軽減す

るためのメカニズムとして機能する。貧困者が生活に困った際、根本的な問題の解決には至らなくとも、当座の危急を乗り切るための重要な役割を果たす。

3 分かち合い文化と相互扶助

　フィリピンでは家族・親族を超えた人間関係においても、持てる者が持たざる者に分け与える行為が社会規範化され実際に日常に根づいている。

　例えば出稼ぎ労働者が一時帰国する際に、家族・親族に膨大な量の土産や小遣いを用意したり、また近隣者を招いて饗応をすることが広く見られる。さらには出稼ぎ者が困窮した村人に対して支援を提供することもしばしば見られる。こうした行為は自らの海外での「成功」を周囲の者に披歴するために自発的に行われるだけではなく、周囲の人々の、財を成した者＝持てる者への半ばたかりに近い分配への期待に対する応答行為として行われる。長坂はイタリアからイロコスに帰郷した出稼ぎ者（バリックバヤン）の消費行動について報告をしている。帰郷者はしばしば親族を饗応したりピクニックに誘う。その費用はすべて帰郷者が負担する。こうして海外で苦労して働き貯めた貯金を使い果たしてまでも周囲の者をもてなす。これは自発的な行為というよりも、むしろ親族や周りの者からの大きな期待と無言のプレッシャーの下で行われる。出身村の学校やバスケットボールコートなどの施設建設への献金や、子供の病気治療代を出せぬ家庭への援助を求められることもあり、バリックバヤン＝持てる者はそれらの要望に応えなければ、「けち」と陰口さえ叩かれかねない（長坂 2009：222-237）。いわゆる持てる者が持たざる者に対して富の一部を与え「分かち合う」ことは親族や共同社会で守られるべき規範であり、その不履行は非難の対象になりうる。陰口をたたかれる、評判を落とすといった表立たない形で社会的制裁を受けることにつながるのである。

　親族を超えた、庶民の日常的生活においても「分かち合い」につながる行為が見られる。日用品や食品を販売する個人経営の売店「サリサリ・ストア」はどんな農村や都市スラムでも存在する。そこでの商売は同じコミュニティに住む顔見知りを顧客として成立する。特に親しい「お得意さん」suki には「つ

け払い」が許される。しかし、つけが長い間支払われないことも多く、遂には回収できない額がかさみサリサリ・ストア自体の経営が立ち行かなくなることがしばしば生ずる。海外出稼ぎ者が帰国後に始めるサリサリ・ストアではこうしたプロセスを経てたたまざるをえなくなるケースが珍しくない。こうした事態が頻繁に起こるのは、店の経営者＝持てる者と購入代金をを払えない者＝持たざる者との間に「分かち合い」規範が働き、最終的にはツケを回収できなくても仕方がない、ツケを払えなくても許される、という論理が共有されているからである。

　市場での小売りにおいて売り手が販売価格を買い手によって変えるケースも珍しくない。恒常的に商品を購買する suki には安い価格で提供し、一見の客に対しては高い値で売りつける。ここに見られる商売上の重要な原理は、取り引きの公平性や利益の最大化ではなく、人間関係の重視と利益を分かち合う慣習である。そして人によって売買条件を変えても商行為として成立するのは、持てる者は持たざる者に富の一部を分け与えるべきだという価値が広く一般に共有されているからにほかならない。

　特定の信頼関係や人間関係が成立していない場合にもそうした「分かち合い」規範は敷衍される。例えば、道脇の店舗に車を駐車する際に店のガードマンやどこからともなく現れた男が、運転手に頼まれもしないのに車を誘導する場面がよく見られる。駐車後、運転手は誘導した者になにがしかの小銭を与える。誘導は駐車する際に不可欠なものではないし、実質的意味はない。ましてや運転手が依頼をしているのでもない。いわば誘導者が勝手に行う無用な行為である。しかしここには形式的な「便宜の供与」に対する謝礼として金銭の授受が発生する。車を所有する「持てる者」と低所得者であるガードマンあるいは路上で生業を立てる「持たざる者」との間の「分かち合い」認識の共有である。また乗り合い交通手段ジープニーの乗客の呼び込みでも似たようなことが生じる。乗客を求めるジープニーが停車すると、路上で生計を立てる者がジープニーの行き先を大声で叫び乗客を集める。乗客はジープニーの車体に表示された行き先を見れば自分の乗るべき車であるかどうかを自身で確認できるため、呼び込み行為は乗客にとっても運転手にとってもさほど大きな意味はな

い。しかし、一定数の乗客が乗り込み発車する段になると、運転手は頼みもしないのに呼び込みをした見も知らぬ男になにがしかの謝礼を払う。ここでも無用のサービスを介して「分かち合い」が成立している。

　「分かち合い」は、生活環境を抜本的に解決することはないにしても、貧困者＝持たざる者に対して、いくらかの恩恵をもたらし、生活を支える可能性を提供する機会として働いている。

■相互扶助慣行　　このような「分かち合い」規範は地域における長い共同生活の中で形成されてきた互助慣行に基づいている。フィリピンは主として農業社会であったために、農業生産、農村条件に応じた様々な互助慣行が実践されてきた。農村では生産力が高くないうえに、自然条件に収穫が大きく左右されるため生活は不安定にならざるをえない。さらに多くの農民は不平等な土地所有関係に因する収奪から免れえない環境の中で生活を送る。そうした厳しい条件の下、農民の間には生活を相互に支え合う社会的諸慣行が形成されてきた。

　広く見られた地主・小作関係はいつも対立してきたわけではなく、かつて小作人は困窮状態に陥った時に地主に援助を求め、地主は気前よくそれに応える良好な関係を保っていた。小作人は収穫前に食料が払底すると地主にコメの借り受けを求めたり、家族の病気や不幸の際の入り用への支援を仰ぐなど、折に触れ地主に依存する。その返礼として小作人は地主の冠婚葬祭など家族行事の際に労働を提供して手伝い、選挙時には地主の意向に沿う候補者に投票することで、地主の恩顧に応えようとする。こうしたパトロン・クライアント関係は、土地所有者と小作人という経済上の不平等な関係を前提としながらも、農業生産に依存し生計を立てる点で利害を共有する者同士の役割の分担から生じるものである。地主は土地および生産に必要な諸資源を提供し、小作人は労働力と小作料を提供する。それは単に生産に関連した相互関係にとどまらず、日常的資源のやり取りを生み、人的なつながりに発展していく。そこには小作人が「地主様は良い方だ」"Mabait ang Panginoong May-lupa"と評することに見られる「情」を伴う結びつきがないわけではないが、基本的には生産、富の分配といった経済資源のやり取りを基礎として成り立つ利害関係である。それ

故、相互資源の提供内容や条件に納得がいかなかったり、期待する行動を相手がとらなかった場合には関係は破綻する。往々にして農業の商業化に対応する中で地主が効率的農業経営を志向し、生産に直接関わらぬ諸資源のやり取りを廃止する、つまり小作人の期待に従来通り応えなくなることが相互依存関係の変容につながる。それは時に敵対的関係へと転じ、農民運動に発展したりまた大きな反体制組織活動につながることもあった。[2]

　こうした不平等な関係を前提とした相互慣行以外に、ほぼ同等な状況に置かれた者同士の相互扶助慣行も様々ある。農民同士、小作人同士の慣行である。生計を維持していくためには、労働、生産活動が不可欠である。農民は自己の管理する土地の耕作のみで生計が成り立つとは限らず、それを補うために農村では様々な労働形態を共有してきた。生産性の高くない農民同士が労働のやり取りを通じて相互利益を確保する。玉置の整理によると農村における相互扶助労働には5つの形態がある。[3]第一に「公共労働」である。これは誰もが利用する物理的な施設の建設に村人が協力をして無償で携わるものである。村の道路や橋、教会、学校などの公共施設整備がこの公共労働によって行われる。第二の形態は「共同労働」である。親族や兄弟による共同所有農地の耕作や、公共の森での共同採集作業などがあり、その作業成果は参加者に帰属し分配される。私的な生産活動における協同と成果の分かち合いである。第三はタガログ語で Bayanihan と呼ばれる「相互扶助」である。[4]個人家屋の新築や移転、葬儀、農作業などの非日常的ではあるが生活サイクルの中では欠かせない事柄に関して、ある村人が助けを必要としている時に他の村人が協力をして遂行するものである。作業への参加は任意であるが、援助を受けた者は同様のニーズが参加者に生じた時に同等の労働を提供することが求められる。さらに援助を受けた者は作業参加者に飲食物を供して労をねぎらい社交性を示すことが重要だとされる。飲食を共にする機会はお互いの交流と結びつきを確認するうえで重要な役割を果たす。第四に「互酬的労働交換」である。田畑の耕起、整地などに関して形成されたグループのメンバー間で行われる労働の等量交換である。個々に所有・管理する土地を順番にメンバー皆で共同耕作することで平等性が保たれる。生産における相互扶助である。第五に「雇用労働」である。これは

現金または現物による報酬を介した雇用関係である。金銭的余裕のある者が農作業遂行のために人を雇うだけではなく、人を雇う余裕すらないかに見える者までもが他者を雇い入れることにこの慣行の特徴がある。小作農家が自分と自分の家族員のみで田植え、稲刈り、脱穀等の作業をすることができる場合ですら、人を雇い入れて歩合労賃を支払う。そこには限られた生産条件下での共同生存の論理が働いている。つまり収穫のうち経費を差し引いた多くの部分を小作料として地主に納めなければならない条件下では経費を節約しても手元に多くは残らない。逆に人を雇う労賃を経費に組み込んでも小作人は収入上影響を受けることにはならない。むしろ、雇用を通じて他者に少しでも富を分配することができる。こうした行為は翻って、自分が他者に雇われる機会を確保することにもつながり、恵まれぬ生産環境の中で生活を維持するために相互に協力してリスクを分散し、少しでも資源を確保する機能を果たしているのである（高橋 1972：168）。「労働力不足や農業技術上の問題ではなく農民相互の雇用機会提供によって兼業収入を増大させる」役割を果たす（玉置 1982：280）。このように、厳しい生活条件の中で貧しい者同士、様々な形態の共同労働や労働慣行を実践し相互の生活の支え合いを行い生計を成り立たせてきたのである。

　取得権に関する曖昧さと寛容も貧困者にとっては大きな意味を持つ。稲刈りに参加した者は労賃以外に稲一束を持ち帰ってもよいとされるし、刈り取りを終えた田での落ち穂拾いは誰がしてもよい（高橋 1972：168-169）[5]。それらは厳密には地主の収入を減ずることにつながるが、地主もそれを認めてきた。こうした取得や報酬に曖昧な部分を残し必要に迫られた者、困窮する者がなにがしかの足しにすることを許す寛容が地主を含めた住民全体に共有されてきたことも、底辺層の生活を支えるメカニズムであった。

　以上見てきたように、フィリピンでは厳しい生産状況、貧しい生活環境の中でもパトロン・クライアント関係、村人同士の相互扶助などを通じて必要に迫られた時にはなにがしかの資源が確保され、生活が破綻しないような社会制度、相互扶助慣行が根づいてきた。貧しい人々が生活を支えるうえで大きな役割を果たしているといえる。

　こうした相互扶助慣行は農村だけでなく漁村でも類似したものが見られる。

セブ、ネグロスなどビサヤス地方の漁村を調査した関は、網元（アモ）に雇われた漁師（タオハン）は、漁に出ると賃金を定額ではなく漁獲に応じた歩合で受け取り、加えて漁獲の一部を現物で数キロずつ持ち帰ることが許されていることを報告している（関 2013：106-107）。農村で収穫を地主・小作の間で按分する刈分け（分益）制度、そして落ち穂拾いに相当する慣行である。さらに漁村ではタオハンの子供の学費、医療費、食糧購入等の資金が足りない時に、アモが無利子で貸し出しをすることが一般とされる。また折に触れてアモは食事、酒などをタオハンに振る舞い気前の良さを見せることも求められる。一方、タオハンおよびその家族はアモの家庭の雑務の手助けをする（関 2013：124）。漁村においても農村とほぼ同様の慣行が根づき、低所得漁民の生活が支えられている。

　都市スラムでは農村部よりもより強化された形でこうした互助慣行が維持されることが見られる。都市スラムの住民の多くが地方・農村部からの移住者である。農村から出て来る者は都市の状況もわからず生活基盤さえ持たないので最初は親族、同郷者、同言語集団を頼って都市スラムに参入する。都市ではより厳しい生活環境の下、生計も安定しないため血縁、地縁に基づく相互扶助は却って農村などよりも強固になる傾向さえある（Pinches 1984）。つまり、より不確かな生活環境の中ではお互いの協力と支え合いが決定的に重要となるため、農村で見られた相互扶助慣行はより強化された形で実践されることになるのである。

　特に近年、国家や行政の規制や取り締まりが厳しくなっているため都市スラムの生活基盤がより不安定化している。居住する土地の所有権を持たない「不法占拠」とされることが多く、常時「立ち退き」の危機にさらされている。また露天商などの日常の生業も行政から規制を受け販売区域の閉鎖、突然の検挙、商品押収などの緊急事態に陥ることも多い。このように不安定な生活条件にある都市スラムでは住民が農村以上に相互扶助によってお互いの生活を防衛することが重要な生存上の意味を持つ。マニラ首都圏ケソン市のフィルコアPhilcoa 地区のスラム住民の生活を詳細に調査した日下は、住民自身が行政の取り締まりや、高利貸などの規制から生活を防衛するために連帯をして相互扶

第 7 章　家族・親族の生存戦略　193

助を強化する行動をとっている実態を報告している。スラム住民が協力して資金を出し合い、行政官を賄賂で買収して取り締まりのスケジュールを事前に得て難を避けたり、不幸にして商品を押収されてしまった仲間に「見舞金」を提供するなどの戦略的協力や互助が行われている。そしてこうした連帯や相互扶助関係を強化するためにスラム住民らが儀礼親族関係（コンパドラスゴ）を利用していることも注目に値する（日下 2013：268-271）。

こうした相互扶助は苦境にある隣人に手を差し伸べる博愛や無条件の慈悲に基づく献身として行われているとは単純にはいえない。フィリピン非営利部門プロジェクトが行った調査によると、1997/98年のアジア経済危機後の1年間に何らかの組織に寄付を行った世帯は86％にのぼり、73％が寄付先として教会を挙げた（複数回答）。また74％の世帯が困っている人に直接金銭を渡したという（Fernan 2002：2-3）。しかし、英国「慈善支援財団」CAF と米国の世論調査会社ギャラップの「世界社会貢献指数」World Giving Index では矛盾する結果を報告している。寄付や他者への分け与えの度合いをはかる「2015年世界社会貢献指数」でフィリピンは46位であった。アジアの中でもミャンマー（世界1位）、スリランカ（8位）、マレーシア（10位）、インドネシア（22位）、香港（26位）、台湾（35位）と比較して高いとはいえない。社会貢献指数を構成する項目別で見るとフィリピンは、「見知らぬ人に助けの手を差し伸べた」が49位、中でも「金銭的寄付を行った」が82位と非常に低くなっている（CAF 2015：32）。

ボランティアに関して、世界社会貢献指数は「（調査時直前に）ボランティア活動に時間を費やしたか否か」という細分項目においてフィリピンを9位にランクづけして非常に高い位置にあることを報告している（CAF 2015：32）。Fernan による報告では、調査前の1年間に何らかボランティア活動をしたものが75％であり、これも米国（56％）、カナダ（36％）、英国（46％）に比較しても高い数値となっている。しかしその活動の内訳は少々特異である。行ったボランティア内容（複数回答）は「他人のために祈る」41％が最も多く、2番目は「地域の掃除」37％、3番目は「相談にのる」「緊急時以外の手助け」「お金を貸す」が33％で並ぶ。その次に「緊急時の手助け」が30％となっている

（Fernan 2002：5-6）。フィリピンでは金銭の寄付行為は教会に対する献金以外は基本的に少なく、直接の知り合いが危機に陥った時や困難に見舞われた時に支援の手を差し伸べる傾向が見られる。あるいは無利子でお金を貸すことが行われる。金銭面以外では、世界価値調査 WVS の社会意識と行動に関する大規模な国際比較調査2010-2014によると、「自助団体、相互扶助団体の活動的なメンバーである」と回答したものがフィリピンでは7.4％であり、中国（0.6％）、マレーシア（3.8％）、パキスタン（3.5％）などより高い数値を示しているものの、タイの36.8％に比較すれば決して高くはない（WVS 2014）。フィリピンでは直接の知り合いや顔見知りなどの身近な関係においては相互の助け合いの論理が強く働く一方で、無差別の他者に対する扶助や社会全体としての助け合いは教会や信仰を通じた行為以外それほど活発であるわけではない。分かち合い文化はあくまで血縁地縁、直接的関係における扶助慣行の延長として限定的に行われているに過ぎないといえる。

　こうして見てみると、フィリピンの互助関係は第一に地主・小作間、網元・漁師間、雇用主・労働者間といった垂直的な関係の中での恩恵の授受として機能するパターンと、第二に農村やスラムなど居住空間や生業を共有する者が水平的な関係の中で相互にリスク分散と利益防衛をし合うパターンとして見られる。そうした慣行が、垂直的関係や地縁関係のない他者に対しても多少希釈された「分かち合い」として行われる。貧困者には困難に陥った際に、知人、他人から何らかの支援、「分かち合い」を受ける機会が与えられる。これらの支援は急場をしのぐための一時的なものに過ぎず、またその効果も限定的であるので、生活状況を根本から改善するものではない。しかしリスクが高く不安定な生活状況に置かれた者にとっては、そうした最低限の生活資源の獲得の機会は生存していくうえで決定的に重要となる。条件が整わぬ中で貧困者が生活を営む土台となっている。貧困にあっても飢死することなく生存できる条件を社会がインフォーマルな形で様々に提供している実態が、根本的な貧困問題解決への動機を弱め、フィリピンの貧困が長らく続いている背景にある。

　以下ではこうした慣行を支えるフィリピン人の価値観についてさらに立ち入って検討してみよう。

第7章　家族・親族の生存戦略

4　フィリピン的価値観

　人々の何気ない振る舞いや日常的行動の背景にはそれを支える社会規範や共有された価値感が必ず存在する。社会規範や価値感は時代とともに変わっていくものの、与えられた自然環境と長い時間にわたる社会関係の中で蓄積されてきたものであるため、社会の客観的条件の変化ほど急速には変わらない。ここではフィリピン人の共有する日常的行動や互助活動を規定する価値観について立ち入って見てみよう。

　フィリピン人の行動を規定する規範や価値観については社会学や社会人類学の分野で1960年代から70年代にかけて多くの研究がなされた。社会人類学では一般に社会に共有され人々の行動の規範となるような原理である「社会構造」social structure[6] は持続性、固執性が高く、社会状況や時代が変化しても容易には変化しないとされる。社会組織 social organization が外的条件によって変容するのに対して、社会構造はむしろその変化の規定要因となるとされる（中根 1972：18-24）[7]。ここではフィリピン人の行動を規定する「社会構造」を見ておこう。

　文化人類学者 Lynch はフィリピン人の行動を規定する基本的な要素として「社会的受容」、「経済的安定」、「社会的地位の向上」の３つを指摘し、中でも社会的受容 Social Acceptance が最も重要だとする（Lynch 1962：86）。社会的受容とは他者が自己の存在を受け入れ、また自分を社会的位置に相応しく扱うことを期待して振る舞うことを指す（Lynch 1962：87）。ここでは個人の個性や他者と異なる独自性を出すよりは、周りの人々の考えや行動にできるだけ合わせていくことが求められる。その前提として重要なのが「円滑な人間関係」の維持である。円滑な人間関係とは、不快な表情、激しい叱責、明確な反対意思の表明、物理的暴力などによるあからさまな表現が惹き起こす対立を避けて他者とうまく過ごすことを指す。Lynch はこの円滑な人間関係を維持するための具体的な対応方法を「パキキサマ」Pakikisama、「婉曲表現」、「仲介者を立てること」の３つに集約している。Pakikisama のタガログ語の字義的意味は

「人とうまくやっていくこと」であり、ここでは自己主張や自分の意見はできるだけ抑えて、可能な限り譲歩して他者、特にリーダーの意見に従うことを意味する。婉曲表現とは、自分の意思や感情を直接の言葉や態度で直截に表現せず、なるべく相手を不快にさせないように和らげて伝えることである。例えば納得できない相手の意見を直接否定せず、肯定しているようにもとれるようなあいまいな表現で意図を伝える。対立する他者に対して表現を工夫することで、感情的衝突や対立を表面化させず、無用な不快要因を避けることなどである。仲介者を立てるのは、人に直接物事を依頼し、それが断られた場合に引き起こされるであろうお互いの気まずさを避けたり、悪化した関係を修復する際に回復過程がスムーズに進むようにするためである。第三者を介することで意見や感情の直接の衝突を避け、どういう結論に至っても可能な限り波風を立てない調和的な関係を維持することを狙いとする（Lynch 1972：10-13）。こうした三要素がフィリピン人の対人関係を規定しているという。

　さしあたり貧困者の生活の維持にとって重要なのは Pakikisama である。先に見た相互扶助慣行は、この Pakikisama の価値観によって支えられているといえる。同じ境遇にある貧困者がいつも博愛の精神を以て利他的に助け合ったり、他者を常に家族同様に扱うわけではない。しかし、貧困状況に陥ったり、生活上の困窮にさらされた者から援助や救済を乞われた時に無気に断ること、協力をしないことは Pakikisama によって抑制される。この Pakikisama 規範を道徳的に支えているのが互酬に関わる価値観である。Hollnsteiner はフィリピンの人々に広く根づいている互酬行動を３つに分類した（Hollnsteiner 1972：69-83）。第一に「契約的互酬」である。これは先述した「共同労働」に相当し、集団における個々の成員に必要な作業を順番に共同して行うものである。便益を受けた者はそれと同等の労働や時間を他の成員のために共同労働を通じて返済することが求められる。「共同労働」への協力をしない者には、以後他の者から協力を得られなくなるという無言のルールが強制力として働いている。第二は「準契約的互酬」である。食料の貸し借りや、葬儀での香典 abu-loy など、日常生活の中で生じる物品・金銭のやり取りである。便益を受けた者はほぼ同質、同量の返済をすることが求められる。返済が著しく遅れた時に

は多少金額や量を増やして返すことなどが求められる。Hollnsteiner は伝統的互助慣行 Bayanihan もこの準契約的互酬の一形態だと指摘する (Hollnsteiner 1972：72)。第三が Utang na loob 互酬である。Utang na loob は直訳すれば「内なる負債」である[8]。日常生活上の互酬ではなく、喫緊状況の中で生じたニーズを前提として、援助の依頼あるいは依頼なき援助の提供からこの Utang na loob 関係が始まる。この関係は往々にして異なる集団に帰属する個人間の物・サービスのやり取りから生ずる。財やコネクションなどの諸資源を豊富に持つ者が、それを持たない者の困窮した際に、援助を提供する場合である。食料が不足している、家族員の治療費が払えない、職を探しているなどといった喫緊の状況にある時に、財力や情報を有している者が懇願を受けてあるいは自発的にそれらを提供をする。援助を受けたものは、後日、できる限り返礼努力をしなければならないが、むしろ重要なのは恩顧に対する感謝の念を抱き続けることと、それを援助者に示すことである。例えば事故の際に命を助けられた者は、救済者に返し切れない恩顧を受けたことになる。それは何を以てしても返礼し切れるものではない。あるいは経済的に余裕の無い者が困窮時に支援を受けた場合、後に等価の返礼をすることはほぼ不可能である。この場合別の形で返礼努力をしつつも、支援を受けた者は受恩の負債と感謝の念を一生抱き続けることが期待される。Utang na loob 互酬はある意味不平等な関係である。援助提供を期待される者はいつも下位者から返済されることのない支援を求められ、金銭やサービスの持ち出しになるかもしれない。しかしそれでも Utang na loob 関係が成立するのは、フィリピン人にとってさらに重要な Hiya の概念が共有されているからである。

　Hiya とは直訳をすれば「恥」「当惑」「敏感さ」である。心理学者 Bulatao は社会規範としての Hiya を「個人としての自我が未確立な段階で、権威的なものや世間の目にさらされて不安を感じ、自我を守るべく自己主張を抑制する時に生じる、苦痛を伴う感情」と説明している (Bulatao 1964：428)。つまり「社会ないしグループの規範から外れたくない、権威或いは世間に期待された行動パターンから逸脱したくない、社会なりグループなりの枠の中に埋もれていたい」という心理である (高橋 1972：183)。そしてそれらの規範から外れた

場合は、「恥知らず」Walang Hiya とされる。Walang Hiya という表現は、非常に強いネガティブな意味を持ち、人として期待される当然の道義を踏み外した状態、あるいはその行為者を指す。人としてはあるまじき事態である。社会の目、世間体を保つことを要求する Hiya が共有されている中では、いくら貧しい者でも来客があれば、なけなしの金をはたいてできるだけのもてなしをするし、フェスタでは借金をしてでも他者に多くの振る舞いをしようとする（高橋 1972：185）。

　ましてや富も社会的地位もある者が可能であるにも拘らず受けた依頼に応答しないことや、人から受けた恩顧に対して返礼をしようとしない時には、最も避けるべき Walang Hiya という評価を周囲から受けることになる。Hiya の価値観が共有されているため Utang na loob に生ずるような不平等な援助のやりとりも成立するわけである。

　個人レベルにおいては、その人の立場や地位に相応しい扱いを周りから受けることを期待する「自尊心」「自己愛」「体面」Amor Propio も重要な行動規範であるとされる（Lynch 1962：18）。人の意見や考えを直接否定したり批判するような言葉や行為は Amor Propio を傷つけることになる。ましてやそれを他人がいる場で行うことは最大の侮辱となる。こうした規範の裏返しとして個人はそれぞれに期待される役割を果たし、Amor Propio を保つことが要求されることとなる。例えば、資力・財力のある者はその一部を、財力の無い者に対して分かち合うべきだという社会的通念が広く共有されている下では（Hollnsteiner 1972：71）、持てる富を出し惜しみしたり分け与えない者は Walang Hiya とされるとともに、Amor Propio を保持する条件を満たしていないと捉えられるわけである。

　以上見てきた社会規範が広く共有されている中で、もしコミュニティ内に困窮者がいた場合、何らかの形で救済の手が差し伸べられるメカニズムが機能しうる。相互扶助は単に、慈悲や博愛に基づいて行われているのではなく、同水準の水平的な成員同士、あるいは不平等な垂直関係の中で共有された道徳あるいは半強制的規範に裏打ちされて、それぞれの物質的利害を維持するために機能している。ある程度の貧困状況が生じても、こうした社会規範に基づく相互

扶助メカニズムが貧困者の生存を支える。国家による社会政策、貧困対策、あるいは NGO などの外部組織の支援に依存せずとも、貧困者がコミュニティで一定程度の生活を維持できる所以である。

5 生存戦略と社会運動・社会政策

　フィリピンではお互いに困窮せぬようリスク分散のための相互扶助慣行が様々な場面で見られる。それらに依存できない場合には不法な活動領域をも含めて可能性のあるあらゆる収入源を追求する。そうした機会は必ずしも経済活動や生産活動であるとは限らず、時には外からもたらされる開発プログラムに参加することさえ、資源獲得のための選択肢のひとつとしてみなされる。

　ここでは貧困者の視点から、貧困政策やプログラムの位置づけについて見ておこう。貧困政策やプログラムが当事者やコミュニティによって自主的に開始されることは少なく、政府や NGO などが何らかの形で外から持ち込まれることがほとんどである。そして持ち込まれた運動やプログラムをその当事者だとされる貧困者が、外部組織者の意図通りに理解し実行するとは限らない。むしろ、貧困者は自らの生存戦略の中に主体的にそれらを位置づけて利用する。

　例えば、1990年代の終わりから2000年代の前半にかけて日本の ODA（政府開発援助）によるセブ市での大規模埋立てプロジェクト「メトロセブ開発計画」MCPD が進行した際に立ち退きを迫られた周辺のスラム住民が居住権や生活権をめぐり行政と対立した。住民の権利を擁護する NGO が支援活動を展開し大きな社会問題にもなった。その結果、プロジェクトの執行責任機関であるセブ市から住民に対して、補償として生計プログラムを実施し、奨学金を支給することで妥結した（太田ほか 2007）。妥結に至るまでに住民自身の積極的で継続的な活動があったことはいうまでもない。一方で成果として得られた行政の補償プログラムの対象者を確定する際に、情報を聞きつけて外部から係争地域に急遽移住する者、あるいは実際には居住者ではないにも拘わらず補償受給対象リストに名前が載るように画策する者が現れた。こうしたしたたかな行為は、住民の立場を擁護する NGO 関係者によっても狡猾な行いだと非難された

が、困窮した者の立場に立てば少しでも資源を獲得できる機会を求めた行動であり重要かつ合理的な生存戦略だったといえる。実際に補償を受け取った部外者もおり、その点で戦略としては成功を見たことになる[9]。

　貧困者らの政府政策に対する対応も冷ややかであると同時にしたたかである。例えばアロヨ政権時から実施されている 4Ps では、子供を学校に通わせること、健康検診を受けさせること以外に、受給家庭の親が「家庭改善セミナー」FDS において、お金の使い方、家族計画、日常生活上の規律などについて学ぶことが現金受給の条件として課されている。受給者は現金の支給については感謝しながらも、生活規律指導については必ずしも正面から受け入れているわけではない。政府役人や「ペアレント・リーダー」といわれる受給者のまとめ役の前では従順に受容しているように振る舞いながらも、内心は不満を抱き納得していないケースも多い（関 2013；Seki 2015；太田ほか 2016）。つまり、プログラムを通じて貧困者の生活規律を正そうという政府の意図は必ずしも成功しているわけではなく、貧困者は供与される現金を受け取りながらも自らの習慣や考えを変える姿勢は示していない。

　こうした貧困者の対応には、彼らがいつも状況や与えられた条件に翻弄される受動的な存在なのではなく、むしろ外からもたらされる新しい資源を自らの生存戦略の中に取り込み、取捨選択しながら主体的に生活を切り拓いている姿が見て取れる。日下はスラム住民の露店業の維持や選挙時の行動を通じて、貧困層が行政や中間層に対し主体的に働きかけて独自の生活条件と行動規範を保持している実態を論じている（日下 2013）。

　農村や都市貧困地域で住民が外部の訪問者や NGO 関係者に対して支援を懇願する光景がよく見られる。そうした貧困者を、他者に依存し自ら努力する姿勢が見られない、と外部者が否定的な評価することがしばしばある。貧困者の論理からすればそのような評価は妥当ではない。支援を懇願することでなにがしかの財や資源が得られるのであれば、また生活改善の糸口の得られる可能性があるのであれば、そうした行動をとることは非常に合理的である。たとえその支援が得られたとしても、それと引き換えに自らの生活習慣や態度を大きく改めるかどうかはまた別の問題である。そうした意味で、貧困住民は「依存体

質」を持つように思われながらも、実際には外部からもたらされる機会や資源を生存戦略の一部に積極的に位置づけて主体的に遂行しているのである。

　こうした住民の主体的、戦略的行動は NGO や社会運動の組織活動に関っても見られる。例えば、マニラのスラムにおける生活改善、奨学供与プロジェクトにおいて、住民が親族ネットワークのつながりでプロジェクトの受益者を広げており、地域で最も支援を必要とする最貧困者がプロジェクトから排除されている事例がある（武田 1994）。ある者が外部資源やサービスの機会を何らかの方法で獲得した場合、それをコミュニティ全員で共有したり最貧困家庭に広げるよりも、最も信頼しうる親族を中心としてそれを分かち合う。それを通じて様々なリスクを分散する。支援プロジェクトを親族ネットワークを中心に共有する行為は、もしプロジェクトが何らかの理由で立ち回らなくなったとしても親族同士の助け合いが後に機能する可能性を残す。ここでは最も支援を必要とする者にサービスを提供するという外部組織者の意図は必ずしも通用しておらず、むしろ住民が主体的に自らの生活戦略の中に外部プログラムを取り込んで運用している状況がうかがえる。

　ネグロス島における砂糖プランテーション労働者が、労働条件をめぐって農園主と対立した時に依拠したものも住民の持つネットワークであった。解雇され生活基盤を喪失するリスクを負いながらも労働運動を組織する過程で、親族ネットワークが重要な役割を果たした（Rutten 1991）。パトロン・クライアント関係を維持して農園主からの恩恵と便益をひき出すのか、それとも解雇のリスクを負いながらも農園主と敵対関係に移行する可能性のある厳しい交渉をするのかはどの労働者にとっても深刻な選択であり、死活問題でもあった。団結が要求される労働組合の組織化では、最も信頼しうる親族に依拠して輪を広げていくのが「裏切り」を避け結束力を維持する合理的な戦略であった。状況改善のための運動においても、当事者の日常に根ざした慣行や社会関係が非常に重要な役割を果たす例である。

　以上見てきたように貧困者は、自らの持てる情報とネットワーク、そして判断力に依拠しながら、あらゆる資源を主体的に活用して生存戦略を遂行しているといえるだろう。決して受動的な存在なのではない。

6　む　す　び

　貧困問題を考える時、貧困者は往々にして救済の対象であり政策の受益者とみなされる。しかし、貧困者の視点から見れば、救済プログラムや政策の及ぼす効果は生活の一部を構成するに過ぎない。むしろ人々はいかなる苦境にあっても、与えられた条件の中で生活資源の獲得や、相互のリスク分散を実践しながら生存方法を模索する。こうした対応はどの社会にもあるといえる一方、その資源獲得の方法や慣行には社会毎の固有性がある。それは長い時間的経緯と経験の中で形成されてくるものだからである。ここではフィリピンにおける家族・親族を基本とした生存の方法、社会慣行と資源の獲得について見てきた。

　フィリピンでは家族および家族成員間の紐帯や助け合いが人々の意識の中でも、社会制度実践の中でも大きな意味を持つ。しかし家族は単に生物学的に血のつながった関係であることを超えて、絶えず社会的文化的条件の中で意味づけられ構成された社会単位として機能してきた。そして一見、深い情愛によって親密に結ばれているかに見える家族・親族関係には、他方で一人一人が生活維持のための資源獲得やリスク分散のための安全弁としての現実的な機能が組み込まれてもいる。このことはフィリピンの親族関係が単に血の濃淡よりも、頻繁な交際・交流が築く日常的関係によって、より重要な意味が付与され、そこに実質的な互助論理が働くことや、さらには血のつながらない他人との儀礼親族関係が今でも広く結ばれ、生活・人生上のリスク分散に大きな意味を持っていることに現れている。

　家族・親族を超えた社会関係では、農村社会の伝統に根ざす垂直的なパトロン・クライアント関係や水平的な相互扶助慣行が、限られた生産条件の中で利害を共有しつつ生存を維持するメカニズムとして機能してきた。近代化が進み都市化が進行しても、こうした慣行を支えるフィリピン的価値観、社会人類学でいうところの「社会構造」は大きくは変容していない。「持てる者」が「持たざる者」に分け与える「分かち合いの文化」は現在でも様々な場面で見られる。むしろ都市スラムのように新しく形成されたコミュニティでは、より厳し

い生活条件を共有するが故にそれが強化された形で保持され実践されている。

　貧困者は、親族関係や社会慣行、外部プログラムを積極的、能動的に利用しながら生存戦略を立て実践している。彼らはいつも外部から与えられる支援や機会に依存しているのではなく、自立して生計を立てる。貧困者は国家の管理や統制、フォーマル制度に拘泥せぬ生活資源の獲得、NGO ら外部者による援助や組織化に関わりながらも、それらに絡み取られぬ自律的生活圏を保持する。貧困者は自律的生活圏の中で独自の生存戦略を展開し生活を維持する。

　貧困層をめぐる親族関係、互助慣行、主体的生活戦略が、貧困といえども飢えるほどの危機的状況に陥ることを防ぎ、最低限の生活が成立しうる条件となっている。逆に、こうして最低限の生活が実現してしまうため、貧困者らの意識は抜本的な社会制度の改善を要求する方向には全面的に向かわない。それは最低限の生存をなんとか確保できる現在の社会状況を追認することにもつながる。フィリピンの社会規範と貧困者の生存戦略のもたらす皮肉である。

終章

結　論

　これまでフィリピンの貧困実態とそれに関わる国家、市民社会、市場、家族の各領域の状況について検討をしてきた。最後にこれらを踏まえて第1章で提示をした「グローバル接合レジーム」に関連づけて、なぜ長い間フィリピンで貧困が解消されないのかについて考察をしておこう。グローバル接合レジームは、第一に貧困に関わる国家、市民社会、市場、家族の各領域内での近代制度と伝統制度の接合、第二にそれら領域内での国内条件とグローバル要素の接合、そして第三にこれら4領域における機能相互の接合を前提とした貧困をめぐる全体構造から成り立つ。以下で各領域における第一と第二の接合を整理したうえで、第三の領域相互の接合について検討しよう。

　国家領域において早くから導入された民主主義という近代政治制度は、1986年の「ピープル革命」を経て民衆参加や社会公正理念を国家政策として具体的に制度化する素地を提供した。一方、伝統エリートが地方政治、地域住民を強固に支配する政治構造は払拭されることなく続いている。ここでは近代政治制度とフィリピン特有の政治構造の接合が生じている。より多くの社会構成員の生活と権利を保障することが期待される民主主義が、一部の伝統的政治家の権力基盤を強化する役割を果たす。貧困対策やプログラムは形式的には貧困層の要望を実現する役割を担いながら、その多くが実施過程で政治家によって利権や政治支持を確保・拡大する用具として恣意的に利用される。しかしそこには貧困者・民衆と伝統政治家・国家が対立して相反する利害の獲得のための駆け引きを熾烈に展開するという単純な構図があるわけではない。グローバル経済に組み込まれたフィリピン社会には、経済の自由化と競争的投資環境の整備という課題も同時に課せられているからである。国家による貧困政策は封建的経済構造を抜本的に転換し資本主義的生産関係と市場の創出・拡大をすること、

205

競争可能な労働予備軍を貧困層から育成して資本に供すること、底辺層の生活を底上げし社会治安を回復・維持することで投資環境整備をすることなどの課題を実現する手段として積極的な役割を与えられている。貧困対策は利権の衝突する政策領域であるだけでなく、フィリピン政治経済構造の歴史的な転換を促進する役割を担っているのである。

　グローバル社会、国際機関の関与はこうした状況をさらに複雑にする。国家は常にグローバル社会の最先端の開発概念や手法を導入し精緻な貧困政策と実施機構を整備してきた。しかし一方で世界銀行、国連など国際機関は内政不干渉の原則に基づき、既存の政治体制、権力構造への介入を避ける。権力構造への不介入は貧困を再生産する既存の社会条件を追認することを意味するため、貧困政策は「脱政治化」され対処療法的な実務的アプローチにならざるをえない。国家領域において国際機関やドナー国は先進的政策概念の普及で積極的役割を果たす一方、既存権力構造を保持する後ろ盾となり、両義的役割を果たしているといえる。こうして国内条件とグローバル要素との接合が貧困再生産の新しい環境を提供することとなる。

　市民社会領域においては、市民社会組織 CSO が貧困対策に大きな貢献をしてきた。住民組織活動のみならず政治への積極的関与姿勢は民主化後の参加型政治の制度化を実現してきた。CSO は自らのプログラムで実績を積み重ねてきただけでなく、国家の貧困政策や計画に制度的に参加をする権利を勝ち取ってきた。貧困層にも開かれた政治制度の構築に貢献してきたといえる。しかし一方で政治への制度的参加は CSO 自体の保守化、体制内化を惹起し、従来の政治システムや権力構造に取り込まれていく序章でもあった。CSO の自由で独立した旧来からの発想や活動形態は希釈され、官僚化、専門化、保守化が進行した。実績によって勝ち得た CSO の社会的信頼は、権力政治家の資金作りの隠れ蓑として利用されることもしばしば生じる。こうして貧困層、住民の権利擁護に尽力してきた CSO は旧来の政治構造や政治文化と「接合」し、国家の枠を超えた先駆的な役割を果たす存在であるとは単純にいえなくなってきた。さらに CSO 活動の成果そのものがより大きな社会文脈の中で、貧困の再生産に加担するという皮肉も生じている。CSO が住民組織、コミュニティ活

動で重視してきたグローバル標準ともいえる開発の戦略概念、「参加」「エンパ
ワーメント」の普及は貧困者の自立と主体的な生活姿勢を涵養することに貢献
する一方で、社会の市場化を進め、競争的環境の中で貧困者をして国家支援に
頼らず自力で生活を切り拓かしめんとする新自由主義的な言説と政策を住民に
も広く浸透させる役割を果たすことになった。CSO は意図せずして構造調整
政策などで貧困問題を再生産してきた新自由主義的価値と言説を広く普及する
先鞭的役割を演じてきたのである。同様の現象は CSO のビジネス活動にも見
られる。ドナーからの資金援助が減少する中で、多くの CSO が活動資金確保
のため貧困対策とビジネスを組み合わせたプログラムの実施に乗り出してい
る。それは貧困層や貧困地域を新たな市場プレイヤーとして参入させるプロセ
スでもあり、社会全体の市場化を促進することになった。こうして革新性を備
えていた CSO が国家機能やグローバルな開発戦略潮流と「接合」する中で貧
困をめぐる新たな環境を生み出している。

　グローバル経済と直結したフィリピンの労働市場はグローバル標準に沿う競
争的労働力とインフォーマル部門や不法労働などの制度化されない労働力とが
接合して全体が構成されている。労働法で保護された正規雇用を不安定な非正
規雇用が支え、さらにその周囲にはインフォーマル部門、海外出稼ぎ労働が展
開し、さらにその周縁に家庭内職、児童労働、不法行為が存在する。こうした
フィリピンの労働階層構造は、一部の競争的高度人材を確保しながら、一方で
低労働条件に甘んじる多くの労働者を供給するシステムとして働く。イン
フォーマル部門およびその周縁に滞留する大量の労働人口は正規雇用労働者ら
の労働条件の改善を阻む役割をも果たす。こうしてフォーマル部門の資本主義
的生産関係とインフォーマル部門の非資本主義的生産関係が接合して、フィリ
ピン労働市場は機能する。多くの貧困者の従事する農業部門では自由化が進め
られたにも拘らず、生産と流通の独占状況が続き、農業インフラ、農業技術の
遅れも解消されない中、他国農産物との競争に晒され伸び悩む。十分な教育を
受けておらずフォーマル労働市場への参入資格を持たない貧困層はインフォー
マル部門、生産性の上がらぬ農業部門、不法労働や不法取り引きで生活を紡ぐ
ことを余儀なくされる。海外労働市場は国内労働市場と接合しその矛盾を吸収

終章結論 | 207

する形で全体構造を支える。貧困家庭は少しでも生活資源を獲得するために、劣悪な条件であろうが、不法であろうが労働の機会さえあればそれを利用する。生活や生命を脅かしかねない半商品や非商品の貧困者による提供を前提として市場や政策が機能しているため、国家も厳しく規制しない。こうして貧困層の犠牲を伴う生活戦略がフィリピンの競争的環境を支えることになる。貧困層の底上げが徹底しない構造的背景である。

　家族・親族は貧困層が生活を維持していくうえで最も信頼でき依存しうる社会関係である。フィリピンでは強固に結ばれた家族・親族の中に、生存のための戦略が巧妙に組み込まれている。広く緩やかな血縁関係の中から、常日ごろの交流を重ねるべき相手が選択され、それが危急の際の扶助機能を果たす。リスク分散の慣行である。こうした行動は実際の血縁を超えて、儀礼親族関係^{コンパドラスゴ}や、同じコミュニティにおける相互扶助関係にも敷衍される。食料入手に困った際や家族に入用が生じた時などにこうした相互関係が機能する。これらの行為や関係は、Pakikisama、Hiya、Untang na loob といったフィリピン社会固有の価値観によって支えられる。それらは家族・親族や、地縁・コミュニティ、さらに階層を超えた不平等な社会関係の中で、あるいは見知らぬ者同士、広く社会一般にも共有される。それがフィリピンの「分かち合い文化」として表れる。こうしたリスク分散と相互扶助、分かち合いは貧困状況を根本的に是正することにはならないものの、生活の決定的な破綻や餓死などの最悪の事態を防止する役割を果たす。これらインフォーマルな社会関係と制度が、貧困状態の中でも飢え死にすることのない状況を作り出している。またそれらが貧困者にとって最低限の保障として機能しているが故に逆に貧困問題の抜本的改善への動機と実践が弱められる要因ともなっている。

　このように国家、市民社会、労働市場、家族がそれぞれに近代的制度と旧来制度の接合、そして国内条件とグローバル要素との接合によって独自の機能を果たしてきた。最後に各領域の機能がどのように接合しているのかを整理しておこう（図8-1）。それはなぜフィリピンに長らく貧困問題が大きな改善を見ぬまま存在しているのかについての検討でもある。

　フィリピン国家による貧困政策は様々な概念を取り入れ新しいアプローチを

図8−1 フィリピン：グローバル接合レジーム

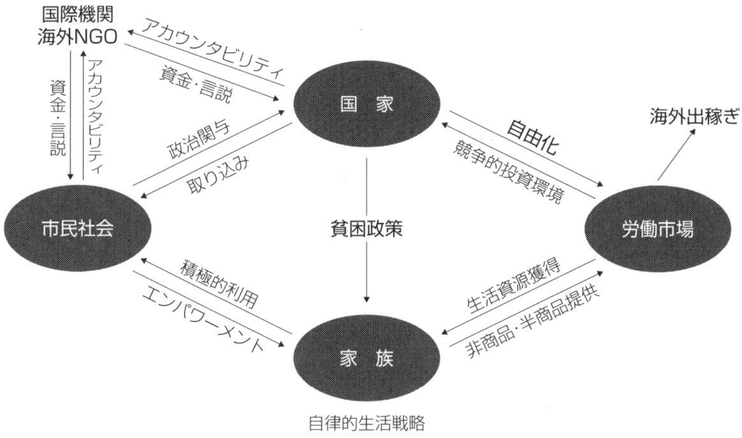

国際機関
海外NGO

アカウンタビリティ
資金・言説
政治関与
取り込み

国　家

自由化
競争的投資環境

海外出稼ぎ

アカウンタビリティ
資金・言説

市民社会

貧困政策

労働市場

積極的利用
エンパワーメント

家　族

生活資源獲得
非商品・半商品提供

自律的生活戦略

（出所）　筆者作成

試みている点で世界でも先駆的である。政権が交代しても基本政策は引き継が
れ、段階的に改善が施されてもきた。しかしながら住民や市民の生活よりも既
得権益を優先する政治構造がその効率的な執行を阻んできた。また貧困対策を
支援する国際機関も形式的アカウンタビリティを重視し内政に関与しないた
め、そうした政治構造を補強する役割を演ずる。このように国家が貧困対策に
おいて効率的な役割を果たし得ていない中、NGO、PO などの CSO は積極的
に独自の活動を展開し、コミュニティ単位での生活向上や条件改善に実績を上
げてきた。貧困状況改善における CSO の大きな貢献は、国家による貧困政策
が十分に機能せず結果をもたらさない実態をはからずも免罪する。貧困層は
CSO の関与によって一定の生活改善の機会を与えられるため、政策的効果を
もたらさない国家に対する彼らの期待や不満は希釈されるからである。

　CSO の政治的積極主義と政治参加は CSO 自体の保守化と体制内化を生み、
貧困を再生産する政治構造の継続に一役買う。一方 CSO による「エンパーメ
ント」「自立」「参加」概念に基づく活動は新自由主義言説を貧困層にも受容さ
せる役割を果たすことになった。貧困や格差を再生産し拡大するグローバル規
模の新自由主義的市場化事業に貧困層を参入させる推進役を担ってきた。

終章結論

経済的な観点からすれば国家は自由化の促進と競争力強化をはかる手段として貧困対策の遂行に積極的な動機を見出す。しかしながら多くの貧困者が参入するインフォーマル部門や不法労働は、フィリピン全体の競争的労働構造を維持するための不可欠な要素として組み込まれているため、国家はそれらを完全に規制することに大きなメリットを見出さない。インフォーマル部門や不法労働との接合こそが競争的条件を作り出す前提だからである。

　このように国家政策が貧困問題を抜本的に是正せず、また生産活動を通じて貧困が解消しえない状況の中で、家族を単位とする貧困者自身の生存戦略の展開と社会的相互扶助慣行が、最悪の状況を避ける安全弁として機能している。いわば貧困層は国家を含めた外部者の介入や支援を待つことなく自律的にある程度の生活を維持しうる条件を確保しているわけである。

　総じていえば、フィリピンでは社会を統治する能力において弱い国家が競争的資本蓄積体制の構築を試みる中で、より自律的な市民社会と家族・親族による私的領域が独自に住民の生活基盤形成に大きな役割を果たしている。しかし市民社会も家族も、エリートの支配する政治構造や新自由主義的グローバル経済の大きな枠組みの中で、十分な生活資源の獲得や生計の飛躍的向上につながる根本的改変に成功しているわけではない。ここにこそフィリピンの貧困問題が長らく解消されない構造的要因がある。

　こうした構造が将来にわたって存続するは限らない。なぜなら国家は弱いながらも、グローバル資本主義社会の後押しを受けて貧困関連諸政策を実施し、土地、労働力の商品化とそれらに関わる市場の活性化など資本蓄積のための条件をさらに整備し、同時に貧困層を社会的役割を担いうる「市民」としての国家に有機的に統合するという歴史的事業の遂行を試みており、将来それが異なる社会条件を生み出すだろうからである。一方、貧困層や市民社会組織も、より安定的な生活条件を求めて新しい「接合」の形態、新しい社会編成を希求するからである。

　その変化のありようは、今後社会諸領域に主体がどのように関与し、いかなる社会制度を生み出していくのにかかっている。

あとがき

　思惟と思考を重ねる社会科学の中に地を這って事実を掘り起こし実証していく地域研究を位置づけるような研究がしたいとずっと考えてきた。同時に事実から現実を解釈するだけではなく、現状の分析から未来への変化を見通すような姿勢を持ちたいとも思ってきた。アジアに関心を持ち、特にフィリピンに関わり始めて長い時間が経過した。その間、知的関心は様々な学問領域に広がった。検討の焦点も農業問題、社会運動、労働事情、政治制度へと様々移ってきた。しかし、やはり若いころ最初に抱いた「貧困」への関心を自分なりに整理しておきたいという思いが強くあり本書にまとめることにした。上梓に予想以上の長い時間がかかってしまったにも拘わらず、充分納得のいくものになったとは思えない。専ら自分の非力さによる。事実を掘り起こすほど現実の複雑さを思い知らされる。政策や実践がその意図するところを超えて、予期せぬ結果や結末につながることも珍しくない。そうした実情を前になかば呆然とすることも少なくなかったし、それらの現実を解釈し思考することはさらに難しいことであると痛感した。それでも、もがきながら考えていくことが社会の次なるステップへの準備であるという思いが作業の支えでもあった。

　複雑で深刻な問題を抱えるフィリピンではさまざまな立場から現状の改善を目指して努力する人々がたくさんいる。特に本書の研究対象とした「貧困」に関わっては多くの当事者と支援者が格闘してきた。自分の生活を振り返ることもなく問題に立ち向かう素晴らしい人々にもたくさん出会った。一方で、そうした献身的な努力が実を結ばないこと、悲劇に終わる事態にも接してきた。社会に立ち向かうには、誠意と熱意に加味して、思考と戦略が必要だと痛感した。善意がいつも良い結果をもたらすとは限らず、もたらされたよい結果も社会的文脈が変わればその意味づけも変化する。そうした現実を冷徹な眼で見ていく必要を強く感じていた。そんな思いから貧困問題を考えてきた。そして

211

フィリピンの貧困がフィリピン固有の社会的文脈の中から生まれた産物であり、多くの関与主体と社会諸制度の中で変容するものであるという至極当たり前の結論に至った。フィリピンの貧困が特別だということではなく、グローバル化や国際開発政策などの共通した環境と条件を与えられながらも、他国のそれと同じように、フィリピン固有の文脈の中で再生産されるということである。貧困の再生産メカニズムを明らかにしてこそ、問題克服の方向性を見出せるものと考えた。とはいえ、本書は実践的、指針的方向性を提示しているものではない。現状把握と解釈に徹した。明快な解決策が描けなかったのは一にして筆者の非力さに依る。

　最初にフィリピンの地に立って以来約30年が経過した。その間、マニラに留学もし、たびたび調査でも訪れている。長年観察していると、その間に当然ながら変わった部分、変わらない部分が見えてくる。以前では考えられないほどの経済成長が進行し物資も目に見えて増えた。街もきれいになった。一方で、農村のくらしや、貧しい人々の苦境は変わらない。貧しさや貧困者の生活が、全く変わらないわけではない。彼らも携帯電話を持ち、若い者は髪を染め、子供らはテレビゲームに興じる。目に見えない社会構造や政治文化も変わりつつあり、また変わらない部分も残されている。

　2016年にドゥテルテ大統領が選出された。本書では2016年以降の現政権については全く触れていないが、そのパーソナリティと突飛な言動、そして何よりも人権侵害によって一躍世界の注目を集める指導者のひとりとなった。「薬物撲滅」政策の下、麻薬所持者・取引者は警察によってその場で射殺される。被害者の数は7,000人を超えたという。それにもかかわらず高い支持率を維持する。薬物所持等の容疑で殺害される被害者の多くが貧困者であるにも拘わらず、貧困層の政権支持率は依然高い。ドゥテルテはこれまでのフィリピンの政治家と比較して異質なようにみえて、フィリピン社会の政治文化を体現した存在でもある。そんな指導者を支えるフィリピン社会そのものにフィリピンの特徴も潜んでいる。こうした「新しい現象」をフィリピン文脈に位置づけて今後も探求を続けたい。

さて、非力の私が拙いながらも研究をこのような形でまとめることができたのは、ほかでもなく多くの方々の指導と支援を得られたからである。学生の時以来ご指導いただいている古賀正則先生（一橋大学名誉教授）には筆舌に尽くし難い学恩を受けてきたばかりか、人としてのあり方を深く学ばせていただいた。学部３年生の時に先生のもとで学びたく、満を持して研究室の重い鉄扉を叩いた。先生は椅子にゆったりと腰掛け、分厚いインドの英書を読んでおられた。緊張してかすれた声で指導学生として取っていただきたい旨述べると、黒縁眼鏡の内からしばらく私の顔を見て「はあ、いいですよ」と拍子抜けするほど力の抜けた調子で受け入れて下さった。以来、院生時代のみならず職に就いてからも公私にわたりお世話になってきた。論文の草稿を見ていただくと、論旨から表現にいたるまで真っ赤になるほどに手を入れて下さった。そして「君の論文にはパッションが感じられないんだよね」とよく口にされた。研究のための研究ではなく研究を通じて社会とどう対峙したいのかを常に問われた。先生からのご指導、ご助言はいまだに研究の礎となっている。古賀先生への感謝の念は言葉では尽くしがたい。

　一橋大学社会地理学共同研究室の竹内啓一先生（故人）、内藤正典先生（同志社大学教授）、児玉谷史郎先生（一橋大学教授）にもご指導いただき大変お世話になった。児玉谷先生には本書の元となる博士論文を通じて内容に関する貴重なご指摘もいただいた。土生長穂法政大学名誉教授、河合恒生岐阜経済大学名誉教授、松下冽立命館大学名誉教授ら諸先生方には若いころから研究会にお誘いいただき、しばしば自分の力量を超えた研究課題を与えられた。もがきながらそれらに取り組む過程で新しい問題領域との出会いが多くあった。感謝申し上げたい。

　フィリピンの数多くの研究者からも研究交流を通じて多くのことを学ばせていただいた。留学の際の指導教授 Cynthia Bautista 教授、Temario Rivera 教授、Eduardo Tadem 教授、Teresita Tadem 教授はじめフィリピン大学の多くの方々にお世話になった。いずれも学問分野で活躍されるだけでなく、常に社会の現状に関与する姿勢を貫いておられる方々ばかりである。米国 Wisconsin 大学東南アジア研究センターでは、著名なフィリピン研究者に囲まれ実り

多き時間を過ごさせていただいた。特に Friday Forum での研究報告は刺激的な機会として忘れることができない。Paul Hutchcroft 教授、Michael Cullinane 教授には研究上の貴重なアドバイスをいただいたばかりか公私ともにお世話になった。

　職場である神戸大学発達科学部スタッフにも感謝の念は尽きない。特に私の所属する社会環境論コースの先輩、同僚には異なる学問領域からの鋭い洞察と視点を常にいただき自らの視野を大いに広げる機会となってきた。問題の本質を見失いがちな時に立ち止まって考えさせられることも少なくなかった。また本書をまとめるにあたってはコース同僚のみならず学科、学部の多くの方々にご配慮をいただいたことに感謝したい。同時にこれまで、私のところに集まってくれた学生院生とは共に論文を読んだり議論を随分としてきた。何度も学生と一緒にフィリピン調査にも出かけた。そんな機会に集めた情報や考えたことが本書の一部を形成している。

　フィリピン留学以来の付き合いである鈴木伸隆氏（筑波大学准教授）には研究上の助言と機会を数限りなくいただいた。本書草稿にも目を通していただいただけでなく度々の励ましもいただいた。心より感謝したい。出版に当たっては穏やかながらも内に熱い思いを秘められた編集者、小西英央氏に大いに励まされた。小西氏と出会えたことは誠に幸運だと思うし、改めてお礼申し上げたい。

　なお本書では第 6 章「貧困と市場」のみ既刊論文を下地としている（初出「現代フィリピン労働構造—グローバル時代の新接合」『アジア・アフリカ研究』2013年第53第 4 号）。ただし、論旨、内容とも大幅に変更を加えた。

　最後に私事にわたり恐縮ではあるが、父母に感謝したい。実業の世界で生きてきた父耕三には期待に沿うことなく研究という全く違う道を選んだことを申し訳ないと思うと同時に、それでもその選択を受け入れてくれたことに感謝したい。分野は違えど信念を以て物事を飽くことなく追求する姿勢は常に見習いたいと思っている。母玲子はいつも寛容で楽観的な姿勢で接してくれた。ともすると放埒な生活を送ったかもしれない性格の私を知的な関心に誘ってくれた

のは母である。さりげなく母の敷いた道を今まで歩んできたのかもしれない。心より感謝している。そして妻ゆかりには研究に関して無限の叱咤激励またサポートをしてもらった。なかなか進まない研究状況を本人以上の忍耐をもって支えてくれた。実務分野に関わる妻との会話が常に狭窄症に陥りがちな私の視点を広げてくれたのは間違いない。そして二人の子、啓悟、紫乃とはいつも楽しい時間を過ごし、研究上の励みとなった。そんな家族に本書をささげたい。

　　2017年9月　金木犀のかおる六甲にて

太田　和宏

■ 参考文献

邦文文献

アルチュセール、ルイ 1994『マルクスのために』河野健二ほか訳、平凡社ライブラリー

五十嵐誠一 2004『フィリピンの民主化と市民社会―移行・定着・発展の政治力学』成文堂

今井弘道 2001『新・市民社会論』風行社

植村邦彦 2004「重層的決定と偶然性―あるいはアルチュセールの孤独」『関西大学経濟論集』第54巻第3-4号

エーレンベルク、ジョン 2001『市民社会論―歴史的・批判的考察』青木書店

大沢真理 2004『アジア諸国の福祉戦略』ミネルヴァ書房

太田和宏 1994「フィリピン、マルコス政権下の農地改革―農業構造転換の一過程」『アジア研究』第40巻第4号

―――― 1995「フィリピン農地改革の新形態―ルイシタ農園における株式分配方式の実態」『アジア経済』第36号第10号

―――― 1997「『貧困』概念をめぐって」『アジア・アフリカ研究』第37巻第2号

―――― 2005「未完の社会改革―民主化と自由化の対抗」川中豪編著『ポスト・エドサ期のフィリピン』アジア経済研究所

―――― 2006「開発される人間」ヒューマン・コミュニティ創成研究センター編『人間像の発明』ドメス出版

―――― 2009「人間開発論からヒューマン・ニーズ論へ」『アジア・アフリカ研究』第49巻第4号

―――― 2013「東南アジアにおけるアソシエーションと越境的デモクラシーの可能性」松下冽・山根健至編著『共鳴するガヴァナンス空間の現実と課題―「人間の安全保障」から考える』晃洋書房

太田和宏ほか 2007「ODA 大規模プロジェクトと住民問題―フィリピン・セブ総合開発計画を事例に」『神戸大学発達科学部研究紀要』第14巻第2号

――――ほか 2011「商業化するマイクロファイナンス―フィリピンでの普及と貧困問題」『神戸大学大学院人間発達環境学研究科研究紀要』第4巻第2号

――――ほか 2013「マイクロファイナンスによる生活の安定―フィリピン「南コタバト基金」SCFI の事例」『神戸大学大学院人間発達環境学研究科研究紀要』第6巻第2号

――――ほか 2015「コミュニティ組織型フェアトレードの可能性―フィリピン SPFTC の事例」『神戸大学大学院人間発達環境学研究科研究紀要』第8巻2号

――――ほか 2016「『貧困家庭向け条件付き現金給付プログラム』のインパクトと課題―フィリピン4Ps の批判的検討」『神戸大学大学院人間発達環境学研究科研究紀要』第9巻第2号

勝間 靖編 2012『テキスト国際開発論―貧困をなくすミレニアム開発目標へのアプロー

チ』ミネルヴァ書房

菊池　靖 1980『フィリピンの社会人類学』敬文堂

日下　渉 2013『反市民の政治学—フィリピンの民主主義と道徳』法政大学出版局

清水　展 1991『文化のなかの政治—フィリピン「二月革命」の物語』弘文堂

ジョンソン、チャルマーズ 1982『通産省と日本の奇跡』矢野俊比古監訳、TBS ブリタニカ

鈴木伸隆 1995「『世帯』から見た人間移動に関する覚書—生存戦略から不平等性の歴史的
　　持続へ」『族』第26号

関　恒樹 2007『海域世界の民族誌—フィリピン島嶼部における移動・生業・アイデンティ
　　ティ』世界思想社

―――― 2013「スラムの貧困統治にみる包摂と非包摂—フィリピンにおける条件付現金給
　　付の事例から」『アジア経済』第54巻第1号

高橋　彰 1972「フィリピンの社会構造」萩原宜之・高橋彰編著『東南アジアの価値体系4
　　マレーシア・フィリピン』現代アジア出版会

高柳彰夫 2014『グローバル市民社会と援助効果—CSO/NGO のアドボカシーと規範づく
　　り』法律文化社

武田尚子 1994「マニラの都市貧困地域における親族ネットワークと自助開発活動」『年報
　　社会学論集』第7号

橘木敏光・宮本太郎監修 2015『福祉レジーム』ミネルヴァ書房

田中　宏 1992「言説としての社会とリアリティ—E. ラクラウ、C. ムーフェの社会構想をめ
　　ぐる一考察」『ソシオロゴス』第16号

玉置泰明 1982「『フィリピン低地社会』研究序説—社会関係の視点から」『民俗学研究』第
　　47巻第3号

長坂　格 2009『国境を越えるフィリピン村人の民族誌—トランスナショナリズムの人類
　　学』明石書店

中根千枝 1967『タテ社会の人間関係—単一社会の理論』講談社

―――― 2002『社会人類学—アジア諸社会の考察』講談社（初版1987）

永野善子 1990『砂糖アシエンダと貧困—フィリピン・ネグロス島小史』勁草書房

日本国際政治学会編 2012『国際政治—市民社会からみたアジア』第169号、日本評論社

野沢勝美 1994「フィリピンの農地改革と農村開発」アルセニオ・M. バリサカン、野沢勝
　　美編著『フィリピン農村開発の構造と改革』アジア経済研究所

フレイレ、パウロ 1979『被抑圧者の教育学』三砂ちづる訳、亜紀書房

堀　芳枝 2005『内発的民主主義への一考察—フィリピンの農地改革における政府、NGO、
　　住民組織』国際書院

三菱 UFJ 2013「アジア各国の賃金比較」BTMU Asia Weekly 臨時増刊号、2013年1月

宮本太郎 2008『福祉政治—日本の生活保障とデモクラシー』有斐閣

山口　定編 2004『市民社会論—歴史的遺産と新展開』有斐閣

吉田傑俊 2005『市民社会論—その理論と歴史』大月書店

リムケコ、ピーター編著 1987『周辺資本主義論争—従属論以後』若森章孝ほか訳、柘植書
　　房

若森章孝 1993「資本主義の世界化と生産様式接合理論」『資本主義発展の政治経済学─接合理論からレギュラシオン理論へ』関西大学出版部

欧文文献

Abad, Ricardo G., 2005, Social Capital in the Philippines: Results from a National Survey, *Philippine Sociological Review*, Vol. 53

Abueva, Jose, 2001, A Crisis of Political Leadership: From 'Electoral Democracy' to 'Substantive Democracy', in Doronila, Amondo ed., *Between Fires: Fifteen Perspectives on the Estrada Crisis*, Anvil Publishing

Abueva, Jose and Roman, Emerlinda, 1992, *The Aquino Administration: Record and Legacy (1986-1992)*, University of the Philippines Press

Abueva, Jose et al. eds., 1998, *The Ramos Presidency and Administration: Record and Legacy (1992-1998)*, University of the Philippines Press

———— et al. eds., 2004, *Alternative Views and Assessments of the Macapagal-Arroyo Presidency and Administration: Record and Legacy (2001-2004)*, University of the Philippines Press

Action Network Human Rights (ANHR)-Philippines, 2014, *Human Rights in the Philippines-Aspiration and Reality*, AMP

Adriano, Fermin, 1998, A Poor Start, *Intersect*, November, Vol. 13 No. 11

Africa, Tomas, 2011, *Family Income Distribution in the Philippines 1985-2009: Essentially the Same*, Social Weather Station presentation on 18 March, 2011

Akram-Lodhi, A Haroon, 2007, Land, Markets and Neoliberal Enclosure: An Agrarian Political Economy Perspective, *Third World Quarterly*, Vol. 28 No. 8

Albert, Ramon Jose G, Martinez, Arturo Jr., 2015, Is Poverty Really Decreasing, and If Not, Why Not?, *Policy Note*, 2015-04, PIDS

Alburo, Florian A. et al., 1986, *Economic Recovery and Long-Run Growth: Agenda for Reform*, Vol. I. Main Report, PIDS

Aldaba, Fernando et al., 2000, NGO Strategies Beyond Aid: Perspectives from Central and South America and the Philippines, *Third World Quarterly*, Vol. 21 No. 4

Alejo, Myrna J., Rivera, Maria Elene P., Valencia, Noel Inocencio P., 1996, *[De] scribing Elections: A Study of Elections in the Lifeworld of San Isidro*, Institute of Popular Democracy

Amongo, Rossana M. C., Lorana, Maria V. L., 2015, *Agricultural Mechanization Policies in the Philippines*, Policy Brief Issue No. 5, UNESCAP

Angeles, Jocelyn Vicente, 1997, The Role of the Naga City Urban Poor Federation in the Passage of Pro-Poor Ordinances and Policies, in Wui, Marlon A., and Lopez, Glenda S. eds., *State-Civil Society: Relations in Policy-Making*, The Third World Studies Center

Antiporta, Donato B. and Estanislao-Tan, Eleanora, 2010, *Assessment of the KALAHI*

Prototype Projects, Report prepared for the NAPC

Arguillas, Carolyn O., 2010, *Maguindanao a Development Black Hole: The Poor Get Poorer, Ampatuans Get Richer as IRA Billions Pour in*, Philippine Center for Investigative Journalism, March 29, 2010

Arroyo, Gloria M., 2001, *First State of the Nation Address*, delivered at the 12th Congress on July 23, 2001

Asian Development Bank (ADB), 2005, *Poverty in the Philippines: Income, Assets, and Access*

————, 2007, Overview of NGOs and Civil Society: Philippines, *CIVIL SOCIETY BRIEFS*, Asian Development Bank

————, 2009, *Philippines: Agrarian Reform Communities Project, ADB Validation Report*, Asian Development Bank

————, 2012, *The KALAHI-CIDSS Project in the Philippines: Sharing Knowledge of Community-Driven Development*, Asian Development Bank

————, 2013, The Philippines, *CIVIL SOCIETY BRIEFS*, Asian Development Bank

Asian Insurance Review (AIR), 2014, *Philippines: Growth Will Continue*, September 2014

Atienza, Maria Ela L., 2004, The Politics of Health Devolution in the Philippines: Experiences of Municipalities in a Devolved Set-up, *Philippine Political Science Journal*, Vol. 25 No. 48

————, 2013, *Introduction to Philippine Politics: Local Politics, the State, Nation-Building, and Democratization*, University of the Philippine Press

Balea, Judith, 2013, Kung Walang Corrupt, Bakit Sobrang Mahirap ang Samar? *Rappler*, April 23, 2013

Balisacan, Arsenio M., 2002, *Did the Estrada Administration Benefit the Poor?* Anvil Publishing

————, 2007, *Agrarian Reform and Poverty Reduction in the Philippines*, Policy Dialogue on Agrarian Reform Issues in Rural Development and Poverty Alleviation, 30 May 2007

Balisacan, Arsenio M. and Pernia, Ernesto M., 2002, *What Else Besides Growth Matters to Poverty Reduction? Philippines*, ERD Policy Brief No. 5, Asia Development Bank

Ballesteros, Marife and dela Cruz, Alma, 2006, *Land Reform and Changes in Land Ownership Concentration: Evidence from Rice-Growing Villages in the Philippines*, Discussion Paper Series No. 2006-21, PIDS

Ballesteros, Marife and Bresiani, F., 2008, *Land Rental Market Activity in Agrarian Reform Areas: Evidence from the Philippines*, Discussion Paper Series No. 2008-26, PIDS

Bautista, Cynthia R., 2001, The Revenge of the Elite on the Masses? in Doronila,

Amando, ed., *Between Fires: Fifteen Perspectives on the Estrada Crisis*, Anvil Publishing

Bautista, Victoria A., 1999, *Combating Poverty through the Comprehensive and Integrated Delivery of Social Services (CIDSS)*, National College of Public Administration and Governance, University of the Philippines with DSWD

―――, 2001, *A Critique of the KALAHI Program*, a paper prepared for the National Anti-Poverty Commission through Action for Economic Reform, 2001

―――, 2002, *Readings of Governance on Poverty Alleviation*, Office of the Vice Chancellor for Research and Development, University of the Philippines Diliman

Bautista, Victoria A., et al., 2006, State-of-the-Art Review of Participatory Governance in Rural Poverty Reduction, in Bautista, Victoria A. and Alfonso Oscar M. eds., *Citizen Participation in Rural Poverty Alleviation*, NCPAG, University of the Philippines

Bello, Walden, 2010, *Does corruption create poverty?* Focus on the Global South, April 23, 2010

Bennagen, Pia C., 2000, *Anti-Poverty Programs*, Civil Society Governance Program, IDS, UK

Bevan, Philippa, 2004, Conceptualising In/security Regimes, in Gough, Ian and Wood, Geoffrey with Armando Barrientos, Philippa Bevan, Peter Davis and Graham Room, *Insecurity and Welfare Regimes in Asia, Africa and Latin America: Social Policy in Development Context*, Cambridge University Press

Borras Jr., Saturnino M., Carranza, Danilo and Franco, Jennifer C., 2007, Anti-poverty or Anti-poor? The World Bank's market-led agrarian reform experiment in the Philippines, *Third World Quarterly*, Vol. 28 No. 8

Briones, Roehlano, 2000, *Property Rights Reform in Philippine Agriculture: Framework for Analysis and Review of Recent Experience*, Discussion Paper Series No 2000-09, Philippine Institute of Development

Broad, Robin, 1990, *Unequal Alliance: The World Bank, the International Monetary Fund and the Philippines*, University of California Press

Brooks, Sarah M., 2015, Social Protection for the Poorest: The Adoption of Antipoverty Cash Transfer Program in the Global South, *Politics & Society*, Vol. 43 No. 3

Buendia, Rizal G., 1995, The Comprehensive and Integrated Delivery of Social Services: An Appraisal of a Strategy in Social Development in Social Development, *Philippine Journal of Public Administration*, Vol. XXXXIX No. 4

Bulatao, Jaime C., 1964, Hiya, *Philippine Studies*, Vol. 12 No. 3

Bureau of Labor and Employment Statistics (BLES), 2003, *Labor Statistical Yearbook 2003*, Department of Labor and Employment

―――, 2012, *Yearbook of Labor Statistics 2012*, Department of Labor and Employment

Burgos, Nestor P. Jr., 2013, Vote Buying Among Poor Rampant, Says Catholic Church Official in Iloilo, *Philippine Daily Inquirer*, October 29th, 2013

――――, 2016, Political Clans Start to Dominate Party-list Groups, *Philippine Daily Inquirer*, April 23, 2016

Cabinet Cluster on Good Governance and Anti-Corruption (CCGAC), 2012, *Action Plan 2012-2016*, Republic of the Philippines

Canare, Tristan A. Lopez, Maria Antonio G., Mendoza, Ronald U. and Yap II, David Braua, 2014, *The 2013 Mid-Term Election: An Empirical Analysis of Dynasties, Vote Buying and the Correlates of Senate Votes*, Working Paper 14-002, Asian Institute of Management

Capuno, Joseph J., 2008, *A Case Study of the Decentralization of Health and Education Services in the Philippines*, NDN Discussion Paper Series No. 3

Caringal, Herminia R., 2008, Broadening and Reinforcing the Benefits of Land Reform in the Philippines, *Policy Brief*, PB-08-04, Senate Economic Planning Office

Cariño, Ledivina V., 2002, Size and Contour of the Sector, in Cariño, Ledevina V. ed., *Between the State and the Market: The Non-Profit Sector and Civil Society*, CLCD, NCPAG, University of the Philippines

Cariño Ledivina V. and Fernan, Ramoon, L. III, 2002, Social Origins of the Sector, in Cariño, Ledevina V. ed., *Between the State and the Market: The Non-Profit Sector and Civil Society*, CLCD, NCPAG, University of the Philippines

Carroll, John J. S. J., 1998, Philippine NGO Confront Urban Poverty, Silliman, in G. Silliman, G. Sidney and Noble, Lela Garner, *Organizing for Democracy: NGOs, Civil Society, & the Philippine State*, Ateneo de Manila University Press

Center for Trade Union and Human Rights (CTUHR), 2012, *Children of the Sunshine Industry: Child Labor and Workers' Situation in Palm Oil Industry in CARAGA*

Chambers, Robert, 1997, *Whose Reality Counts?: Putting the First Last*, ITDG Publishing

Charities Aid Foundation (CAF), 2015, *CAF Word Giving Index 2015*, Charities Aid Foundation

Charitonenco, Stephanie, 2003, *Commercialization of Microfinance: Philippines*, Asia Development Bank

Chatterjee, Partha, 2006, *The Politics of the Governed: Reflections on Popular Politics in Most of the World* (Leonard Hastings Schoff Lectures), Columbia University Press

Chaudhury, Nazmul, Friedman, Jed and Onishi, Junko, 2013, *Philippines Conditional Cash Transfer Program Impact Evaluation 2012*, The World Bank

Chua, Yvonne T. and Cruz, Booma B., 2013, *Pork by any name*, VERA File August 23, 2013

Clarke, Gerand, 1998, *The Politics of NGOs in South-east Asia: Participation and Protest in the Philippines, Routledge

―――, 2012, *Civil Society in the Philippines: Theoretical, Methodological and Policy Debates*, Routledge

CODE-NGO, 1991, *Covenant on Philippine Development and Code of Conduct*, CODE-NGO

―――, 2008, *NPO Sector Assessment: Philippine Report*, Charity Commission of England and Wales

―――, 2010, *Position Paper of CODE-NGO on the PEACe Bond*, CODE-NGO

―――, 2011, *A Briefer: PEACe Bond*, CODE-NGO

Commission on Audit (COA), 2013, *Priority Development Assistance Fund and Various Infrastructures and Local Projects (VILP), Special Audit Office Report No. 2012-03*, Republic of the Philippines

Concerned Citizens of Abra for Good Governance, 2015, *Case Study*

Cororaton, Caesar B. and Corong, Erwin L., 2006, *Agriculture-Sector Policies and Poverty in the Philippines: A Computable General-Equilibrium (CGE) Analysis*, MPIA Working Paper 2006-09, Poverty and Economic Policy Research Network

Corotan, Gemma Luz, 2000, Money from Health, in Coronel, Sheila S., *Betrayals of the Public Trust: Investigative Reports on Corruption with explanations of reporting techniques used*, Philippine Center for Investigative Journalism

Cristina, David, 2003, Agriculture, in Balisacan, A. and Hill, H., eds., *The Philippine Economy: Development, Policies, and Challenges*, Oxford University Press

Croissant, Aurel, 2004, Changing Welfare Regimes in East And Southeast Asia: Crisis, Change and Challenge, *Social Policy and Administration*, Vol. 38 No. 5

Crost, Benjamin and Johnston, Patrick B., 2010, *Aid under Fire: Development Projects and Civil Conflict*, Discussion Paper No 2010-18, Belfer Centre for Science and International Affairs, Harvard Kennedy School

Cupin, Ben, 2014, The truths and lies of Janet Lim Napoles, *Rappler*, August 30, 2014

David, Karina Constantino, 1998, From the Present Looking Back: A History of Philippine NGOs, in Silliman, G. Sidney and Noble, Lela Garner, *Organizing for Democracy: NGOs, Civil Society, and the Philippine State*, Ateneo de Mnila University Press

―――, 2001, Surviving Erap, in Doronila, Armando ed., *Between Fires: Fifteen Perspectives on the Estrada Crisis.*, Anvil Publishing

David, Christina C., Intal, Ponciano and Balisacan, Arsenio M., 2007, *Distortions to Agricultural Incentives in the Philippines, Agricultural Distortion*, Working Paper 28, World Bank Development Research Group

Davis, Peter R., 2001, Rethinking the Welfare Regime Approach: The Case of Bangladesh, *Global Social Policy*, Vol. 1 No. 1

Dawe, David C. et al., 2008, Rice Marketing Systems in the Philippines and Thailand:

Do Large Numbers of Competitive Traders Ensure Good Performance ?, *Food Policy* 33

DBM-DILG-DSWD-NAPC, 2012, *Joint Memorandum Circular No. 1, Series of 2012*, March 8, 2012

De Dios, Emmanuel ed., 1993, *Poverty, Growth, and the Fiscal Crisis*, Philippine Institute for Development Studies and the International Development Research Centre

Del Mundo, Fernando, 2012, Farmer Sells Kidney to Redeem Family Farm, *Philippine Daily Inquirer*, March 27, 2012

Del Prado, Fatima Lourdes et al., 2015, *Grassroots Participatory Budgeting Process in Negros Province*, Discussion Paper No. 2015-28, PIDS

Dela Rosario, Rodolfo P., 2002, The Minimum Basic Needs Approach to Development: the Davao del Norte Innovation, *Philippine Journal of Public Administration*, Vol. XLVI Nos. 1-4

DeLuca, Kevin, 1999, Articulation Theory: A Discursive Grounding for Rhetorical Practice, *Philosophy and Rhetoric*, Vol. 32 No. 4

Department of Agriculture (DA), *AFMA Final Report*, June 2007

Department of Labor and Employment (DOLE), 2012, *Yearbook of Labor Statistics 2012*

Department of Social Welfare and Development (DSWD), 2004, *KALAHI-CIDSS Manual for Are Coordination and Community Facilitators*, DSWD

―――, 2009, *Directory of NGOs Accredited to Operate by DSWD as of September 30, 2009*

―――, 2014, *Keeping Children Healthy and in School: Evaluating Pantawid Pamilya Using Regression Discontinuity Design – Second Wave Impact Evaluation Result*, The Department of Social Welfare

―――, 2015, *Pantawid Pamilya Pilipino Program: Program Implementation Status Report*, 1st Quarter 2015, The Department of Social Welfare

Devesa, Roy, 2005, *An Assessment of the Philippine Counterinsurgency Operation Methodology*, Mater Thesis presented to the Faculty of the US Army Command and General Staff College

Diokno, Benjamin, 2013, *Are NGOs Good or Evil ?*, MANILASPEAKS, August 20, 2013 http://www.manilaspeak.com/author/ben-diokno/

―――, 2016, Large-scale Smuggling of Agricultural Products is Anti-poor, *Business World*, April 6, 2016

Dixon, John and Kim, Hyung Shik, eds., 1985, *Social Welfare in Asia*, Croom Helm

Domingo, Ma Oliva Z., 2013, *The Legal Framework of the Philippine Third Sector: Progressive or Regressive ?*, a paper presented at the 8th Asia Pacific Conference of International Society for Third Sector at Seoul, Korea, October 24-26, 2013

Doronila, Armando ed., 2001, *Between the Fires: Fifteen Perspectives on the Estrada*

Crisis, Anvil Publishing

Doyal, Len and Gough, Ian, 1991, *A Theory of Human Need* (Critical Perspectives), Guilford

Dychi, Stephanie, 2010, How a Workers' Strike Became the Luisita Massacre, *GMA News Online*, January 26, 2010

Esping-Andersen, Gøsta, 1990, *Three Capitalist Worlds of Welfare Regimes*, Princeton University Press

Estrada, Joseph E., 1998, *First State of the National Address*, July 27, 1998 delivered to the Congress Session Hall of the House of Representatives

————, 1999, *Second State of the National Address*, July 26, 1999 delivered at Batasang Pambansa, Quezon City

Fenix Villavicencio, Veronica, 2004, Dealing with Poverty, in Abueva, Jose et al. eds., *The Macapagal-Arroyo presidency and Administration: Record and Legacy (2001–2004)*, University of the Philippine Press

Fernan, Ramon L., III, 2002, *Giving and Volunteering among Filipinos*, a paper presented at the Fifth International conference of the International Society for Third Sector Research, July 2002, Cape Town, South Africa

Ferrer, Miriam C., 1999, *A Reading of the Estrada Administration – One Year After*, a paper presented to European Solidarity Conference on the Philippines, Supporting Peoples Development Initiatives, 10–12 September 1999 at Reading, UK

Fifl, Cheryll D., 2013, *Partylist Not Spared from Trapo Politics*, Davao Today. com, May 20, 2013

Focus on Poverty (FoP), 2012, *Poverty in the Philippines: Urban and Rural Poverty*, January 25, 2012

Focus on the Global South with the Save Agrarian Reform Alliance, 2013, *The State of Agrarian Reform under President Benigno Aquino III's Government: Beyond the Numbers*, Focus on the Global South-Philippines

Foster-Carter, Aidan, 1978, The Mode of Production Controversy, *New Left Review*, No. 107

Fox, Robert B., 1959, The Study of Filipino Society and its Significance to Programs of Economic and Social Development, *Philippine Sociological Review*, No. 7

Francisco, Oscar, 2004, Alternative Views and Assessments, in Abueva, J., Gamala, Ruben, M. *Evolution of the Pork Barrel System in the Philippines*, University of the Philippines

Franco, Jennifer C. and Borras, Saturno M. Jr. eds., 2005, *On Just Grounds: Struggle for Agrarian Justice and Citizenship Rights in the Rural Philippines*, TNI

Freedom from Debt Coalition (FDC), 2011, *On the PEACe Bonds*, Position Paper presented during the public hearing by the House Committee on Good Governance and public Accountability on December 6, 2011

Garilao, Ernesto D., Highlights of Social Reform Agenda Yea-End Report, in *Winning the Future towards Prosperity: Revisiting A Hundred Years of Struggle Against Poverty*, National Anti-Poverty Summit, March 19–20, 1996

George, Terrence R., 1998, Local Governance: People Power in the Provinces ?, in Silliman, G. Sydney and Noble, Lela G. eds., *Organizing for Democracy: NGOs, Civil Society, and the Philippine State*, Ateneo de Manila University Press

Ghate, Prabhu, n.d., Lending to Micro Enterprises through NGOs in the Philippines

Giddens, Anthony, 1990, *The Consequences of Modernity*, Stanford University Press

Gloria, Glenda M., 1995, One City, Two Worlds, in Lacaba, Jose F. ed., *Boss: 5 Case Studies of Local Politics in the Philippines*, Philippine Center for Investigative Journalism & Institute for Popular Democracy

Goodman, Roger, White, Gordon and Kwon, Huck-ju eds., 2006, *The East Asian Welfare Model: Welfare Orientalism and the state*, Routledge

Gossling, Stefan and Schumacher, Kim P., 2012, Conceptualizing the Survival Sector in Madagascar, *Antipode*, Vol. 44 No. 2

Gough, Ian, 2002, Globalisation and National Welfare Regimes: The East Asian Cases, in Sigg, Roland and Behrendt, Christina eds., *Social Security in global Village*, Translations Publishers

————, 2004, Welfare Regime in Development Context: A Global and Regional Analysis, in Gough, Ian and Wood, Geof with Armando Barrientos, Philippa Bevan, Peter Davis and Graham Room, *Insecurity and Welfare Regimes in Asia, Africa and Latin America: Social Policy in Development Context*, Cambridge University Press

Grillo, Ralph D., 1997, Discourse of Development: The View from Anthropology, in Grillo, R. D and Stirrat, R. L. eds., *Discourse of Development: Anthropological Perspective*, Berg

Grossberg, Lawrence ed., 1996, On postmodernism: An Interview with Stuart Hall, in Morley, David and Chen, Kuan-Hsuing *Stuart Hall: Critical Dialogues in Cultural Studies*, Routledge

Habaradas, Reymund A. and Umali, Mar A., 2013, *The Microfinance Industry in the Philippines: Striving for Financial Inclusion in the Midst of Growth*, Working Paper No. 2013–05, Center for Business Research and Development, De La Salle University

Habito, Cielito, 2010, Private Funding for Poverty Reduction, *Philippine Daily Inquirer*, September 21, 2010

Hall, Derek, 2012, Rethinking Primitive Accumulation: Theoretical Tensions and Rural Southeast Asian Complexities, *Antipode*, Vol. 44 No. 2

Hayami, Yujiro, Quisumbing, Ma. Agnes R. and Adrino, Lourdes S., 1990, *Toward an Alternative land Reform Paradigm: A Philippine Perspective*, Ateneo de Manila University Press

Head, Jonathan, 2008, Hoarders blames for Philippine rice crisis, *BBC News, Manila*, April 11, 2008

Hennig, Robert. P., 1983, Philippine Values in Perspective: An Analytical Framework, *Philippine Sociological Review*, No. 31

Hilhorst, Dorothea, 2003, *The Real World of NGOs: Discource, Diversity and Development*, Ateneo de Mnila University Press

Holliday, Ian 2000, Productivist Welfare Capitalism: Social Policy in East Asia, *Political Studies*, Vol. 48

Hollnsteiner. Mary R., 1972, Reciprocity in the Lowland Philippine, in Lynch, Frank ed., *four readings on Philippine values*, IPC Paper No. 2, Institute of Philippine Culture, Ateneo de Manila University Press

Holmvall, Peter, 2007, *Remittances and Poverty: A Case Study of the Philippines*, Master Thesis, Department of Economics and Management, Lund University

Homeres, Geiah, 2004, Agrarian Reform: Priority Development Areas, *Farmers and Views*, 2nd Quarter, 2004, Philippine Peasant Institute

Human Rights Watch (HRW), 2015, *What ... if Something Went Wrong?: Hazardous Child Labor in Small-Scale Gold Mining in the Philippines*

Hunt, Chester L., 1980, Philippine Values and Martial Law, *Journal of Southeast Asian Studies*, Vol. 11 No. 1

Hutchcroft, Paul, 2008, The Arroyo Imbroglio in the Philippines, *Journal of Democracy*, Vol. 19, No. 1

Imperial, Giggette S., 2004, Understanding Philippine Labor Policies, *The Philippine Review of Economics*, Vol. XLI No. 2

Institute for Labor Studies (ILS), 1994, *Comprehensive Study on Child Labor in the Philippines*, Monograph Series, No. 1

Institute of Philippine Culture (IPC), 2005, *The Vote of the Poor: Modernity and Tradition in People's Views of Leadership and Elections*, Ateneo de Manila University

InterAksyon. com, 2012, *Child Labor in the Philippines Up by 30 Percent over 10 Years*, June 26, 2012

International Crisis Group (ICG), 2011, *The Communist Insurgency in the Philippines: Tactics and Talks*, Asia Report No. 202

International Labour Organization (ILO), 2012, *Decent Work Country Profile: The Philippines*, ILO

Isagani, Serrano R., n.d., *NGOs and NGO-GO Relations in the Philippines*, Philippine Rural Reconstruction Movement (PRRM)

Israel, Danilo C., 2012, *Use of the Agricultural Competitiveness Enhancement Fund (ACEF) by the Department of Agriculture*, Discussion Paper No. 2012-14, PIDS

Jimenez, Cher S., 2007, Deadly Dirty Work in the Philippines, *Asia Times online*, February 13, 2007

Jones, Catherine, 1990, Hong Kong, Singapore, South Korea and Taiwan: Oikonomic Welfare States, *Government and Opposition* 25

———, 1993, The Pacific Challenge: Confucian Welfare States', in Catherine Jones ed., *New Perspectives on the Welfare State in Europe*, Routledge

Junia, Cahterine C. 1999, 'Zero' Output in Government Housing Program Noted, *Business World*, March 26, 1999

Karao, Anna Marie A., 1998a, Electing a New President on the Philippine Centennial Year, *Intersect*, June 1998

———, 1998b, More on National Anti-poverty Commission, *Intersect*, August 1998

———, 1998c, Only the Sheltering Sky: 100 Days of the Estrada Housing Program, *Intersect*, Vol. 13 No. 11, November 1998

Kaut, Charles, 1962, Utang Na Loob: A System of Contractual Obligation among Tagalogs, *Southeastern Journal of Anthropology*, Vol. 17 No. 3

———, 1965, The Principle of Contingency of Tagalog Society, *Asian Studies*, Vol. 1 No. 1

Kawanaka, Takeshi, 1998, The Robredo Style: Philippine Local Politics in Transition, *Kasarinlan*, Vol. 13 No. 3

———, 2002, *The Power in a Philippine City*, Institute of Developing Economies

Kerkvliet, Benedict, 1977, *The Huk Rebellion: A Case Study of Peasant Revolt in the Philippines*, University of California Press

Krinks, Peter, 2002, *The Economy of the Philippines: Elites, Inequalities and Economic Restructuring*, Routledge

Ku, Yeun-wen with Catherine Jones Finer, 2007, Development in East Asian Welfare Studies, *Social Policy and Administration*, Vol. 41 No. 2

Labonne, Julien and Chase, Robert S., 2009, Who is at the Wheel When Communities Drive Development?: Evidence from the Philippines, *World Development*, Vol. 37 No. 1

Lacaba, Jose F. ed., 1995, *Boss: 5 Case Studies of Local Politics in the Philippines*, Philippine Center for Investigative Journalism & Institute for Popular Democracy

Laclau, Ernesto and Mouffe, Chantal, 1985, *Hegemony and Socialist Strategy: Towards a Radical Democratic Politics*, Verso

Lande, Carl, 1965, *Leaders, Factions, and Parties: The Structure of Philippine Politics*, Yale University

Laquian, Aprodicio A. and Laquian Eleanor R., 2002, *The ERAP Tragedy: Tales from the Snake Pit*, Anvil Publishing

Lee, Yih-Jiunn and Ku, Yeun-wen, 2007, East Asian Welfare Regimes: Testing the Hypothesis of the Development Welfare State, *Social Policy and Administration*, Vol. 41 No. 5

Llanto M. Gilberto and Orbeta, Aniceto C., Jr., 2011, *The State of Philippine Housing*

Programs: A Critical Look at How Philippine Housing Subsidies Work, PIDS

Lynch, Frank, 1962, Philippine Values II: Social Acceptance, *Philippine Studies*, Vol. 10 No. 1

Macaraya, Back M., 1999, The Labor Code and Unprotected Workers, in Jose Gatchalian, Maragtas S. V. Amante and Gert A. Guest eds., *Philippine Industrial Relations from the 21st Century: Emerging Issues, Challenges and Strategies*, UP-SOAIR and PIRS

Macasaet, Sixto Donato, 2010, *Philippine Civil Organization: CODE-NGO*, paper presented at the Affinity Group of national Associations-Asia, August 18-19, 2010, Canada

Magno, Alexander T., 2015, Senate to approve bill reforming controversial agri fund, *CNN Philippines*, September 27, 2015

Majeed, Rushda, 2013, *Power at Grassroots: Monitoring Public Work in Abra, Philippine, 1986-1990*, Innovations for Successful Societies, Princeton University

Malaluan, Nepomuceno and Dacio, Jasmin, 2001, *Agriculture and Fisheries Modernization: Remaining a Pipe Dream*, NAPC, November 2001

Manalansan, Ely H. Jr., 2010, The Philippine Party-list System: Opportunities, Limitations and Prospects, in Tuazon, Bobby M. ed., *12 Year of the Party-list System: Marginalizing People's Representation*, Center for People Empowerment in Governance

Manasan, Rosario G., 2014, *Assessment of the Bottom-Up Budgeting Process for FY 2015*, PIDS

Manuel, Yan, 1998, Peace Process in President Fidel V. Ramos, *The Ramos Presidency and Administration: Record and Legacy (1992-1998)*, University of the Philippines

Max-Neef, Manfred A., 1989, *Human Scale Development Conception Application and Further Reflections*, Apex Print

McCoy, Alfred, 1994, "An Anarchy of Families": The Historiography of State and Family in the Philippines, in McCoy, Alfred W. ed., *An Anarchy of Families: State and Family in the Philippines*, Ateneo de Manila University

McCoy, Alfred eds., 1994, *An Anarchy of Families: State and Family in the Philippines*, Ateneo de Manila University Press

Medina, Belen, T. G., 1991, *The Filipino Family: A Text with Selected Readings*, University of the Philippines Press

Meillasoux, Claude, 1972, From Reproduction to Production, *Economy and Society*, Vol. 1 No. 1

Mendoza, Ronald U., Beja, Edsel L. Jr., Venida, Victor S. and Yap, David B., 2013, *Political Dynasties and Poverty: Evidence from the Philippines*, paper submitted to the 12th National Convention on Statistics, October 1-2, 2013

Meruenas, Mark, 2011, Supreme Court orders Hacienda Luisita to distribute land to farmers, *GMA News Online,* November 24, 2011

Mohideen, Reihana, 2011, View from the Left, in Militante, Clarissa V. ed., *Transitions: Focus on the Philippines Yearbook 2010,* Focus on the Global South

Monsod, Toby C., 2011, *Is Government Really Solving the Housing Problem ?,* Discussion Paper No. 2011-04, UP School of Economics

Morley, David and Chen, Kuan-Hsuing, 1996, *Stuart Hall: Critical Dialogues in Cultural Studies,* Routledge

Migdal, Joel, 1988, *Strong Societies and Weak States: State-Society Relations and State Capabilities in the Third World,* Princeton University Press

National Anti-Poverty Commission (NAPC), 2002a, *Minutes of Meeting, First NAPC En Banc Meeting,* Office of the President of the Philippines

————, 2002b, *Minutes of Meeting, Second NAPC En Banc Meeting,* Office of the President of the Philippines

————, 2002c, *Minutes of Meeting, Third NAPC En Banc Meeting,* Office of the President of the Philippines

————, 2002d, *Minutes of Meeting, Fourth NAPC En Banc Meeting,* Office of the President of the Philippines

————, 2002e, *Minutes of Meeting, Eighth NAPC En Banc Meeting,* Office of the President of the Philippines

————, 2002f, *Basic Sectors Balita* NAPC

————, 2010a, *National Anti-Poverty Program (2010-2016) Part1,* Office of the President

————, 2010b, *National Anti-Poverty Program (2010-2016) Part2,* Office of the President

National Economic Development Agency (NEDA), 1999, *Medium Term Philippine Development Plan 1999-2004: Angat Pinoy 2004,* Republic of the Philippines

————, 2001, *Medium Term Philippine Development Plan 2001-2004,* Republic of the Philippines

National Economic Development Authority (NEDA) and UNDP, 2014, *The Philippines Fifth Progress Report-Millennium Development Goal*s, NEDA

National Statistical Office (NSO), 2002, *Philippine Yearbook 2002,* Republic of the Philippines

————, 2009, *Informal Sector Operators Counted at 10.5 Million,* Results from the 2008 Informal Sector Survey

National Statistical Office and International Labor Organization-International Program on the Elimination of Child Labor (NSO & ILO-IPEC), 2011, *Estimated Number of Working Children 5 to 17 Years Old Who Worked During The Past Week Was 3.3 Million,* (https://psa.gov.ph/content/estimated-number-working-children-5-17-years-old-who-worked- during-past-week-was-33-million)

Office of the President (OoP), 1992, *The Aquino Management of the Presidency; People Empowerment*, Presidential Management Staff, Office of the President, Republic of the Philippines

————, 1998, *Sourcebook on the Social Reform Agenda: Major Presidential Directives 1992-1998*, Republic of the Philippines

Orbeta, Aniceto Jr. and Sanchez, Ma. Teresa, 1996, *Micro Interventions for Poverty Alleviation: The Philippine Case*, Discussion Paper Series No. 96-03, PIDS

Orejas, Tonette, 2007, 2007 Bribery in Malacanang, *Philippine Daily Inquirer*, October 16, 2007

Ota, Kazuhiro, 2011, Foreign Donors and the Philippine State: Policy Convergence and Domestication, *Journal of Social Transformation*, Vol. 1 No. 1

Pacific Bridge Medical, 2014, *2014 Philippine Pharmaceutical Market Update*, January 7, 2014 (http://www.pacificbridgemedical.com/publication/2014-philippines-pharmaceutical-market-update/)

Padmanabhan, Neethi, 2012, Globalisation Lived Locally: A Labour Geography Perspective on Control, Conflict and Response among Workers in Kerala, *Antipode*, Vol. 44 No. 3

Parel, Danileen Kristel C. et al., 2015, *Bottom-up Budgeting Process Assessment: Agusan del Norte*, Discussion Paper No. 2015-26, PIDS

Parreno, Al., 2011, *Report on the Philippines Extra Judicial Killings 2000-2010*, Supreme Court of the Philippines

Parreno, Earl G., 2003, Reforming the Land Reform Law: Farmers Now Live in Fear of Cancellation of Their Titles and Loss of Their Land, *NEWSBREAK*, July 7, 2003

Pasimio, Renato R., 2000, *The Philippine Constitution-Including Political Science*, 2000 edition, National Bookstore

Pearce, Jenny, 2010, Is Social Change Fundable? NGOs and Theories and Practices of Social Change, *Development in Practice*, Vol. 20, No. 6

Petras, James, 1997, Imperialism and NGOs in Latin America, *Monthly Review*, Vol. 49. No. 7

Philippine Center of Investigative Journalism (PCIJ), 2007, *The case of 'missing' ZTE broadband contract*, PCIJ Blog

Philippine Rural Reconstruction Movement (PRRM), 2011, *2011 Annual Report: 59th Year of Building Sustainable Communities*, PRRM

Philippine Statistical Authority (PSA), 2004, *A Review of the Agriculture Sector in CALABARZON*, Reference No. 122, November 6, 2004

————, 2015a, *MDGs Watch*

————, 2015b, *Yearbook of Labor Statistics 2015*

————, 2015c, *Special Report-Highlights of the 2012 Census of Agriculture (CA2012)*

————, 2016a, *Philippine Statistical Yearbook 2016*

————, 2016b, *Highlights of the Philippine Population: 2015 Census of Population*, May 19, 2016

————, 2016c, *Poverty Incidence Among Filipinos Registered at 21.6 % in 2015*, Press Release, October 27, 2016

Picazo, Oscar, 2012, *Review of the Cheaper Medicine Program of the Philippines*, Discussion Paper Series No. 2012-13, Philippine Institute of Development Studies

————, 2013, *Medical Tourism in the Philippines: Market Profile, Benchmarking Exercise and S.W.O.T. Analysis*, Discussion Paper No. 2013-45 PIDS

Pinches, Michael, 1984, *Children of Sweat: Class and Community in a Manity Shanty Town*, PhD. Dissertation, Monash University, Australia

Polanyi, Karl, 2004, *The Great Transformation: The Political and Economic Origins of Our Time*, Beacon Press

Presidential Management Staff (PMS), 2000, *Angat Pinoy 2000: Pagkakaisa tungo sa Kaunlaran (A Report on the Accopmlishments of the Two Years of the Estrada Administration*, Repubic of the Philippines

Punongbayan, Michael, 2013, How NGOs Siphoned Lawmakers' Pork Barrel Funds, *The Philippine Star*, August 18, 2013

Putzel, James, 1992, *A Captive Land: The Politics of Agrarian reform in the Philippines*, Ateneo de Manila University Press

————, 1998, Non-Governmental Organizations and Rural Poverty, in Silliman, G. Sidney and Noble, Lela Garner, *Organizing for Democracy: NGOs, Civil Society, and the Philippine State*, Ateneo de Manila University Press

Quieta, Romeo. C., 1989, An Evaluation Study of the Department of Welfare and Development's Self-Employment Assistance Program, *Philippine Journal of Public Administration*, Vol. XXXIII No. 2.

Ramesh, Mishra, 1995, Social Security in South Korea and Singapore: Explaining the Difference, *Social Policy and Administration*, Vol. 29. No. 3

Ramesh, Mishra. and Wu, Xun, 2008, Realigning Public and Private healthcare in Southeast Asia, *The Pacific Review*, Vol. 21 No. 2

Ramos, Fidel V., 1993, *Second State of the Nation Address*, delivered at the Batasang Pambansa, Quezon City, on July 26, 1993

Ranada, Pia, 2014, DAR Chief too Meek to Implement Agrarian Reform ?, *Rappler*, July 10, 2014

Ravelo, Jenny Lei, 2012, Philippine NGO faces fraud charges, *The Development Newswire*, September 14, 2012

Rebullida, Ma. Lourdes G., et al., 1999, *Housing the Urban Poor: Policies, Approaches, Issues*, UP CIDS

Reid, Ben, 2011, Securitising Participation in the Philippines: KALAHI and Community-driven Development, *Third World Quarterly*, Vol. 41 No. 1

Republic of the Philippines (RoP), 1986, *Medium-Term Philippine Development Plan 1987-1992*

————, 1995, *The Social Reform Agenda: Winning the Future*, Republic of the Philippines

————, 1996, *Achieving Sustainable Growth with Equity: The Philippine Social Reform Agenda*, Republic of the Philippines

————, 2011, *Philippine Government Action Plan for 2012*, Open Government Partnership 1 Januray to 31 December 2012

————, 2014, Q and A: The Comprehensive Agrarian Reform Program, *Official Gazette*, June 30, 2014

Rey, Pierre-Philippe, 1973, *Les alliance de classes*, Maspero

Reyes, Celia, M., 2002, *Impact of Agrarian Reform on Poverty*, Discussion Paper No. 2002-02, PIDS

Reyes, Celia M., Tabuga, Aubrey D., Mina, Christian D. and Asis, Ronina D., 2013, *Promoting Inclusive Growth Through the 4Ps*, Philippine Institute for Development Studies, 2013-09

Reyes, Celia M. and Due, Evan, 2009, *Fighting Poverty with Facts: Community-Based Monitoring System*, International Development Research Center (IDRC)

Reyes, Celia M. and Lavado, Rouselle F. et al., 2011, *A Profile of the Philippine Pharmaceutical Sector*, PIDS Discussion Paper No. 2011-11

Rocamora, Joel, 1994, *Breaking Through: The Struggle within the Communist Party of the Philippines*, Anvil Publishing Inc.

Romero, Paolo, 2015, House panel Oks bill extending ACEF fund to 2022, *The Philippine Star*, October 18, 2015

Romulo, Virola A., Encarnacion, Jessamyn O. and Pascasio, Mark C., 2011, *Improving the Way We Measure Progress of Society: The Philippine Happiness Index among the Poor and the Unhappy*, Proceedings for the 58th World Statistical Congress

Rosales, Antonio, 2015, *Hardships of Scarcity: Microsociology on Poor People's Survival Strategies in Everyday Life*, The Qualitative Report, Vol. 20, No. 11, Nova Southern University

Rutten, Rosanne, 1991, Conflict Loyalties on a Philippine Hacienda, Hüsken, in Frans and Kemp, Jeremy eds., *Cognation and Social Organization in Southeast Asia*, KITLV Press

Sadoute, Elisabeth, de Janvry, Alain, and Fukui, Seiichi, 1997, The Meaning of Kinship in Sharecropping Contracts, *American Journal of Agricultural Economics* 79

Salaverria, Leila B., 2014, Healthcare no money-making affair, says solon, *Philippine Daily Inquirer*, February 14th, 2014

Sandana, Ma. Concepcion E., 1998, Globalization and Employment Relations: The Philippine Experience, *Philippine Labor Review*, Vol. XXII No. 1

Sarmiento, Prime, 2000, The Burdens of Agriculture, in Coronel, Sheila S. ed., *Betrayals of the Public Trust: Investigative Reports on Corruption with explanations of reporting techniques used*, Philippine Center for Investigative Journalism

Schlezig, Karina, 2005, *Poverty in the Philippines: Income, Assets, and Access*, Asia Development Bank

Seki, Koki, 2015, Capitalizing on Desire: Reconfiguring 'the Social' and the Government of Poverty in the Philippines, *Development and Change*, Vol. 46 No. 6

Sen, Amartya, 1992, *Inequality Reexamined*, Russel Sage Foundation

————, 2000, *Development as Freedom*, Anchor

Shimazono, Yusuke, 2007, The State of international Organ Trade: A Provisional Picture based on Integration of Available Information, *Bulletin of the World Health Organization*, Vol. 85 No. 12

Sicat Gerardo, 2004, *Reforming the Philippine Labor Market*, Discussion Paper, No. 0404, School of Economics, University of the Philippines.

Sidel, John T., 1999, *Capital, Coercion and Crime: Bossism in the Philippines*, Princeton University Press

Silliman, G. Sidney, 1998, The Transnational Relations of Philippine Non-Government Organizations, in Silliman, G. Sidney and Noble, Lela Garner, *Organizing for Democracy: NGOs, Civil Society, and the Philippine State*, Ateneo de Manila University Press

Silliman, G. Sidney and Noble, Lela G., 1998, *Organizing for Democracy: NGOs, Civil Society, and the Philippine State*, Ateneo de Manila University Press

Simbulan, Nymia P., 2001, The Impact of Structural Adjustment Program (SAPs) on Health in the Philippines, *Public Policy*, Vol. V No. 2

Social Reform Council (SRC), 1998, Social Reform Agenda, in Abueva, Jose et al. eds., 1998, *The Ramos Presidency and Administration: Record and Legacy (1992–1998)*, University of the Philippines Press

Soco, Andrea M., 2000, The National Situationer: Housing, *Intersect*, Vol. 15 No. 8, August 2000

Son, Hyun H., 2008, *Conditional Cash Transfer Programs: An Effective Tool for Poverty Alleviation?*, ERD Policy Brief No. 51, Asian Development Bank

Soriano, Ma. Teresa M., and Sandana, Ma. Concepcion E., 1998, The Informal Sector in the Philippines: Assessment of Needs and Available Resources for Development, *Philippine Labor Review*, Vol. XXII No. 1

Subdivision and Housing Developers Association, Inc. (SHDA), 2015, *The Philippine Housing Industry Road Map*, presentation at Board of Investment, Department of Trade and Industry

Tadem, Educardo C., 2015, *Philippine Agrarian Reform in the 21ˢᵗ Century*, Discussion Note No. 2, An International academic conference, 5-6 June 2015, Chiang May University

Teehankee, Julio C., 2007, *And the Clans Play on*, Philippine Center for Investigative Journalism, March 7, 2007

Thompson, Mark R., 1995, *The Anti-Marcos Struggle: Personalistic Rule and Democratic Transition in the Philippines*, Yale University Press

Tordecilla, Aharito C., 2000, The National Situationer: Agriculture, *Intersect*, Vol 15 No. 8, August 2000

Torres, Ted, 2013, Poverty level in the Philippines Unchanged since '06, *The Philippine Star*, August 24, 2013

―――, 2014, EIU Names Philippines Number One in Microfinance in Asia, *The Philippine Star*, December 8, 2014

Tuazon, Bobby M., 2010, The Party-list System in Oligarchic Politics, in Tuazon, Bobby M. ed., *12 Year of the Party-list System: Marginalizing People's Representation*, Center for People Empowerment in Governance

Turgo, Nelson, 2016, The Kinship of Everyday Need: Relatedness an Survival in a Philippine Fishing Community, *South East Asia Research* 24

United Nations Development Program (UNDP), 1990, *Human Development Report 1990*, Oxford University Press

―――, 2003, *Building Professionalism I NGOs/NPOs: Key Issues for Capacity Building*, UNEP

―――, 2005, *Toolkit for Localization of Millennium Development Goals*, UNDP

―――, 2006, *UNDP and Civil Society Organizations: A Toolkit for Strengthening Partnership*, UNDP

USAID, 2011, *Property Rights and Resource Governance: Philippines*, USAID Country Profile

Villanueva, Pi, 1997, the Influence of the Congress for People's Agrarian Reform (CPAR) on Legislative Process, in Wui, Marlon A., and Lopez, Glenda S. eds., *State-Civil Society: Relations in Policy-Making*, The Third World Studies Center

Wood, Geoffrey, 2004, Informal Security Regime: the Strength of Relationships, in Gough, Ian and Wood, Geoffrey with Armando Barrientos, Philippa Bevan, Peter Davis and Graham Room, *Insecurity and Welfare Regimes in Asia, Africa and Latin America: Social Policy in Development Context*, Cambridge University Press

World Bank (WB), 1990, *World Development Report 1990: Poverty*, Oxford University Press

―――, 1996, *Philippines: Agrarian Reform Communities Program*, Staff Appraisal Report, World Bank

―――, 1998, *Philippines: Social Expenditure Priorities*, Report No. 18562-PH, The World Bank

―――, 2001, *World Development Report 2000/2001: Attaching Poverty*, Oxford University Press

————, 2005, *Empowering the Poor: The KALAHI-CIDSS Community-Driven Development Project*, World Bank

————, 2009, *Land Reform, Rural Development, and Poverty in the Philippines: Revising the Agenda*, Technical Working Paper, The World Bank Group

————, 2013, *The LKAHI-CIDSS Impact Evaluation: A Revised Synthesis Report-Philippines*, Discussion Paper 69094, World Bank

————, 2017a, *World Bank Open Data* (http://data.worldbank.org/) access on February 6, 2017

————, 2017b, *Personal Remittance, received (% of GDP)*, World Bank Data

————, 2017c, *World Development Indicators (WDI)* (http://data.worldbank.org/data-catalog/world-development-indicators) access on January 2017

World Organization Against Torture (WOAT), 2003, *State Violence in the Philippines: An Alternative report to the United Nations Human Rights Committee*

World Value Survey, 2014, *World Values Survey Wave 6 : 2010–2014*, (http://www.worldvaluessurvey.org/WVSOnline.jsp)

Yanagisako, Sylvia J., 1979, Family and Household: The Analysis of Domestic Groups, *Annual Review of Anthropology* 8

■注

序　章

1） 2017年現在フィリピンにおける MDGs 実績の最終報告は発表されていない。2016年5月発表の実績が最新であり、ここではそれらに基づき検討をする。

2） その背景として1990年代以降急速に進めた新自由主義的医療改革があり、具体的には市場化と地方分権化が要因だとされる（Simbulan 2001：50-51；Capuno 2008：16）。

3） Arcenio Balisacan はフィリピン大学教授として貧困問題を長年研究してきた経済学者である。

第1章

1） 本章では Welfare の訳語として「福祉」をあてるものの、それは社会保障制度等の社会政策や公的制度が実現する生活条件のみを指すのではなく、社会制度、生産活動、生活戦略など人々の生活全般に関わる条件をも包含するものとして捉える。Welfare は well から派生した語であり、正確には単に生活条件のみならず「状態の良さ」を含意している。実際のちに述べるように Bevan 2004は必ずしも整備されていない途上国の生活状況は welfare ではなく illfare と表現している。

2） 途上国の諸条件をゴフは以下の9点にまとめている（Gough 2004：28-31）。第一に生産様式の多様性である。途上国では資本主義生産様式と共存する形で封建的生産関係、直接生産、インフォーマル労働市場、不法行為・闇経済活動が展開している。特に貧困層は資本主義的生産関係に依存する比重は低い。第二に支配構造は必ずしも資本主義的階級関係に依拠しているとは限らず封建的生産関係や経済外的強制、市場からの排除などが重要な要素となる。第三に生活戦略の多様性である。多様な生産様式が混在する中で人々は賃金のほか直接生産、自営、出稼ぎなど多様な生業を通じて生計を立てる。時には物乞いや窃盗、密輸などの不法行為さえ重要な家計維持手段となる。第四は政治的動員形態の多様さである。途上国では労働者、農民といった生産活動をベースとした階級に加えて多様なアイデンティティ集団が政治的社会的要求を表明する母体となる。宗教、エスニシティ、カースト、部族、血縁などである。第五に途上国では一般に国家が弱い。自立的組織や私的集団などからなる「強い社会」strong society は「弱い国家」weak state に包摂されることなくむしろ国家の諸資源を食い物にすることすらある。そうした状況下で人々の生活は国家によって保障されるとは限らず地域政治家や武力集団などによる庇護によって成り立つことすらある。第六に途上国では人々自身の互助活動や社会関係が大きな役割を果たす。住民の有する条件や資源だけではなく、近年では NGO や支援活動など外部から流入する諸資源がますます重要になっている。第七に「商品化」が十分には展開していない途上国では「脱商品化」過程は必ずしも大きな意味を持たない。むしろ労働力の「商品化」は安定した収入を確保するための重要な選択肢である。第八に途上国は自律的に国家運営しうるほどの独立性を持っていない。意思決定、制度構築さえ国際機関の介入によって大きな制約を受けることが多い。第九に途上国では福祉や個人の生活は私的領域事項として捉えられる傾向が強く、国家が公的政策を通じて介入することがいつも期待されているわけではない。国家による社会政策の実施は必ずしも社会正義の実現、福祉の追求であるとは限らない。

3） Insecurity の概念は、国家政策制度や市場での交換活動が人々の生活福祉を「保障」secure しないだけでなく、当事者自身が合法違法の生産活動・経済活動を通じても生活福祉の安定が確保

237

できない状況を指す。それに的確に表現する訳語がないためここでは便宜的に「不安定」と訳す。

4）　生活に直接関る社会政策が一般的に整備されていないとはいえ、アジアの工業化戦略の違いからくる相違もあった。韓国はシンガポールに比べて社会政策をより整備した。例えば貧困者、働けない層に対する生活保護法1961年、義務的加入を課す健康保険「医療補助制度」1971年、国民年金制度1988年などが制度化された。それに対してシンガポールでは個人の貯金と拠出に基づく保障制度が主となっている。例えば中央年金互助基金1955年（任意加入）、強制預金を原資とした医療保険 Medisave 1984年など個人負担を原則とする制度である。経済成長の時期や経済レベルの高さでいえばシンガポールに軍配が上がる一方、社会政策においては韓国の方が整備されているといえる。これは開発が進み経済条件さえ整えば、単純に社会政策が充実するわけではないことを物語る。社会運動、民主化といった政治的要因と並んで、内外資本への依存度も大きく関連している。シンガポールでは極度に外国資本に依拠した経済運営をしてきたのに対して、韓国では外資を導入しつつも国内財閥を活用しながら工業化を推進した。1975年から1990年にかけての外資の総資本に対する割合がシンガポールで72.6％、韓国で50.4％であった。韓国では労働力の動員と活用に関する国内資本の要求に対して一定の配慮をすることが求められたのである（Ramesh 1995：234）。

5）　Davis は「未商品化」pre-commodification の社会的条件下で、富者パトロンと貧困者クライアントとの間に生じる不平等な構造的相互依存関係を「否定的結合」と呼ぶ（Davis 2001：100）。類似した用語に前出した Wood の「相殺的融合」がある。これは拡大福祉領域、つまり国家、市場、コミュニティ、家族のそれぞれの機能が相互に影響し合って否定的な結果をもたらすことを指す。

6）　Articulate は字義的には明瞭に発音をすること、あるものを他から分節すること、また逆に別個にある断片的なものを有機的につなぎ合わせることを意味する。「節合」「接合」といった訳語があてられる。ここでは各要素の結びつきと融合をより表現する「接合」を訳語として採用する。

7）　田中は Laclau と Mouffe の「言説」概念を、あるべき姿としての「構成的言説」と物質的基盤を持ち既に実現している「成立する言説」とに区別して認識している（田中 1992）。

8）　ここで「伝統社会」を固定された本質的な実在として捉えているわけではない。伝統とはある制度や様式が新しい価値観や要素と接触する中で絶えず変化し、新しく自己規定しながら進化するものである。従って「伝統」は「近代」の対概念ではなく「近代」によって作られ絶えず刷新されていくものである（Giddens 1990：38；太田 2006：213）。ここでの「伝統」は新しい要素と接触をしながら変化する様式、状態を指す用語として使用する。

9）　ここでは「グローバル接合レジーム」をフィリピン貧困分析に焦点化して論じるものであり、他の国々の状況に適用しうる「モデル」として考えているわけではない。

第2章

1）　1987年憲法では大統領任期は6年、再任を認めないと定められた。後に見るようにエストラーダ大統領は汚職疑惑に絡み2年半で政権を追われ、副大統領であったアロヨはエストラーダ大統領残余期間4年と2004年選挙に勝利して得た新たな6年の任期を合わせて10年間在任することになった。

2）　マルコス政権打倒およびコラソン・アキノ政権成立の過程については清水 1991を参照。

3）　『フィリピン中期開発計画 1987-1992』によれば1985年時点で全世帯の59％が貧困であった（RoP 1986：11, 35）。

4）　いずれの数値も『フィリピン中期開発計画 1987-1992』による（RoP 1986）。なお、不完全雇用率の母数は総労働者数である。

5）　当時の貧困線 poverty threshold は6人家族で月収2,382ペソ、生存貧困線 subsistence threshold は同1,192ペソであった。

6） *President Corazon Aquino State of the Nation Address,* July 27, 1987.

7） 制度の詳細については野澤 1994を参照。

8） アキノ政権成立直後から包括的農業改革法が成立するまでの過程は以下を参照。Putzel 1992、太田 2005。

9） アキノ大統領の実家 Cojuanco 家の所有するルイシタ農園にこの株式分配方式 SDO が適用され、当時改革逃れだと多くの批判を招いた。太田 1995を参照。その後アロヨ政権期の2005年に農業改革大統領評議会 Presidential Agrarian Reform Council（PARC）から SDO に対する疑義が出され、裁判係争事項となった。2011年7月に最高裁判所が SDO が違法であると裁定し、農業労働者への土地分配が決まった。

10） 包括的農地改革法および農地改革をめぐる状況に関しては以下を参照。Hayami et al. 1990；Putzel 1992；堀 2005。

11） ここでいう「分配」は土地権利証書である CLT（大統領令第27号に基づく「土地移転証書」）および CLOA（1988年包括的農地改革法に基づく「土地所有権譲渡証書」）発行が確定した状況を指している。実際にはその後、証書を受領した農民が土地代金の分割払いを終了した時点で正式に所有権移転が確定されることになる。

12） マルコス期の農地改革実績を含めるのは、1972年大統領令第27号による米・トウモロコシ栽培地を対象とした農地分配および小作料制限がアキノ政権期以降も引き継がれ執行されたからである。

13） このスキームに関連して「ガルチトレナ疑惑」が生じた。1988年南カマリネス州で Garchitorena 農園（1,888ヘクタール）が政府により6,500万ペソで買い取られた。この農園は Sharp International Marketing 社が直前に有力政治家の関わるユナイテッド・ココナツ生産者銀行（UCPB）から380万ペソで購入したものであった。大統領関係者、大物政治家を巻き込んだ疑惑に発展した。

14） 期限までにプログラムが終了しない場合は、さらなる延長も可能とした。

15） フィリピンでは、地域住民や当事者が直接構成員となり行動する組織を「住民組織」People's Organization: PO と呼び、PO に対して資金や専門的知識、技能やネットワークなどの諸要素を供与する組織を NGO として両者を区別することが多い（Putzel 1998：78-80）。本書では、特に区別をしない時には PO と NGO をあわせて CSO と表現する。それは住民や当事者の立場や意見を代表・代弁するという点において多くの組織が共通の利害を有しているからである。

16） 「クラブ20」と呼ばれた対象州は以下である。Abra, Benguet, Ifugao, Kalinga Apayao, Mt. Province, Batanes, Aurora, Romblon, Masbate, Antique, Guimaras, Biliran, Eastern Samar, Southern Leyte, Basilan, Agusan Sur, Surigao Sur, Sulu, Tawi Tawi,（Galirao 1996）.

17） フィリピンでは1970年代に既に貧困を多角的に捉える試みがされている。SEA プログラムの効果をはかるために「家族福祉指標」Family Welfare Indicators が社会サービス開発省（MSSD、DSWD の前身）によって提案されている。そこでは「経済的充足」「社会的適性」の2分野に関わる18項目が挙げられている。単に衣食住といった物理的条件のみならず、余暇、宗教活動、個人的欲求、家族関係、地域での役割など諸方面にわたる項目が取り上げられている。詳しくは Quieta 1989参照。

18） 政権全6年間の任務を全うしたのは農地改革省 Ernest Garilao 長官以外に、国家経済開発庁 Cielito Habito 長官、労働雇用省 Ma. Nieves Confessor 長官、社会福祉開発省 Corazon Alma de Leon 長官、科学技術省 Ricardo Gloria 長官、交通通信省 Jesus Garcia Jr. 長官である。

19） フィリピンにおけるマイクロファイナンス政策と実態については太田ほか 2001、また具体的な調査研究については太田ほか 2013参照のこと。

第3章

1）　親しい友人への呼びかけで使われるタガログ語の 'pare' を逆さ読みにしたものである。

2）　社会調査上の階層区分は所得だけではなく資力代理調査によっても行う。例えば居住環境、家屋所有の有無、家屋建材、家具所有状況等に基づき判断する。2010年に富裕層とされる A および B グループは全体人口の0.3％、中間層といわれる C が8.6％、下位層 D 層が63％、最下位層は E が29％とされている（Africa 2011）。

3）　*The Philippine Star,* September 25, 1999.

4）　Ocampo, Junep and Bagares, Romel, 1999, Another anti-poverty program doomed to fail ?, *Philippine Star,* July 26, 1999. 後年 Lingap はエストラーダが新しく設定した独自のポーク・バレルであるという評価が定着した。例えば Chua and Cruz 2013, Gamala n.d. 参照。

5）　農地改革をめぐっては NGO 畑出身のホラシオ・モラレス Jr. を農地改革省長官に任命したものの、市場原理を通じた改革の推進や、マルコス・クローニーである伝統地主エリート、ダンディン・コファンコへの特別の配慮などで政治問題化した。

6）　2001年5月1日に前日のエストラーダ大統領逮捕の報を受けて支持者が大統領府に大挙して詰めかけ、エストラーダ復権を求めたことの意味は小さくない。1986年と2001年の2度の「ピープル・パワー」政変にならい、「ピープル・パワー III」あるいはデモの展開した場所にちなみ「EDSA III」と呼ばれたこの行動は、支持者の大半を占める都市貧困層が政治腐敗の追及よりも貧困層への配慮を強く要望しているというメッセージの発信でもあった。

7）　したがって KALAHI と一般的にいう場合、この DSWD による KALAHI-CIDSS を指すことが多い。

8）　マスコミや国民からは、その愛称であるニノイ、ノイノイ、或いは P-Noy と呼ばれた。以下ではニノイ、あるいはニノイ・アキノの呼称を使用する。

9）　2014年に制度の一部改正があり、それまで受給対象年齢が14歳だったところ18歳まで引き上げられた。また給付期間最長5年間の限度も緩和された（DSWD 2014）。

10）　4Ps のこれまでの取り組みの詳細や、地域レベルでの調査に関しては関 2013、太田ほか 2016 を参照。

11）　現時点での貧困からの脱出には生活を安定させるのに十分な額の現金を提供するか、生計を支えうる雇用や経済活動を保証する必要がある。一方、子供に教育を受けさせ次世代において家族が貧困を克服することを可能にするには少なくとも数年を要するし、その目的を達成するのに現時点での貧困の克服は不可欠の条件とはならない。

第4章

1）　Comprehensive Agrarian Reform Program Extension with Reforms（共和国法第9700号）。頭文字をとって CARPER あるいは CARP-ER と呼称される。法律では2014年6月30日を期限としているものの、第30条で実施が不十分な場合には延長可能と規定され、実際に2014年以降も農地改革業務は進行している。

2）　憲法第13章第15条「国家は民衆が民主主義に基づき平和的合法的手段を通じて正当な共同利益と要求を追求し擁護することを促進する民衆組織 PO の役割を尊重しなければならない。ここで民衆組織とは公共の利益を増進する能力と明確な指導力、構成員、組織構造を持つ誠意ある市民の結社を指す」。第16条「すべてのレベルにおける社会的、政治的、経済的意思決定に実質的合理的に参加する国民および民衆組織の権利が妨げられてはならない。国家は法整備を通じて適切な討議機構の構築を進めなければならない」。

3）　DILG, 2004, *Memorandum Circular. Guide to Local Government Units in the Localization of the Millennium Development Goals,* No. 2004-152.

4） MDGs の地方レベルでの実施は目標設定当初から目指されていたものの、実質的な進展がなく2005年に『MDGs 地方実施ガイドブック』を発行しその執行を呼びかけた（UNDP 2005）。フィリピン政府はそれに対していち早く対応している。

5） 社会改革貧困対策法改正施行細則第4章第3条。Administrative Order No. 21, 2001.

6） 1970年にカナダ議会によって、発展途上地域の人々の生活改善のための知識、技法、政策を検討する機関として設置された。アジア、アフリカ、ラテンアメリカ各国に拠点を持ち現地組織と協力して政策研究を進める議会外郭団体である。1989年から国際草の根運動として「マクロ経済調整政策によるミクロレベル影響評価」MIMAP を展開した。CBMS はネパール、ブルキナファソ、ベトナム、ケニアなど2009年時点で15カ国によって採用されている。その中でもフィリピンは最も早くから取り組み、他の国の参考事例としての役割も果たしてきた。

7） Keynote Speech by President Fidel V. Ramos at the People's Summit: A social pact for empowered economic development（*The Philippine Star*, September 12, 1993）.

8） まとまった報告としては Phillip Alston 国連報告2007年、国際人権連盟 FIDH 調査報告2008年、米国国務省報告2008年、フィリピン政府最高裁判所副判事 Melo 委員会報告2007年などがある。

9） その後2007年「自由の擁護作戦 II」に引き継がれ3年以内に反政府勢力を一掃することが指示されている。

10） 詳しくは Putzel 1992参照。農民団体、NGO らが中心となり「人民農地改革会議」CAPR が幅広い層からの賛同署名を集め、急進的改革を求めた。しかしそれらが実際に制度化されることはなかった。

11） この点では社会保障分野への政府財政支出が階級対立を背景に政治問題化する先進国社会での状況と異なる。

12） ここでは「名望家」を複数の親族姻戚を首長、議員などの公職ポストに送り込んでいる家族を指すものとしている（Mendoza et al. 2013）。

13） World Bank, Project ID P077012。2002年9月19日世界銀行承認。

14） 政党名簿制度 Party List によって、少数意見を代弁する政党が、国会の下院に比例代表制を通じて代表を送ることができる。政党名簿政党は農民、女性、海外出稼ぎ労働者、高齢者などの社会集団毎の利害を議会の議論に反映させることができる。しかし、この制度によって選出される議員は下院全議席数の20％を超えないこと、獲得できる議席は1政党につき3議席を超えてはならないこととされるため、議会全体の決定や決議を左右することは制度上不可能である。

15） Ramesh と Wu によれば東南アジアでは2005年時点で公的部門の占める割合は病院で2/5、病床数で1/2、医師で2/5と半分以下である。医療費全体の47％が私費で賄われている（Ramesh and Wu 2008）。

16） 市場化による弊害も生まれている。看護師利益を代表する政党名簿政党「看護師」Ang Nars 選出の下院議員レア・パキス Leah Paquiz は基礎保健政策が市場化したことで利益主義に陥っていることに警鐘を鳴らしている（Salaverria 2014）。

第5章

1） 市民社会論に関する理論的な整理、新しい現代的な文脈に即した整理では以下を参照。今井2001、エーレンベルク 2001、高柳 2014、日本国際政治学会編 2012、山口 2004、吉田2005。

2） 以下の連盟、連合等によって構成されている。「財団連盟」Association of Foundation（AF）、「ビコール地方開発 NGO 連盟」Coalition for Bicol Development NGO（CBD）、「中央ビサヤス地方 NGO ネットワーク」Central Visayas NGO Network of NGOs（CENVISNET）、「コルディリエラ地方開発 NGO/PO ネットワーク」Cordillera Development Network of NGOs and POs（CORDNET）、「東ビサヤス NGO ネットワーク」Eastern Visayas Network of NGOs（EVNet）、

「ミンダナオ地域開発 NGO 連盟」Mindanao Coalition of Development NGOs（MINCODE）、「全国協同組合連合」National Confederation of Cooperatives（NATCCO）、「フィリピン開発系財団全国評議会」National Council of Social Development Foundation of the Philippines, Inc.（NCSD）、「社会進歩のためのフィリピンビジネス」Philippine Business for Social Progress（PBSP）、「農村人材開発のためのフィリピンパートナーシップ」Philippine Partnership for the Development of Human Resources in Rural Areas（PHILDHRRA）、「支援提供機関パートナーシップ」Partnership of Philippine Support Service Agencies（PHILSSA）、「西ビサヤス地方社会開発 NGO ネットワーク」Western Visayas Network of Social Development NGOs（WEV-Net）である。

3） ナガ市における1990年代のフィリピン伝統的地方政治とは異なる状況の展開に関しては Kawa-naka（1998；2002）を参照。

4） 前者は主としてフィリピン共産党創設指導者 Joma Sison による反体制武装闘争強化方針に異を唱える「拒絶派」Rejectionist（RJ）に連なるグループであり、後者は Sison の方針に賛同する「承認派」Reaffirmtist（RA）に連なるグループであった。

5） PRRM の詳しい状況に関しては Clarke 1998、五十嵐 2004を参照。

6） 農業分野では1987年行政命令116号によって農業省 DA が再編された際に NGO、PO との協力が謳われた。近年では CSO の実績と貢献が評価され、農業生産・振興政策に CSO の協力が組み込まれることも多い。例えば2010年「有機農業振興法」（共和国法第10068号）はその実施にあたり NGO の参画と協力が明確に位置づけられている。

7） これは世界銀行との協力の下に政府が行った動きである。海外から多額の援助資金が流入する実態を税制面から管理しようとする動きであった（Clarke 2012：88）。

8） 以下が構成ネットワークである。The Association of Foundations（AF）, The Bishops-Busi-nessmen's Conference for Human Development（BBC）, The Caucus of Development NGO Networks（CODE-NGO）, The League of Corporate Foundations, The National Council of Social Development Foundations（NCSD）, The Philippine Business for Social Progress（PBSP）.

9） 先進国の NGO 自身も専門化の過程を1970～80年代に経験してきた（Pearce 2010：622）。

10） メカニズムの詳細は CODE-NG 2011および CODE-NGO, n. d., *The PEACe Bonds: Frequently Asked*（PPT slides）を参照。Questionshttp://code-ngo.org/home/reports-a-resource-materials/faq-on-peace-bonds.html

11） 2013年「ポーク・バレル・スキャンダル」に関しては以下の記事がその概要を簡潔にまとめている。Punongbayan 2013, Cupin 2014.

12） 例えば米国国際開発庁 USAID から人身売買対策に関わる「ヴィサヤス・フォーラム基金」に拠出された3億ドルの不明資金をめぐって2012年裁判が起こされている（Ravelo 2012）。

第6章

1） 接合理論の邦文献による紹介としては、若森 1993を参照。

2） 主として1970年代に展開された接合理論をめぐる論争については以下を参照。Rey 1973, Fos-ter-Carter 1978, Meillasoux 1972. フィリピン農地改革に関しては Franco and Borras 2005、太田 2005を参照。

3） フィリピン農地改革に関しては Franco and Borras 2005、太田 2005を参照。

4） 調査時点において失職しているだけでなく、求職活動をしているか否かが問われることとなった。職を求めながらも叶わないため求職活動を諦めた者は「失業者」から除外される。実情を反映していないとの批判もある。

5） 2015年センサスでフィリピンの総人口が初めて1億人を超えたと発表された。2015年8月1日時点で1億100万人とされた（PSA 2016）。

6） 2013年10月現在で1ペソは約2.3円である。

7） *IBON News*, September 9, 2013.「家族生活賃金」Family Living Wage（FLW）は以前、国家賃金生産性委員会 NWPC が試算をして発表していたものである。近年ではその公表がないため、過去の試算に準拠して IBON 財団が毎年発表している。FLW の内訳は、食費、住居費、交通費、光熱費、社会保障経費、貯金となっている。

8） 統計数値はフィリピン国家統計調整局 NSCB による。

9） 2003年制定「共和国法第9231号」。共和国法第7610号を改正したものである。

10） Department of Health, Administrative Order No. 2010-0018.

11） 1955年に米比間で締結された Laurel-Langley 貿易協定は、米国人・法人に内国人と同等の権利を付与すること等を定めた1946年 Bell 通商法の改定されたものである。フィリピンの砂糖は米国の輸入割当制度により国際競争にさらされることなく販路を提供され保護されていた。

12） タイは1980年に13万トンだった生産量が2014年には104万トンにまで増えている（FAOSTAT）。

第7章

1） ここで「家族」とは、基本的に親子、兄弟姉妹など血のつながる関係および婚姻を通じた共同体を指す。血族姻族の範囲をどこまで含めるのかによって家族の規模は変化する。「世帯」は家計を共にして暮らす共同体を指し、その構成員が必ずしも血縁であるとは限らないし、物理的には離れて暮らしながら家計を共にすることもある（鈴木 1995）。

2） Kerkvliet は農場経営の商業化に伴う中部ルソンにおけるパトロン・クライアント関係の崩壊と、農民・小作人の抵抗運動を実証的に論じている（Kerkvliet 1977）。

3） 以下の相互扶助慣行は主として玉置 1982に依拠した。

4） 市場化とともに進んだ貧困格差を是正すること、生活向上の波に乗れない貧困層の苦境を克服すること、を伝統的相互扶助慣行に依拠しながら政策的に推し進めようとしたのが KALA-HI-CIDDS プログラムである。そこではフィリピン人の Bayanihan 精神に基づく助け合いが強調される（ADB 2012）。

5） それぞれタガログでは bigkis、pulot という。

6） ここでいう「社会構造」とは社会人類学的な用法であり、社会的価値観、対人関係、生活慣習などを規定する「社会に内在する基本原理」を指す（中根 1967：20）。階級や制度、生産体系といった政治経済学分野で使用される「社会構造」概念とは全く異なる。本章に限って「社会構造」を社会人類学的な用法に基づいて使用する。

7） 中根によると日本の集団、社会、会社などの「社会組織」は明治以降現代に至るまで大きく変容しているのに対して、そこに見られる「社会構造」はタテの人間関係を基軸としており大きく変化しているわけではない（中根 1967）。

8） Utang na Loob に関しては Kaut 1962および Hollnsteiner 1972参照。

9） 住民運動を支援した NGO 'Southern Partner of Fair Trade Center' 代表 Gigi Labradores 氏へのインタヴュー。2005年10月22日。

索　引

あ　行

アカウンタビリティ ……………………111, 114
アジア福祉レジーム論 ………………… 20, 22
インフォーマル不安定レジーム ……………16
インフォーマル部門 …155, 158, 159, 165, 166, 167
Utang na loob ………………………………198, 199
SEA ……………………………………34, 41, 53
SEA-K …………………………………………34
NGO …………………………………………124
エンパワーメント ……………70, 72, 88, 89, 140

か　行

海外出稼ぎ …………159, 160, 161, 171, 172, 173
階層化 …………………………………… 15, 18
ガヴァナンス………………………………… 72, 73
拡大領域福祉ミックス ………………16, 17, 25, 28
家族・親族 ………………182, 183, 184, 186, 188, 208
官僚化 …………………………………134, 136
グローバル接合レジーム …………… 13, 29, 205
言　説 ……………………24, 25, 138, 140, 207
国民統合…………………………………118, 120
国家貧困対策委員会（NAPC）……46, 58, 59, 68,
　69, 70, 76, 86, 95, 129
コミュニティ貧困評価システム（CBMS）……92,
　97, 132
コミュニティ融資プログラム（CMP）………63,
　69, 117, 129
コメ・カルテル ………………………………177, 178
雇用の柔軟化 …………………………… 27, 157, 163
儀礼親族関係 …………………………186, 187, 194

さ　行

最低賃金………………………………………162, 163
参　加 …………………40, 90, 111, 140, 149

失業率 ……………………………35, 156, 172
児童労働…………………………………………168
資本蓄積 ……………………………21, 115, 122
市民社会組織（CSO）……123, 124, 125, 127, 129,
　130, 131, 132, 133, 134, 136, 138, 139, 206
社会改革アジェンダ（SRA）………42, 43, 44, 45,
　46, 47, 49, 69, 91, 98
社会改革評議会（SRC）………………44, 46, 58
社会改革貧困対策法 ………………… 46, 58, 104
社会住宅 …………………………………44, 62, 117
重層的決定 ……………………………………25
条件付き現金給付プログラム（4Ps）……79, 80,
　81, 82, 87, 89, 112, 201
商品化 ……………………………14, 18, 115, 116, 118
新自由主義 ………29, 87, 89, 140, 141, 149, 154,
　207, 209
政治的超法殺害 …………………………99, 100, 101
生存貧困率 ……………………………………… 1
接　合 ………24, 25, 26, 27, 28, 29, 151, 152, 153,
　173, 178, 179, 206, 207, 210
接合理論 …………………………………………24
専門化 …………………………………………137
臓器売買 …………………………………169, 170
相互扶助慣行 …………………190, 191, 192, 193
相殺的融合 …………………………………… 19, 28

た　行

脱商品化………………………………………… 14, 15
脱政治化…………………………………………150, 206
都市開発住宅法（UDHA）…………………63, 128

な　行

ネットワーク……………183, 184, 185, 186, 202
農業漁業近代化法（AFMA）…………65, 66, 176
農地改革……36, 37, 39, 51, 52, 86, 88, 102, 116, 127

244

農地改革コミュニティ（ARC）……52, 53, 86, 131

は　行

Pakikisama ……………………196, 197
パトロン・クライアント関係…………190, 192
否定的結合 ………………………23
Hiya ……………………………198, 199
貧困ケア（Lingap）………………60, 98
貧困対策相互扶助（KALAHI-CIDSS）………68, 70, 71, 72, 74, 78, 86, 90, 98, 112, 120
貧困率 ………………1, 3, 37, 52, 54, 57, 64
不完全雇用率………………35, 156, 157
福祉ミックス…………………………14
福祉レジーム論 ………………13, 14
貿易の自由化………………………175, 176

包括的社会サービス提供（CIDSS）…… 42, 49, 50, 51, 70, 86
ポーク・バレル …………………………147
ボトムアップ予算制度（BUB）……… 77, 78, 79, 90, 105, 120, 130

ま　行

マイクロファイナンス……… 34, 46, 53, 54, 87, 88, 97, 112, 116, 117, 141
ミニマム基本ニーズ（MBN）……47, 48, 49, 50, 69, 97
ミレニアム開発目標（MDGs）……4, 5, 6, 92, 112

わ　行

分かち合い ………………188, 189, 190, 195

■著者経歴

太田　和宏（おおた　かずひろ）

〈略　歴〉
1963年愛知県生まれ。一橋大学法学部卒業。フィリピン大学社会科学哲学科留学。一橋大学大学院社会学研究科博士課程修了。神戸大学発達科学部講師・助教授、サセックス大学アジアアフリカ学部客員研究員、ウィスコンシン大学マディソン東南アジア研究センター客員研究員を経て、現在神戸大学大学院人間発達環境学研究科准教授。

〈主　著〉
『グローバルサウスとは何か』（共著、ミネルヴァ書房、2016年）、『共鳴するガヴァナンス空間の現実と課題』（共著、晃洋書房、2013年）

貧困の社会構造分析
――なぜフィリピンは貧困を克服できないのか

2018年1月15日　初版第1刷発行

著　者　　太　田　和　宏
発行者　　田　靡　純　子
発行所　　株式会社　法律文化社

〒603-8053
京都市北区上賀茂岩ヶ垣内町71
電話 075(791)7131　FAX 075(721)8400
http://www.hou-bun.com/

＊乱丁など不良本がありましたら、ご連絡ください。
　送料小社負担にてお取り替えいたします。

印刷：共同印刷工業㈱／製本：新生製本㈱
装幀：前田俊平
ISBN 978-4-589-03884-5
ⓒ2018 Kazuhiro Ota Printed in Japan

JCOPY　〈(社)出版者著作権管理機構　委託出版物〉

本書の無断複写は著作権法上での例外を除き禁じられています。複写される場合は、そのつど事前に、(社)出版者著作権管理機構（電話 03-3513-6969、FAX 03-3513-6979, e-mail: info@jcopy.or.jp）の許諾を得てください。

ガイ・スタンディング著／岡野内 正監訳

プレカリアート
―不平等社会が生み出す危険な階級―

A 5 判・310頁・3000円

不安定で危険な階級「プレカリアート」。底辺に追いやられ、生きづらさを抱えている彼／彼女らの実態を考察し、不平等社会の根源の問題を考える。不安定化する社会の変革の方法と将来展望を提起する。

志賀信夫著

貧 困 理 論 の 再 検 討
―相対的貧困から社会的排除へ―

四六判・222頁・3300円

従来の「相対的剥奪」から定義される貧困理論では説明できない「新しい貧困」をいかに捉えるか。理論研究のみならず、実証研究やその現場から得られた知見をもとに検討。今後の貧困理論の構築のための礎石となる書。

中谷義和・川村仁子・高橋 進・松下 冽編

ポピュリズムのグローバル化を問う
―揺らぐ民主主義のゆくえ―

A 5 判・278頁・4800円

いま世界を席巻しているポピュリズムの動態を分析し、その理論化を試みる。欧米、ロシア、南米、東南アジアおよび日本のポピュリズム現象を多角的に検討し、揺らぐ「民主主義」の新たな課題を模索する。

中谷義和・朱 恩佑・張 振江編

新自由主義的グローバル化と東アジア
―連携と反発の動態分析―

A 5 判・324頁・7000円

新自由主義的グローバル化を展開軸として相互依存が高まるなか、東アジアにおける国家と社会の変容を理論的かつ実証的に分析する。連携と反発の動態を考察した日中韓による国際的・学際的な共同研究の成果。

山根健至著

フィリピンの国軍と政治
―民主化後の文民優位と政治介入―

A 5 判・334頁・6600円

民主化以降のフィリピンにおける国軍の政治介入につき実証的に分析。ポスト権威主義体制における民主主義体制と軍部の関係再編をめぐる問題を考察し、軍の脱政治化と民主的統制へ向けた課題を提示する。

藤本 博著

ヴェトナム戦争研究
―「アメリカの戦争」の実相と戦争の克服―

A 5 判・364頁・6800円

ヴェトナム戦争によって多くの民衆が犠牲となった。米国による「戦争犯罪」であると告発され、裁かれた経緯を克明に分析し、ヴェトナム戦争の加害と被害の実相に迫る。戦争の記憶と向き合い、戦争の克服への方途を探る。

――――――――― 法律文化社 ―――――――――

表示価格は本体(税別)価格です